U0142303

生死學與應用

LIFE AND DEATH STUDIES
& APPLICATIONS

五南圖書出版公司 印行

作者簡介

呂應鐘

【生死學相關資歷】

1980.05　起開始涉獵超心理學（心靈科學），擔任中華民國超心理學研究會理事、理事長、監事長多年。建構以「宇宙生命科學」為主軸的學問體系，成為此種整合學說之開拓者。

1996.06　獲俄羅斯國際東西方科學文化合作研究所聘為榮譽顧問。

1996.06　獲俄羅斯聯邦外貿學院名譽教授。

1997.05　參與南華大學生死學研究所創所事務，在鈕則誠所長領導下，建立臺灣生死學與生死教育理論體系。並配合內政部訂定〈殯葬管理條例〉展開殯葬業者人才的培訓。

1999.09　當選中華生死學會理事。

1999.11　當選中華殯葬教育學會副理事長。

2001.09　擔任臺灣超心理學會向內政部備案的臺灣生死學研究中心主任。

2002.09　擔任臺北市政府社會局殯葬業務諮詢委員。

2003.01　擔任宜蘭縣政府民政局殯葬業務諮詢委員。

2004.03　網路傳媒Nownews將呂應鐘、李嗣涔、吳彰裕三位教授譽為「臺灣三大科學怪傑」。

2012.03　擔任國際華人超心理學會理事長，設有臺灣分會、英國分會、美國分會。

　　多年來運用量子理論、多重宇宙理論，融合宇宙生命科學新觀，破除社會靈異與宗教迷信，使神秘的心靈學成為符合科學理論的心靈科學。

【生死學相關著作】

《大神秘：靈異現象科學觀》、《通靈的神妙》、《靈界的真相》、《不再神秘的特異功能》、《現代生死學》、《生死學導論》、《超心理生死

學》、《生死學導論（修訂2版）》、《生死學》、《多重宇宙靈界科學》《心靈科學：人類終極學問》、《生死學與應用》

【生死學相關論文】

1997.09.01 〈東西方有關地球生命起源與死後世界觀之比較研究〉，南華管理學院專題研究計畫成果報告，嘉義。

1998.01.04 〈論心靈改革應從建立心靈科學認知做起〉，第二屆中華團結自強學術會議，臺北。

1998.03.14 〈破除宗教亂象應先落實心靈科學教育〉，第一屆超心理學術會議，南華大學，嘉義。

2000.07.15 〈新時代的生死觀〉，《今日生活》雜誌，臺北市政府，臺北。

2001.06.30 〈論殯葬禮儀之改革〉，《臺灣文獻》，臺灣中興新村，南投。

2002.10.04 〈生命事業管理學系設系芻議〉，生命事業管理系關設暨生命教育研討會，致理技術學院，臺北。

2004.03.07 〈從殯葬文化變遷談殯葬改革〉，推展簡約樸實公奠儀式研討會，宜蘭縣政府，宜蘭。

2005.05.10 〈臺灣地區生死學與殯葬儀式發展〉，屏東地區長期照護專業研討會，慈惠醫護專科學校，屏東。

2005.09.7 〈從護理出發看生死議題〉，慈惠醫護專科學校，屏東。

2006.01 〈殯葬禮儀之外：協助亡靈提升的深層思考〉，《關懷生命季刊》，苗栗縣殯葬教育學會，苗栗。

2011.01.25 〈從花精體驗邁向靈性轉換的生死了悟〉，第六屆國際生物能資訊醫學研討大會，財團法人國際醫學科學研究基金會，臺北。

2015.01.16 〈健康禪之靈性健康內涵研究：末那識與阿賴耶識之現代超心理學詮釋〉，第二屆健康禪學術研討會，武漢。

2017.05.20 〈來自宇宙高生命智慧的資訊：首度揭露〉，世界華人UFO聯合會擴大會議，太原。

2018.06.17 〈生命終極之門：從宇宙高維思考不同系統的生命〉，國際光大會展中心，上海。

2018.08.04 〈超心理學已從邊緣科學進入科學殿堂〉，豐台論壇超心理學報告會，北京。

鈕則誠

祖籍江西省九江市。輔仁大學學士（主修哲學，副修生物學）、文學碩士、哲學博士。輔仁大學美國洛杉磯加州州立大學（CSULA）心理學系進修。政治大學企業管理研究所科技管理班結業。

曾任：銘傳大學資訊管理學系系主任、通識教育中心主任、秘書長、社會科學院院長、教育研究所客座教授。南華大學生死學研究所所長、教務長、人文學院院長。大同商業專科進修學校校務主任。空大專科進修學校生命事業管理科科主任。四川都江堰國學院院長。輔仁大學哲學系兼任教授。河南大學教育科學學院兼任教授。北京師範大學繼續教育與教師培訓學院兼任教授。中華生死學會理事長。中華殯葬教育學會監事長。中國哲學會監事長。

現任：大智教化院山長（網路書院）；華人生死學與生死教育學會名譽會長。

【出版專書】34 種

出版專書三十四種：《自我與頭腦——卡爾波柏心物問題初探》（1979，碩士論文）、《宇宙與人生——巴柏的存在哲學》（1988，博士論文）、《護理學哲學：一項科學學與女性學的科際研究》（1996，教授論文）、《性愛、生死及宗教：護理倫理學與通識教育論文集》（1996，教授論文）、《心靈會客室》（2001）、《生死學》（2001，合著）、《醫護生死學》（2003）、《護理科學哲學》（2003）、《生命教育——倫理與科學》（2004）、《生命教育——學理與體驗》（2004）、《醫學倫理學——華人應用哲學取向》（2004，合著）、《教育哲學——華人應用哲學取向》（2004）、《護理生命教育——關懷取向》（2004）、《生命教育概論——華人應用哲學取向》（2004）、《生死學（二版）》（2005，合著）、《教育學是什麼》（2005）、《波普》（2006）、《殯葬學概論》（2006）、《殯葬生命教育》（2007）、《永遠的包校長》（2007）、《殯葬與生死》（2007）、《觀生死——自我生命教育》（2007）、《觀生活——自我生命教育》（2007）、《殯葬倫理學》（2008）、《從常識到智慧——生活8×5》（2009）、《生命教育——人生啓思錄》

（2010）、《生命的學問——反思兩岸生命教育與教育哲學》（2010）、
《觀人生——自我生命教育》（2013）、《大智教化——生命教育新詮》
（2015）、《學死生——自我大智教化》（2016）、《六經註——我的大
智教化》（2018）、《新生命教育——華人應用哲學取向》（2019）、
《新生死學——生命與關懷》（2020）、《宇宙與人生——大智教的貞定》
（2021）。

【論文】

2013.09 從華人應用哲學生死觀看臺灣殯葬改革。「東亞哲學的生死觀」
國際學術研討會。臺北：中央研究院中國文哲研究所。

2013.11 儒教與儒家——從臺灣喪葬習俗與生死觀談起。第十屆當代新儒
學國際學術會議。深圳：深圳大學。

2014.03 「大智教化」的生命教育——從「清明的」風俗談起。第四屆海
峽兩岸清明文化論壇。上海：上海市公共關係研究院。

2014.08 大智教化的知情意行。構建兩岸國學文化橋樑交流會。海口：海
南師範大學。

2014.09 從中華文化到大智教化。2014海峽兩岸中華傳統文化與現代化研
討會。河南新鄉：中國民主促進會。

2015.10 「大智教化」的理念與實踐——從牟宗三先生「生命的學問」談
起。第十一屆當代新儒學國際學術會議。桃園：中央大學。

谷歌部落格：大智教化院tcniu.blogspot.com
聯經部落格：大智教化院blog.udn.com／tcniu1014
新浪微博：大智教化院weibo.com／zcniu1953

自序　諸法空相

呂應鐘

「生死學」乃臺灣教育史上新興學科，發萌於 1997 年，短短數年間引起相關各界之注目與重視，誠可謂集合二十一世紀時代特色、人類思想變遷、精神生活提升、社會型態開放等諸多因素，方能蔚為時尚風氣。

由於人工智慧的發展，二十一世紀將成為不同於過往的純粹物質科學的時代，人類思想也將產生重大變遷，人類之價值觀將由追逐物質經濟轉而重視知識與精神經濟，使人類遺忘多年之精神道德文明將重新綻放光彩，因此整體社會型態亦將隨之改變，導向以智慧取勝而非以財富多寡為實力衡量標準之新型態開放社會。因此人類對「生命與死亡」之觀點亦將產生重大提升，致使生死學於二十世紀末成為眾所矚目之學科，其來有自。

或許有少數學界人士會以二十世紀學術研究最重視之「理論基礎」提出上述論點之質疑，然而，勿忘任何理論之提出必定先有該行為產生，而後藉由觀察、統計、歸納、研究之進程，最後提出理論。因此先進之學術思想必定提出在前、證明在後，愛因斯坦之相對論亦是如此。對於時代轉變趨勢與生死學之萌生關係，亦將如此。

生死學是一門有識者都可以涉入的開放學科，因為 1997 年之前的臺灣教育界從未有生死相關之學科，也從未能培養出專研生死學之學者，因此醫護、社會、哲學等相關學術領域之人士都可用自身背景知識對生死學進行研究，並提出看法。

不過生死學雖為新興學科，然而在未出現此名詞之前，與生命死亡相關的超心理學（parapsychology）、心靈科學、死後世界、宇宙生命等主題亦有相當緊密之關係，因此有研究此類學科之專家也是非常合適之生死學提倡人選。

作者個人從 1980 年開始即涉獵超心理學，有多次靈驗經歷，常思考生死學與生死教育的最佳內涵，經過多年任教經驗與思索，於 2001 年 9 月出

版大學用書《現代生死學》；12 月出版專科用書《生死學導論》；2003 年
2 月出版大學用書《超心理生死學》。均與坊間生死學書籍內容略有不同，
只求獻給大眾對生命與死亡之認識有個超然之領悟，引導大眾以開放心胸徹
底體認生命實相、看待死亡與死後世界之存在，提升個人生活品質以減少社
會悲哀事件，尚祈國人能體會作者之用心。

　　《心經》言「諸法空相」，國人若能拋開舊有思想桎梏，真正體悟生命
存有與死亡真相，則必能對《心經》之「不生不滅、不垢不淨、不增不減」
等語產生共鳴，而知「靈性生命」存有之真實意義。謹以此序提供社會大眾
深思之方向。

　　揭諦！揭諦！波羅揭諦！波羅僧揭諦！

前言　生與死課題綜探

　　由於上世紀七十年代以降，臺灣經濟持續發展，社會開放進步，以及生活品質大幅提高，一般人對於生命議題與死亡尊嚴的問題逐漸關切，忌談死亡的心理障礙逐漸消失。

　　回顧 1995 年，臺北護理學院優先將「死亡學」相關課程列為必修，成為臺灣唯一全校必修之通識科目。「死亡學」一詞英文為 Thanatology，源自希臘神話死神 Thanatos 的名字，於 1903 年由俄國生物學家 Elie Metchnikoff 所創，1912 年傳入美國。上世紀六十年代以後經由「死亡教育」（Death Education）而發揚光大。

　　1997 年南華大學率先成立臺灣第一所「生死學研究所」，所長為鈕則誠博士教授，以縱橫二方面架構此全新學科。橫向四個專門領域為「生死教育、臨終關懷、悲傷輔導、殯葬管理」；縱向為六個學科的交流「哲學、宗教學、心理學、社會學、生物醫學、護理學」。一時之間成為社會討論話題，國人對生死問題能進入大學殿堂紛紛感到極大好奇，也讓學界開始慎重思考生死學與死亡教育的重要性。

　　次年，臺北護理學院又成立「生與死研究中心」，以死亡教育為重點工作，透過科際整合的方式，在教育部研究計畫下從事生死教育的教學與研究，開發教材，舉辦教學研討會。

　　其後，歷經九二一大地震的震撼，從此臺灣各大專校院及中學紛紛開授相關課程。高雄市政府於 1998 年 11 月發行《高雄市高中職生死教育手冊》，為臺灣第一本高中職生死教育教材，從此生死學與生命教育就從關於死亡的各個面向開展，成為各級學校中的一門重要且深受歡迎的通識學科。

　　然而我們的傳統教育，一向把焦點放在職業技能的培養上，重視職能訓練，強調成功和成就，對於人生議題、生命議題與生死教育一向忽視。導致人們普遍不知珍惜生活和生命之美，感受不到慎終追遠的思古幽情，更忽略人生意義的探究與體驗，也不知對絕症者及臨終者如何正確照顧。因此，我

們深深覺得必需注意死亡的研究，重視死亡教育。它對個人精神生活的成長乃至文化的提升，都具有積極與肯定的意義。

經驗告訴我們，人越是對死亡無知，就越會在死亡線上掙扎痛苦；家屬越想規避談死，病人就越會陷入死的恐懼陰影，或者陷入無奈的孤獨。然而死亡是生命的結局，應該被認真討論才是。這有助於建立精神生活的價值系統，也有助於面對死亡時展現從容的高貴態度。而透過對死亡的了解，會使人更懂得珍惜人生，更知道生命的意義、責任和人性的慈愛之美。

人類三百多年來由於物質科技文明急速發展，成就了現今所見的一切繁榮景像，同時也使人類根深蒂固地以為科技可以解決一切，同時也成為衡量一切的標準。然而，在人類科技文明成果的光輝彩映下，精神文明卻日益消退，精神與道德似乎不被重視。事實上，科技無法讓人類真正了解自己在宇宙中的地位，無法提升人類的真知，因為它的研究本體是物質的，而人類的存在除了物質表徵之外，更重要的是精神內涵與文明。

人類如果從有形物質發展的觀點去看生命的歷程，顯然只會看到其中的表相而已，而且很容易變得急功近利。相反的，如果只從死亡的角度來看人生，則又顯得虛無空寂。事實上，人是在「求生存與邁向死亡」的道路上生活著，因此必須認清生與死的完整意義，要在兩者之間看出精神生活和希望的重要性。

因此作者認為在進入二十一世紀之後，提升人類已衰退的精神文明就成為這一代人責無旁貸的重任，而提升精神文明之首要工作，就是要先讓人類真正認識生命與死亡的意涵，體會生命的真諦，探討「生命本意」以及「生死交替」的基本知識，知曉「人類生命」和「宇宙生命」之關係，進而從小我認知進步到「大我認知」，由衷尊重生命、關懷生死。

佛家講「悲智雙運」；基督教講「愛與知識」；儒家講「仁智雙修」，都是在提示人生的使命過程。這些正面能量的生活智慧，是從生與死的參悟中才能領悟得到，而人唯有肯為這生死大事付出代價時，才能忍受一切遭遇，努力實現人生的使命。

這些思想正是作者多年所經常思考的重點，因此有幸於 1997-1998 年在南華大學生死學研究所及通識教育開授「現代生死學」與「超心理生死學」等，涉入生死深層思考的課程時，即發揮多年研究心靈科學的體驗，開始深

入思索「死亡學、生死學、死亡教育、生死教育、生命教育」五個名相間的異同，並多方面觀摩各校生死學與生命教育相關課程內容，發現課程類型與內容極為分歧。

後來於 2000 年罹患鼻腔淋巴癌，歷經化療、放療等痛苦，面臨生死關頭的親身體悟，在生病以前對生死問題的看法是知識性的；生病以後對生死問題的看法則是知識性邁向體驗性的。這一次的罹癌經驗正是能將知識性與體驗性合一，對生與死有了超越的思維。

曾經最興盛時期，臺灣約有超過三分之一的學校開設有生死學相關課程，有的是必修、有的是選修。臺灣各大學校院裡的生死學教育，可分為時間序列的發展，以及向上、下扎根兩個縱軸來看。在橫軸上，除了成為一般普通大專院校裡的通識課程之外，生死教育的獨特性，尤其彰顯在醫護相關院校以及師範教育體系裡。

英美各國大學普遍設有死亡學課程，而當年臺灣醫學相關科系 19 所大專院校中，只有 14 所開有生死學，但只有臺北護理學院及輔英科技大學列為必修課。非醫學科系大學中，有 27 所開授相關生死學課程，總計臺灣一百多所大專院校，只有三分之一有生死學課程。

所幸，當時的教育部長曾志朗宣布 2001 年將訂為「生命教育年」，將在各級校園推動，成為全民生命教育的起點。而近來因國中小學生自殺事件頻傳，臨終關懷問題受到重視，使得不少學者認為生死教育更應列入國民義務教育課程之中。

在醫護校院方面，由於畢業學生大多從事醫生與護士等工作，接觸死亡機會較多，所以醫護校院的生死學課程，學生可學到如何輔導病人及家屬之心理層面，更重要的學習調適自己。

在師範校院部分，畢業生除少部分進入研究所深造外，大部分學生皆進入高中職、國中及國小教書，故生死學課程的開授，在其日後教學、擔任導師及班級管理中皆是必備的知能。

除醫護及師範校院外，在一般大學包括技職校院，通常以通識課程開課，如開授「生死學應用」或「生死學導論」等課程，或是開授「生命教育」、「生命哲學」等課程，來幫助學生對生命有所了解及有良好態度對待。不過作者認為臺灣高中職、國中、國小推動的生命教育並不完全等於生

死教育，生命教育只是生死教育的一部分，真正的「生死教育」應該涵蓋活著的生命教育，以後死後的生命存有。

臺灣大學醫學院從 1998 年開始才在其 7 年教育的 290 個學分中加了一個學分的「生死學」，而陽明大學只有在通識教育中有二個選修學分的「生死學」。可以想像當年輕的實習醫師及住院醫師面對重症病患的生死關頭時，本身沒有生死觀念與處理經驗，醫學教育上也缺乏這方面的教導，其困難可想而知。

中央大學認定生死學是一個跨學科的領域，其課程從許多不同的角度與問題意識來探討死亡相關的議題，與生死哲學雖有重疊之處但不盡相同。課程基本上是生死學的入門課程，探討死亡研究的一般問題，但也旁及有關身（屍）體的論述，內容則包括常見的問題，諸如：對待死亡的態度、死亡的詮釋與定義、不朽、死因、垂死臨終、安寧療護、死亡的醫療化與麥當勞化、愛滋、自殺、安樂死、兒童與死亡、哀悼悲傷、喪葬、瀕死與死後生命、死亡教育與諮商；此外還有有關身體的研究與理論、身體與宗教、規訓、身體管理、戀屍與屍體問題。

東吳大學哲學系的「現代生死學」課程認為，死亡的事實，凸顯了生命意義問題的重要性，而將死亡置於面前，更透顯出個人生命的意義和價值究竟如何？日常生活中，我們經常刻意遺忘或漠視死亡，但是死亡畢竟是生命真實的一部分，如何為自己建立良好的死亡覺知，不僅是個人責無旁貸、無法假手他人的學習要務，更是開拓個人生命意義之價值的哲學思考訓練，現代生死學是科技整合的新研究領域，藉由對死亡與臨終的探討，希望有助於個人建立屬己的生死觀。

交通大學則從四個面向教授生死學課程：一、從狹義的「死亡學」擴展至廣義的「生死學」（生命哲學、生命科學）以肯定及提升自我生命的意義與價值，並健全生死教育與生死管理；二、整合宗教信仰、哲學、生命倫理、心理輔導、醫療、安寧療護、民俗醫療、殯葬禮儀等，以大愛關懷現實的生、老、病、死；三、面對死亡與失落，運用心理輔導策略，增加悲傷反應之敏感度及處理能力（學生須隨本課程學習哀傷輔導技巧）；四、以華人的社會文化為背景，建立本土化的生死觀。

嶺東技術學院二技班〈生死學與臨終關懷〉課程旨在培養學生透過生

與死的對照，反省人類、社會、與自身的存在意義；透過東、西方不同文化價值的比較，接觸不同文化下的生死意涵；了解自己對死亡及瀕死問題的觀點，主動對死亡進行有意識地思考，從而體認自己的生死功課，了解臨終關懷的意義，全方位身、心、靈的安寧照顧與哀傷輔導。

而該校另位教師認為「生死學與臨終關懷」分為四個主題：一、透過對死亡和瀕死相關概念的探討與分享，協助學生檢核個人面對死亡和瀕死的態度；二、了解面臨死亡的心理反應及喪親者的哀傷反應，以增加個人處理失落的能力；三、了解不同文化、宗教對死亡議題的看法和態度，以檢視個人的價值觀，重新體驗生命的意義；四、討論與臨終有關的安寧照顧、倫理和法律問題，協助學生了解生活的品質及生命的尊嚴。

高雄醫學大學之課程的目標在於讓學生了解生死學的理論與研究或運用現況，從哲學、醫學、法律、心理、社會、宗教與倫理的觀點探討死亡歷程對個人的影響，認識與死亡相關的儀式及其對社會組織的影響，期許學生建立正向的生死觀，達到死亡教育的目的。透過多元且完整的課程設計，使在職進修的護理人員降低學習者的死亡焦慮與死亡逃避的態度，並增進臨終護理或死亡處理的能力。

慈濟醫學院則邀請人類學、中西哲學、宗教、心理學、本土文化專家以多元的角度，讓同學從中探討死亡的問題與現象，也安排臨終關懷實務工作者：醫師、護理師、社服及宗教人員，介紹生理、心理、社會、靈性照顧過程。藉此促進同學對生死之間的關聯及「活著」的意義，有更深刻的體會與了解。

成功大學護理系「臨終照顧」課程的設計，為協助學生思考臨終病人護理的意義，及領悟死亡對個人的意義。裝備自己更能面臨照顧末期病人的挑戰，藉著舒適護理、症狀護理、實地安寧病房參訪及電影的啟示，學習達到「協助病人平安尊嚴的死亡」之護理宗旨。

而該校醫學系的課程重點則在於醫師的角色是「治病與救命」，醫學生的教育也多是傳統「生、老、病」的知識與如何治病、救命的技術。然而醫學非萬能，總有一天會遇到「病不能治，命無法救」的死亡情境，這並不意味醫學的失敗，只是需有另一套方法來協助這些末期的臨終病患。此時醫師的角色更可能整合「高科技與高人性」，並且著眼「不只是病而是人」。此

課程可提供醫學生協助末期病人能知道症狀緩和的醫學知識，以及「治人」的哲理與方法。

陽明大學「臨終照顧」課程的設計為協助醫學院學生釐清自我對死亡與瀕死的感受，體認醫療的目標除了治療及延長生命之外，還有增進生活品質、解除痛苦。因此在病人的臨終階段，醫學仍有所作為。此課程中將介紹安寧療護及緩和醫療的理念，及實際的醫療人員之角色與功能，尤其是護理人員之角色及功能。

中山大學的生死學課程有以下特色：

一、知識教育部分：主要給予生死教育基本的知識，包括：宗教的死亡觀、東西方哲學的死亡觀、各學門的死亡觀（心理學、社會學、教育學、民俗學、宗教學、醫學倫理）。

二、應用部分：將生死教有之知識應用在現實生活中，課程內容包括：自殺者的心理輔導、死亡意義治療、天主教的死亡輔導、佛教的死亡輔導、醫生的死亡輔導、精神病態與死亡、臨終者的靈性輔導、生死輔導與諮商、臨終病人的需求、如何與兒童談死亡、臨終關懷。

三、生活教育部分：也即是生死教有與自己的社會面、人際面、生活面相合，其中課程包括：死亡的社會意義、死亡的心理意義、生死與禪修、失親者的心理調適、失落與哀傷調適、死亡倫理學、由人性尊嚴談死亡。

四、自我規劃部分：也即是每一人接受生死教育，也應接受對自我死亡的安排，課程包括：瀕死者經驗談、器官捐贈與醫學及法律面、比較天主教、基督教、佛教、一貫道的死亡儀式、自我保險規劃、死亡面對的法律問題、死亡面對殯葬問題、死亡面對的醫療問題、預留遺囑。

由以上各實際從事生死學或生死教育的學者之課程概念可以看出，似乎不自覺地將「生死學」與「生死教育」混為一談，這也是作者多年來觀察後所不敢認同之處。陳芳玲教授認為死亡教育應該只是生死學研究的諸多議題之一，應被界定為是一門以死亡相關的現象、思想、情感及行為，探究如何學習與教學的學科，其重點在學習者如何學及教學者如何教。

李家同教授曾經對當年生死學變成熱門話題，提出個人看法：「我也開始去閱讀了一些有關生死學的書，我發現這些長篇大論的書都不容易懂，裡面用了不少哲學味道濃的名詞。我常想如果這本書我看不懂，一般人也大概

不會看的懂。可是人人都要面對死亡，不應該是非常深奧的學問。」

　　的確，生死學成為一般大學通識教學課程，或是成為社區大學終身教育課程，如果充滿哲學、社會學或宗教術語，連擔任過大學校長之教授都看不懂，就完全失去全民終身教育的意義，也失去其存在價值。因此本書特色有二：

　　一、淺顯易懂，達到雅俗共賞的目標。人人都能透過本書而了解生命存在的真正意義，繼而能夠深思，好好重新規劃人生，活在當下。

　　二、第二章提出生命起源探討，寫出四種不同學說給大家思考，這是兩岸生死學其他書籍中沒有提過的主題。

　　三、兩岸生死學書籍中唯一深入解析「近死經驗、埃及死經、西藏度亡經、死後世界」，人人都能以此來思考個人生死問題，達到了悟生死的境界。

目 錄

第一章 生死學的意涵與價值

第一節　生死學的意涵

　　生死學在臺灣發展可以說是從 1997 年開始，在前面十年間，甚多研究者將生死學、死亡學、生死教育、死亡教育、生命教育混為一談，可見其意涵尚無定論。

　　其實臺灣習用的「生死學」（Life and Death Studies）原是源自於西方的「死亡學」（Thanatology），死亡學探索的核心課題，若以精神醫學及死亡學專家庫柏羅絲（Kubler-Ross）的語辭來說，就是研究「生命成長的最後階段」的相關課題。

　　死亡學的出現乃是因為當時美國的行為科學家發現多數的美國人無法正視死亡，無法平和地善終，便起而提倡死亡覺醒運動（Death Wareness Movement）。而該運動又適時地與興起於英國的臨終關懷運動（Hospice Movement）相互呼應，於是開展出死亡學的主要內涵：死亡教育、臨終關懷、悲傷輔導等。

　　在死亡學者編集的《死亡百科全書》中界定，死亡學是一門研究與死亡相關的行為、思想、情感及現象的學科，採用科際合作的觀點，探討與死亡相關的現象及行為，研究主題包括有：死亡原因、生命及死亡的意義、臨終者的內在經驗、喪親者的悲傷歷程、生命權倫理難題之抉擇、死亡教育及緩和醫療與安寧療護等等。

　　以作者觀點，以上領域都只是關注於人在過世之前的臨終階段而已，極為狹隘。難怪南華大學生死學研究所創所所長鈕則誠教授也認為死亡學乃是狹義的生死學。

　　事實上死亡問題所涉及的範圍極大，它包含了教育、心理、社會、歷史、文化、醫藥、倫理、宗教、哲學、法律、政治、道德、文學、藝術，甚至精神醫學等各個層面，因此死亡教育在內容及實施課程的涵蓋面上也極為

多樣化。

　　因此鈕則誠教授認為生死教育理當是全民教育、通識教育，在西方教育傳統上，可歸於「博雅教育（liberal arts education）」。它是以人為中心的人文教育，而且具有龐大包容性。生死學希望自生命倫理的探究和生死教育的推廣雙管齊下，為社會大眾提供與安寧療護相關的生死知識，以激發人們的生死智慧。

　　「生死學」談論的不應該只是臨終到死亡的這一個點，而是整個生命尊嚴的維護以及生命的關懷。就死亡本身來說，某位名人的死，透過媒體新聞，已從個人私密成為公開、迅速、具有破壞性並會帶來集體悲傷的一種現象。而就生命關懷來說，是什麼環境促使輕生？產生死亡？或許都是結構的問題，而該責難與改善的即是環境，並不是個人，因此「死」不再是個人的問題，而是集體性的社會現象。

　　作者認為真正的生死學，要以西方的死亡學為基礎，建構出中國心性體認本位的生命學，才是真正研究生命與死亡的學問，必須將傳統到現代各種生死觀念做科際整合，因此生死學是一門新的科際整合性的學問，其領域要包括「死亡前的學問」與「死亡後的學問」。

　　而且「死亡學（Thanatology）、生死學（Life and death studies）、死亡教育（Death education）、生死教育（Education for life and death stuies）、生命教育（Life education）」五個不同名詞應有其重點差異。

　　有關「生死學」名辭之探討，目前常見的名辭有死亡學、死亡教育、生死學、生死教育、臨終關懷、安寧照顧及生命教育等，據研究者與有關學者相互討論，咸認為以「生死學」、「生死學教育」較合適。主要理由為生死乃一體，探究死亡主要是希望活得更好，以提升生命價值、關愛生命、珍惜生命。另從宗教層面觀之，「好死」才能把握未來的「生」，故從實質層面觀之，用「生死學」一辭最為恰當。

　　有關「死亡教育」重要性之探討，Elvira A. Tarr 教授指出美國教育哲學思想較強調兒童認知發展，而忽略了兒童情感的需要，若教育過程中沒有討論「死亡」、「臨終」及「悲傷」相關主題，就失去一個良好機會來教導學生欣賞生命的寶貴、體會生活的藝術及把握有限的人生。

　　Charles C. Corr 教授是當今死亡教育大師，他提到死亡教育主要的目的

在改善人類生活（Living）品質及尋找生命（Life）的意義。William Worden 教授以推動悲傷輔導工作而聞名國際，他認為悲傷的超越在於人類對生命過程深刻體會及相互關懷與支持。

　　「死亡學」及「死亡教育」在歐美發展已超過 70 年，無論是「生死學」或「死亡學」都是以生命關懷為出發，因此這兩個名詞的概念是可以相通的。然而在國際學術交流的研討會中，「死亡學」一詞已被普遍接受並使用，反觀臺灣因受文化、習俗等因素之影響，談論「死亡」一直被視為是個社會禁忌，因此用「生死學」代替「死亡學」可能較易被社會所接受，因為「生」的喜悅可沖淡「死」所帶來的恐懼。

　　死亡對臺灣傳統社會而言是一項開不了口的禁忌，一提到死亡，就令人聯想到恐懼、害怕、無奈與分離，但是每一個人、每一個家庭最終都將面臨死亡時刻。既然死亡是每個人無法逃避的事實，為何不以健康、積極的態度去了解它面對它？把它當成生命中的一項極迫切且重要的課題去面對。

　　總而言之，近年來，生死學以及殯葬管理不僅不再是社會禁忌的話題，反而成為大眾好奇且願認真學習的生活課題，也是各大專校院熱門的課程，這是廿一世紀心靈社會的自然現象，也是現代人對死亡現象產生超脫思維的進步象徵。

第二節　死亡的意涵

　　何謂死亡？死亡的定義是什麼？也許乍看之下極為簡單。被車撞了，屍體躺在地上永遠不再起來就被稱為撞死；躺在醫院病床上醫生宣布醫不好了，就是病死；人在家裡好端端的就魂歸西天，即是壽終正寢；看到街頭有人家搭棚子做喪事，就知道那家人有人死亡……這些種種現象都是死亡，好像經常能見到，是很普通不過的事情。

　　生物學上，死亡是指身體細胞的新陳代謝產生無法逆轉的改變，而使生命中斷的現象。生物學的死亡研究主要涉及死亡過程中不同的器官與組織變化，以及其組成的個別細胞的死亡過程。生物學認為活細胞是一種熱動力不穩定系統，若沒有連續的能量輸入，細胞就會迅速退化成一堆沒活力的分子

而致肉體死亡。

　　然而要以學理來定義死亡似乎又顯得不簡單，因為沒有任何人能夠直接感受到死亡的性質。當人活著時不能體驗死；當人死後又無法說出他的體驗。既然「死」的狀態人們無法感知、無法用語言精確地描述，因此人們對「死」的認識也就難以上昇為建立在客觀觀察的基礎之上，也不能在實驗室裡重複展現的科學認知的水準。因此「死亡」的真正性質對人類而言將是個永恆之謎，使人類對「死」不能給出科學的定義。

　　雖然無法定義死亡，不過人類一直努力在為死亡定個標準，立法訂立「死亡標準」以及「器官移植」是刻不容緩的事，先進國家早已立法認同「腦死」定義，所謂腦死，是指腦幹死，即腦子的中樞神經系統死了，但此刻自律神經系統仍在動，例如：仍能繼續呼吸、血液尚在流動、心臟也在跳動，這時若能爭取時效，將有用的器官移入有需要的病人體內，將可以造福許多病患？所以死亡標準的確立與器官移植法律的制定，是息息相關的。

　　不過人怎樣才算死亡？死亡如何定義？這是個長期以來困擾著醫學界、法律界和倫理學界的難題。畢竟，死亡標準的確關係到人的基本權利，立法程序必須要極審慎，所以這個問題是許多國家要思考解決的。

　　因為新的醫學科技的來臨，評斷能被接納的死亡標準的問題也跟著出現。早期，死亡很簡單地被判斷為沒有心跳和呼吸。可是由於醫學與醫藥儀器的進步，藉著儀器維持心臟和肺功能，就產生「人在何時才算是真正死亡？」的複雜問題。

　　東方古代一直認為心是主宰人的一切活動，心臟是供應身體組織所需血液的器官，因此長久以來就將死亡定義為心臟停止跳動，因此無論古代或近代醫學都一直把心肺功能視為生命的根本特徵，所以自然地視「呼吸」和「心跳」為判斷生命現象的標準。但在現代移植技術已成熟的時候，無論在理論上或臨床上，心死的標準都遭遇到許多問題。

　　促使腦死亡標準被醫界人士採用的原因還包括臨床上的因素。其一是給腦死者提供人工器械維持生命，雖有心肺的活動，但最終還是無助於復原；其二是器官移植的重大進展，使許多病危的人可望獲救，但取用的器官來源有限，若能合法取腦死者的器官，即須先接受腦死標準，則移植將較易進行。

但由於許多醫師接受腦死標準應用於臨床而招致了法律上的麻煩。且腦死亡也分為「全腦死亡」、「腦幹死亡」、「大腦死亡」和「新皮質死亡」等不同層次，所以就判別個體死亡而言，腦死不應視為唯一標準。

對於腦死的判定各國有不同的標準，臺灣早於 1987 年即經衛生署公告「腦死判定程序」，並規範腦死的定義為以腦幹死亡為認定個體死亡的依據。不過，由於此一判定涉及嚴格的醫學技術，且規定腦死判定醫師須具神經內科、外科或麻醉專科醫師資格，且曾接受為衛生署認可的腦死判定相關研習，持有證明文件。因此，腦死判定只限用於人體器官移植特定範圍。

「中國器官移植發展基金會」和「中華醫學會器官移植分會」等機構曾於 2000 年在武漢聯合召開了〈臺灣器官移植法律問題專家研討會〉，已分別提出器官移植法和腦死亡標準及實施辦法的草案。在研討會上，專家認為國際醫學界已訂定腦組織或腦細胞全部死亡，大腦停滯和腦幹功能完全停止的人是判定人死亡的科學標準。且自從美國在 1981 年通過「腦死法」之後，目前世界上大多數國家都已經通過了這種法規，因此中國醫學專家也呼籲應該儘快實施這一國際性法規。

第三節　　生死學的現代價值

生死學於二十世紀八十年代在臺灣開始引起各界重視，應該有其時代的意義。

依據主計總處的統計，臺灣已於民國 108 形成出生與死亡人數的交叉，民國 110 年死亡人數來到 18.37 萬人，出生人數只有 15.38 萬人。人口負成長狀況非常嚴重。

三、四十年前臺灣人大都是在家中逝世，家人通常會圍繞在病床邊。而今有越來越多的病人是在醫院裡過世，而且記錄顯示，大部分的死亡起因於慢性病如心臟病、癌症或者糖尿病，病程總要拖上數月或數年，因此一些團體便尋找對抗死亡與臨終的較好方法，組織了安寧計畫，致力於減輕生病期間的疼痛、沮喪、寂寞並給予臨終病人及家屬心理諮商。

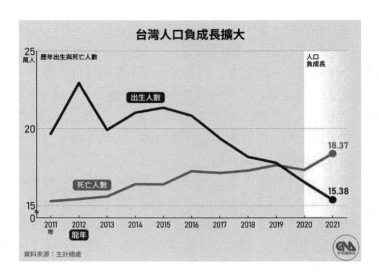

瑞士精神病醫師羅絲（Elisabeth Kubler-Ross）發現許多臨終病人若有人坐在旁邊傾聽他們的心聲，這些病人會走得較安適。而在美國死亡教育盛行之後，產生「臨終心理學（Dying Psychology）」這個課題，其重要性已經超過「死亡心理學（Death Psychology）」，因此這也是臺灣生死學界與生死教育界必須重視的趨勢。

生死學在臺灣興起，有何時代價值呢？事實上傳統的死亡智慧已經表現了其現代價值。因此每個人都必須要有下列認識：

一、超越死亡的新觀念：死亡是每種生物的最終結局，我們不僅需要建構一種合理的人生觀，還必須擁有正確的死亡觀，以獲得生死的大智慧，終至超越死亡。

二、死亡智慧本質與詮釋：人的死亡是不可定義，乃因死亡標準的不斷改變。科學對人類生存與發展十分重要和必要，但絕非萬能。

三、中國傳統死亡智慧：中國傳統的死亡智慧可分爲「不能溝通生死的智慧」，如生不知死，死不知生；以及「可以溝通生死的智慧」，如傳統觀念裡的陰間、陽間。

每個人都應該也必須重視死亡問題、討論死亡問題、深思死亡問題；每個人必須建構合理認知生死是互滲的，要使臨終者正確的對待死亡諸方面的

問題，達到生死兩安的理想層面，使人類之生死品質獲得較大提升。

自從孔子說：「未知生，焉知死？」，就綁死了數千年中國人的生死觀，可是簡單的這六個字就代表孔子的生死觀嗎？作者認為並不是，我們必須從這句話的出處來研究。依《論語・先進》篇描述，是季路先問孔子如何事奉鬼神的相關事情，孔子回答：「未能事人，焉能事鬼？」，也就是說孔子告誡要先把人的事情做好，再來做事奉鬼的事情。接著季路又問：「敢問死？」孔子回答：「未知生，焉知死？」是在告誡生命的事都弄不清楚，哪能知曉死亡的事。

因此對應「事人、事鬼」與「知生、知死」，就能體會孔子並不是忌談死亡、否認死後，而是認為人生在世應做一些仁義禮智信的事比較重要，這也是孔子一生自己的實踐。古代的生死觀其實是道家的生命觀，仍有宗教上所代表的專屬意義，但是專門研究生死的課題並不普遍。

臺灣社會各項變化極為迅速，尤其是 2019 年以來疫情三年多，又使全球經濟更加惡化、社會發展停頓，很多行業關門大吉，加上人口老化嚴重，慢性疾病及癌症高居 40 年來臺灣人十大死亡排行，全球天災及意外事故頻繁，使得每天都有各種死亡新聞，不斷衝擊國人的日常生活與生命價值觀，因此找尋生命的意義與出路，提升精神生活境界與擴展生命視野，成為有識之士的重要課題。不過，有感的人非常少，絕大多數仍是混混噩噩過日子。

第二章　生命起源探討與人生的意義

　　地球生命起源一直是人類文明史上一個難解的問題。雖然達爾文的演化論已占據生物教科書上百年，但是迄今仍然有極多無法圓滿解釋的缺點，而且越來越多的考古發現，似乎快要推翻演化論，以致不少科學家都對演化論的正確性提出疑問。

　　在東西方宗教上，西方神學（天主教、基督教）一向以《聖經》創世紀章節記載為研究主題，但總是落於一廂情願的傳統神學宗教觀，無法真正提出圓滿的地球生命起源說法，以致被現代人所不以為然。

　　東方的佛教經典，由於大乘佛教思想二千年來流行於中國佛教界，一向不探討小乘佛教經典，以致不知小乘之《阿含經》中有極精彩的地球人起源記載，而且詳細描述地球上古史以及部落社會的形成。

　　數十年來，由於生物科技的進步，無性生殖或複製動物技術的成功，若干科學家便想扮演上帝的角色，然而受到社會道德與倫理的質疑。另一方面，新近天文學的若干發現與宇宙科學的進步，有人提出地球生命源自太空的說法，甚至越來越多人相信外星人的存在，也有認為人類是外星人用複製技術在地球上製造的說法。

　　迄至目前用任何方法也無法證明何者說法正確，作者整合四種人類起源說法：生物學的演化論、神學的創造論、佛學的下凡論、高科技的複製論，讓大家思索而不下結論。

第一節　生物學的演化論

　　英國自然主義者達爾文及華萊士（A. R. Wallace）在 1858 年提出「演化論」，指出今日地球上形形色色的生物都是由原始變形蟲（阿米巴）之類的生物，經過極冗長的時間裡漸漸演化而形成的。原始生物又是由化學分子演化而形成的，而人類是這演化程序裡的最後產物，也就是說人是低等生物

進化來的，是從原始的單細胞微生物、多細胞微生物、海中低等生物、有殼生物、魚類、兩棲類、爬蟲類、鳥類、哺乳類、靈長類、猿到人類。

若演化論正確，則考古界應該會發現介於兩類之間的生物，以滿足演化的進程，然而事實又不然，生物界從來沒有發現物種中間的生物，那麼從低等的一類到高等的另一類，是如何慢慢演化的？考古學上說這些是「失落的環節」，而且發現達爾文學說的最大弱點在於不能解釋個體的細微差異，以及為何最後能形成一個新的物種。它甚至不能解釋某些物種的一部分是如何分化出來，形成第二種物種，卻仍保有原物種的完整性。

1970 年代，美國自然史博物館的古生物學家 Niles Eldredge 和哈佛大學的 S. J. Gould 教授提出了新的演化論，他們把它叫做「中斷的平衡狀態」。根據化石記錄，他們認為個體生與死的掙扎通常很少產生物種的變化，新的物種之產生並不像早期生物學家所認為的，自一個古老的物種演化而成；也就是說，他們不是現存物種的最終產物。相反的，他們每隔一段無法預知的時期，就會自現存物種中分裂出來；他們會突然出現，並且和他們的祖先共存。

這兩種物種可能會為了資源而競爭，其結果不是一者毀滅便是兩者皆毀；他們也可能共存一段時間直到自然的災難淘汰其一或是兩者。若是如此，則由一個低等的物種演變至另一個高等的物種之間，必須會有經過無數次細微變化的中間型態的物種。

事實上，不但現存的生物界沒有這種現象，化石生物中也找不出這些中間形態的生物來。其實這些事實，也使達爾文本人大惑不解。再則，演化作用迄今仍應該在進行中，所以我們在生物體上應可發現一些進化尚未完成的新生器官，即未成熟的器官的存在。可是事實又不然，我們所觀察的事實卻與進化論不符，也就是說一切都停止進化了。

總括而言，演化論與可以觀察的事實不符，也無法由實驗證明，又說不出演化的原因。但不管演化論如何欠缺簡陋，相信演化論的科學家仍不願放棄，還要尋求次要理論再加修補。但生物界的事實越來越推翻演化論了。

第二節　神學的創造論

　　第二種生命起源就是天主教和基督教《舊約》聖經所記載的〈創世記〉經文，許多世紀以來，不少教徒和科學家都在爲〈創世記〉所寫的文字做不同的解釋和爭辯，本書只有採取中立態度做客觀的探討。

　　《聖經‧創世記》一章1節說：「起初神創造天地」。許多神學家都認爲這是神（上帝）創造宇宙的紀錄，其實細研第2節之後的句子就可以知道此觀點有問題，此處的「天地」絕對不是指宇宙的形成，也不是指地球的形成，應只是指地球表面的形成而已。因爲第2節說：「地是空虛混沌，淵面黑暗。神的靈運行在水面上。」可見當時就有了「地」和「水面」，明確指出當時地球表面一片混沌且汪洋覆蓋著，看不到地面。

　　3至5節：「神說要有光。就有了光。神看光是好的，就把光暗分開了。神稱光爲晝，稱暗爲夜，有晚上，有早晨，這是頭一日。」明確指出當時地球是黑暗的，沒有晝夜之分，神製造了「光」，分隔出晝夜。

　　6至8節：「神說：諸水之間要有空氣，將水分爲上下。神就造出空氣，將空氣以下的水、空氣以上的水分開了，事就這樣成了。神稱空氣爲天，有晚上有早晨，是第二日。」明確描述上帝造出大氣層的經過。

　　9至10節：「神說：天下的水要聚在一處，使旱地露出來。事就這樣成了。神稱旱地爲地，稱水的聚處爲海，神看著是好的。」此時上帝使地球上的水聚集在一起，使地球表面分出陸地和海洋。

　　11至13節：「神說：地要發生青草和結種子的菜蔬，並結果子的樹木，各從其類，果子都包著核。事就這樣成了。於是地發生了青草和結種子的菜蔬，各從其類，並結果子的樹木，各從其類，果子都包著核。神看著是好的。有晚上有早晨，是第三日。」地球表面出現陸地之後，便開始成長各種植物。

　　14至19節：「神說：天上要有光體，可以分晝夜，作記號、定節令、日子、年歲，並要發光在天空，普照在地上。事就這樣成了。於是神造了兩個大光，大的管晝，小的管夜，又造眾星。就把這些光擺列在天空，普照在地上，管理晝夜，分別明暗。神看著是好的，有晚上有早晨，是第四日。」

　　到第四天上帝造了「兩個大光」，就是太陽和月亮，如果我們相信《聖經》所言，則地球形成年代要比太陽還早，完全違反天文學理論，因此這樣的記載如果不是上古記錄聖經內容的人的筆誤，就是編造的。

　　20 至 23 節：「神說：水要多多滋生有生命的物，要有雀鳥飛在地面以上、天空之中。神就造出大魚和水中所滋生各樣有生命的動物，各從其類，又造出各樣飛鳥，各從其類。神看著是好的，神就賜福給這一切，說：滋生繁多，充滿海中的水，雀鳥也要多生在地上。有晚上有早晨，是第五日。」這段文字描述首先造魚和各種水中生物，其次是各種飛鳥。先注意此種順序，後文再論。

　　24 至 25 節：「神說：地要生出活物來，各從其類。牲畜、昆蟲、野獸，各從其類。事就這樣成了。於是神造出野獸，各從其類。牲畜各從其類，地上一切昆蟲各從其類。神看著是好的。」

　　神上帝造了水中生物和鳥類後，繼續造地上的各種生物。由 20 節至 25 節經文可知地球上的一切生物全部是上帝所造，雖然迄今仍無證據證明此事，但是神學界人士都相信此說，地球上近三分之一人口信仰基督教和天主教，也全相信此說。

　　注意「各從其類」四字，指的是不同種類的生物各自隸屬自己的種屬，鳥類就是鳥類、魚類就是魚類、爬蟲類就是爬蟲類、野獸就是野獸等等，各從其自己的類，完全和演化論所言不同，指明生物不是從一類演化到另一類，這一個觀念極重要，值得思考。

　　26 至 27 節：「神說：我們要照著我們的形像、按著我們的樣式造人，使他們管理海裡的魚、空中的鳥、地上的牲畜和全地，並地上所爬的一切昆蟲。神就造著自己的形像造人，乃是照著他的形像造男造女。」

　　這一段文字是《聖經》中最吸引人之處，它有二點值得探討，一是指出人類是神依照「自己」的形像造出來的，由此可知上帝的模樣就是人的模樣，不是高高在上無所不在的萬能神的無形觀念；第二點是神說「我們要照著我們的形像、按著我們的樣式造人」這句話，出現三次「我們」，值得全地球人注意思考，因為依宗教家言「上帝」只有一位，為何用複數？

　　造完人之後，28 節記錄：「神就賜福給他們，又對他們說：要生養眾多，遍滿地面，治理這地，也要管理海裡的魚、空中的鳥和地上各樣行動的

活物。」由此可見上帝交待人類要多多繁殖後代，布滿地球，並且來管理地球上的一切生物。

29 至 31 節：「神說：看哪，我將遍地上一切結種子的菜蔬，和一切樹上所結有核的果子，全賜給你們做食物；至於地上的走獸和空中的飛鳥，並各樣爬在地上有生命的物，我將青草賜給他們作食物。事就這樣成了。神看著一切所造的都甚好，有晚上有早晨，是第六日。」

這一段經文很妙，指出上帝只「規定」地上結種子的菜蔬和樹上有核的果子是人類的食物，並沒有說動物是人類的食物，而且也規定鳥獸動物的食物是青草，若由此經文所言，當時地球上的生物統統是素食者。

接著是經文第二章，第 1 至第 3 節：「天地萬物都造齊了。到第七日，神造物的工已經完畢，就在第七日歇了他一切的工，安息了。神賜福給第七日，定為聖日，因為在這日，神歇了他一切創造的工，就安息了。」

這也就是星期日要休息的由來。值得注意的是，神的六天工作過程：從大地混沌、有光、分出陸地海洋、造植物、魚類、鳥類、其他動物、到人類的程序，與現代科學中的「宇宙演化」過程和「生物演化」順序完全吻合。

天文學家告訴我們，宇宙原本混沌一片，約在 137 億年前，一聲大爆炸，產生了我們的宇宙，誕生了恆星、行星，宇宙有了星光。而後在地球上，原始生命萌芽於海洋，然後有浮游生物和魚類，再來是兩棲類、鳥類、爬蟲類、靈長類，最後誕生人類。整個宇宙演化與生物演化過程的科學證據，可以在〈創世記〉中找到紀錄，此種「巧合」，極為耐人尋味，也印證了神學和科學之間，一定有某種程度的關聯。

第二章 8 至 17 節：「耶和華神在東方的伊甸立了一個園子，把所造的人安置在那裡。耶和華神使各樣的樹從地裡長出來，可以悅人的眼目，其上的果子好作食物，園子當中又有生命樹和分別善惡的樹，有河從伊甸流出來滋潤那園子，從那裡分為四道。……耶和華神將那人安置在伊甸園，使他修理看守。耶和華神吩咐他說：『園中各樣樹上的果子，你可以隨意喫，只是分別善惡樹上的果子，你不可喫，因為你喫的日子必定死。』」

由第一句可知「伊甸」是個地名，位於東方，只是我們不知「東方」是何處？若以神學家視伊甸處於當今中東地區，則東方是指中東。此處有四條河，也許是指中東的兩河流域一帶。這節經文的重點是上帝交待善惡樹的果

子不可以吃，什麼是「善惡樹」？歷代研究者都無法有明確的說明，也就成為一個宗教上永遠的謎。

二章18至19節：「耶和華神說：『那人獨居不好，我要為他造一個配偶幫助他』。耶和華神用土所造成的野地各樣走獸和空中各樣飛鳥，都帶到那人面前看他叫甚麼，那人怎樣叫各樣的活物，那就是他的名字。那人便給一切牲畜和空中飛鳥、野地走獸都起了名。」

20至24節：「只是那人沒有遇見配偶幫助他。耶和華神使他沉睡，他就睡了。於是取下他的一條肋骨又把肉合起來。耶和華神就用那人身上所取的肋骨，造成一個女人，領他到那人跟前。那人說：『這是我骨中的骨、肉中的肉，可以稱他為女人。因為他是從男人身上取出來的。』因此人要離開父母，與妻子連合，二人成為一體。」

這一段也是聖經中極為重要的文字，明白指出女人不是用泥土造的，而是用男人的肋骨造的，因此男人和女人要結合才算是完整一體。由此也可知地球上是先有男人後才有女人，照說應該是女人依順男人，但是上古時代發展成母系式社會，則是女權主導一切的時代，就值得研究其原因了。

〈創世記〉第四章之後有一些紀錄值得我們研究探討，因為涉及不少創意思考之處。如四章1至5節：「有一日，那人（指亞當）和他妻子夏娃同房，夏娃就懷孕生了該隱（得的意思），便說：『耶和華使我得了一個男子』又生了該隱的兄弟亞伯。該隱是種地的，亞伯是牧羊的。有一日，該隱拿地裡的出產為供物，獻給耶和華。亞伯也將他羊群中頭生的，和羊的脂油獻上。耶和華看中了亞伯和他的供物，只是看不中該隱和他的供物，該隱就大大的發怒，變了臉色。」後來該隱把他的弟弟亞伯殺死，耶和華說「有聲音從地裡向我哀告」知道亞伯已死。

亞當夏娃是地球上第一對男女，當然會同房，而且這也是上帝的旨意，他們生了兩個兒子，算是地球上的第二代人類，不過亞伯不久就被該隱殺死，第二代人類只剩一人。

16至19節：「於是該隱離開耶和華的面，去住在伊甸東邊挪得之地。該隱和妻子同房，他妻子就懷孕，生了以諾（第三代）。以諾生以拿……（第七代）拉麥娶了兩個妻子，一個名叫亞大，一個名叫洗拉。」

這裡出現極大的問題，因為該隱的妻子從哪裡來？上帝並沒有在地球上

製造其他家族,若是亞當夏娃生的,則犯了不倫之罪。而且第七代拉麥娶了兩個妻子,又是從哪裡來的?這些問題迄今都無法獲得解釋。

第六章1至2節:「當人在世上多起來,又生女兒的時候,神的兒子們看見人的女子美貌,就隨意挑選娶來為妻。」注意這句話有很大的問題,因為只有一個神耶和華,聖經完全沒有提到耶和華的妻子以及其他的神,那麼「神的兒子們」是從何來的?可見當時神不只一位,而是很多位,其中最高地位的是耶和華,其他是天使,也可以說明「照我們的形像」是正確的,因為當時是有很多男性和女性的神,才會有「神的兒子們」誕生。

第六章5節及第11、12節:「耶和華見人在地上罪惡很大,終日所思想的盡都是惡,耶和華就後悔造人在地上,心中憂傷。耶和華說:『我要將所造的人和走獸並昆蟲,以及空中的飛鳥,都從地上除滅,因為我造他們後悔了』。世界在神面前敗壞,地上滿了強暴。神觀看世界,見是敗壞了,凡有血氣的人,在地上都敗壞了行為。」

這些經文充分說明亞當的後代、上古地球人越來越敗壞,也許道德淪喪、行為殘暴、不知是非,造人的上帝很傷心,於是命唯一的好家族挪亞造方舟,然後製造大洪水,洪水在地上氾濫四十天,21至23節:「凡在地上有血肉的動物,就是飛鳥、牲畜、走獸和爬在地上的昆蟲,以及所有的人都死了。凡在旱地上鼻孔有氣息的生靈都死了。地上各類的活物,連人帶牲畜、昆蟲以及空中的飛鳥,都從地上除滅了。只留下挪亞和那些與他同在方舟裡的。」

由此可見當時地球上發生大滅絕事件,除了方舟內的活物外,地球上的生物全部滅絕,從此以後地球換了一個新世代。第九章說神賜福給挪亞和他的兒子,對他們說:「你們要生養眾多,遍滿了地。凡地上的走獸和空中的飛鳥,都必驚恐,懼怕你們,連地上一切的昆蟲並海裡的魚,都交付你們的手。凡活著的動物,都可以作你們的食物,這一切我都賜給你們如同菜蔬一樣,惟獨肉帶著血,那就是他的生命,你們不可喫,流你們血害你們命的,無論是獸是人,我必討他的罪,就是向各人的弟兄也是如此。凡流人血的,他的血也必被人所流,因為神造人,是照自己的形像造的,你們要生養眾多,在地上昌盛繁茂。」

這裡頭點出人類從素食時代開始邁向葷素不拘的時代,大滅絕後的地球

人飲食習慣改變了。而且從此時起，人類生養眾多，以致到目前 70 多億人口。

第三節　佛學的下凡論

到目前爲止，被全球佛學家皆認爲最原始的佛經，當推小乘中的《四阿含經》。「阿含」Agama，也譯爲阿岌摩，意思是「法歸」，指「萬法所歸」，本是佛經總名，後只被用於指小乘經典。

《阿含經》有四部，其中的《長阿含經》是《阿含經》的首部，分爲四分，在第四分中有名爲〈世紀經〉者，分 12 品約 7 萬多字，正是佛陀在世時所宣揚的宇宙萬象萬物，其最後一品稱「最勝品」又稱「天地成品」，對地球人的由來及發展的科學紀錄多得不勝枚舉，現就一一列出並以白話說明。

「諸比丘，世間轉已，如是成時，諸眾生等，多得生於光音天上，是諸眾生，生彼天時，身心歡愉，喜悅爲食，自然光明，又有神通，乘空而行，得最勝色，年壽長遠，安樂而往。」

佛陀首先對比丘們說：地球轉動不停，在地球形成之後，許多生命是生於光音天上的，這些生命，生活在他們的光音天時，身心是歡愉的，以喜悅爲食，形態自然光明，又具有神通力，能夠乘空飛行，得最殊勝的膚色，他們的壽命很長，安樂居住。

「諸比丘，爾時世間轉壞已成，空無有物，諸梵宮中未有眾生。光音天上，福業盡者，乃復下生梵宮殿中，不從胎生忽然化出，此初梵天名娑訶波帝。」

佛陀又說：當時地球生態轉壞之後又形成可居住的好情況，沒有任何生物，也沒有高等生命，光音天上一些福報結束的天人，便下凡投生在地球上，他們不是胎生的而是突然化生在地球上，這最初的一位地球人名叫娑訶波帝（世界主）。

「爾時，復有諸餘眾生，福壽盡者，從光音天，捨身命已安於此生，身形端正，喜悅住持，以爲飲食，自然光明，有神通力，騰空而行，身色最

勝，即於其間，長時久住。」

佛陀說：當時又有其他生命，那些福壽已享盡的天人，也從光音天下來，化生在地球上，他們的身形長得很端正，經常保持喜悅，以喜悅為飲食，形態自然光明，又有神通力，能騰空飛行，身色相當好看，他們來到地球，長時久住。

「當然如是三摩耶時，此大地上出生地肥，周遍凝住，譬如有人熱煎乳汁，其上便有薄膜停住，亦如水膜，停住水上，如是如是。復於後時，此大地上所生地肥，凝然停住，漸如鑽酪，成就生酥，有如是等形色相貌，其味甘美，猶如上蜜。」

他們住了很久一段時間後，大地表面逐漸形成一些物質稱為地肥，遍地凝住，好像有人加熱乳汁，表面生出一層膜一般，也如同水膜凝固在水面上，如此這般，這些大地上自然生出的物質地肥，漸漸如乳酪，又變得生酥，顏色也很好看，味道甘甜，好像上等蜂蜜。

「爾時眾生其中忽有性貪嗜者，作如是念：我今亦可以指取此，試復嘗之，令我得知，此是何物？時彼眾生作是念已，即以其指深齊一節，沾取地味，吮而嘗之，嘗已意喜。如是一沾一吮，乃至再三，即生貪著，次以手抄，漸漸手掬，後遂多掬，恣意食之。」

那時，降生地球的生命之中，其中有一些天性較貪吃的人，便作此種想法：我可用手指沾來嚐嚐，好使我知道那是什麼東西？這位上古先民想了之後，便用手指去沾取地上物質，吸吮嚐食，嚐完後很高興，於是反覆沾食，愈來愈貪，便用雙手掬食，愈吃愈多。

「時彼眾生，如是抄掬，恣意食時，復有無量其餘諸人，見彼眾生如是食瞰；亦即相學，競取而食。諸比丘，彼諸眾生，取此地味，食之不已，其身自然漸漸澀惡，皮膚變厚，顏色暗濁，形貌致異，無復光明，亦更不能飛騰虛空，以地肥故，神通滅沒。」

當時另有很多人，看到那些人在取食，便學他們，通通加入競相取食的行列。佛陀說：各位比丘，那些人取食這種地上美味，吃個不停，他們的身體漸漸難看，皮膚變深變厚了、顏色暗濁了、容貌也變了，不再光明好看，身體也再無法飛行，因吃了地上物質的原故，神通全沒了。

這些上古地球人看到天上有個發光體，每天從東方出來，運行到西方

沒入，經過數天的觀察，公認那是同一個物體，並稱這個大放光明的物體為「修梨耶」。佛經上說：「世間便成黑暗，世間忽然出生日月及諸星宿，便有晝夜一月半月，年歲時節等名字生也，爾時日天勝大宮殿從東方出，繞須彌山半腹而行，於西方沒。西方沒已，還從東方出。爾時眾生復見日天勝大宮殿，從東方出，各相告言：諸仁者，還是日天光明宮殿，再從東出，右繞須彌，當於西沒。第三見已，亦相謂言：諸仁者，此是彼天光明流行，此是彼天光明流行也，是故稱日為修梨耶。」

地球上古人類看到天上有一些發光體，由經驗得知晝夜之分，慢慢的訂出了年歲時節。當時他們看到太陽（日天勝大宮殿）從東方出來，經過天空，落在西方，在西方沒已之後，又從東方出來，他們便互相說著：就是太陽東出西沒，第三天又看到，又互相說，這就是那個天上發光的物體，同一個物體。

佛陀也說明了太陽光照許多星球的天文現象：「從彼日天大宮殿中，光明相接，出已照曜，遍四大洲及諸世界。」

更描述了太陽，太陽運轉不停，在夏季六個月北行，在冬季六個月南行的回歸現象：「日天宮殿常行不息，六月北行，於一日中，漸移北向……六月南行，亦一日中，漸移南向。」

在〈天地成品〉最後，也就是《世紀經》最後，佛陀用很大篇幅細說地球人演化的經過，以及後世後代的族譜，可以說，這一部分正是詳實的上古地球史，足可彌補信史之前的不足。現就依序一一列出，並用括弧略作新譯。

「諸比丘，劫初眾生（各位比丘，地球原始時代的人類），食地味時，多所資益（取食一些地表面甜甜的薄膜物質，是有資益的），久住於世（他們久住在地球上），而彼諸人（而那些地球人），若多食者，顏色即劣（如果吃得太多，膚色就變差）；若少食者，光明便勝（吃得少的，膚色仍較白）。

地味便沒，續生地皮（地味這種薄膜物質被吃完了，地上又生出地皮之類物質），色味具足（顏色和味道均佳）……彼諸眾生（那些地球人），皆共聚集……食於地皮（改吃地皮），亦久住世（也可生活下來），多食色惡，少食形勝（多吃的人膚色又差，少吃的人顯得好看）……

地皮復沒，便生林蔓（地皮被吃完了，便生出林蔓），形色成就，香味具足（形狀顏色都很好看，香味也足）……割之汗流，猶如淳蜜（割開後會有甜如蜜的汁液流出），林蔓已沒，有梗米出（林蔓被吃完了，遂出現梗米），不耕不種，自然而生（不用耕種，自然長出來），無芒無檜，米粒清淨，香味具足（沒有尖芒也沒有枝芽，米粒很清淨，且有香味）。」

以上詳述地球表面的變化，以及地球人吃食的演化。依佛經言，在食梗米之前，甚至食地味之前，從光音天來的生命，可以飛翔在地球上空，然而隨著年代隨著飲食改變而退化，到吃了梗米之後，進入了有男女之別的時代，身體更有了皮肉筋骨，退化到只能行走在地面上。

此時，地球人愈來愈多：「有餘眾生（其餘的光音天上的生命），福命業盡，從光音天，捨身來下（福命已盡的天人，從光音天下凡到地球），於母腹中，受胎生身（開始在母親的腹中受胎而出生），以此因緣，世人漸多，非法漸增（由於此種原因，地球人愈來愈多，非法的事情也漸增了）。」

以上經文詳細描述上古地球人是從光音天下凡而來，原本有神通能飛翔的神體，由於吃了地面上的物質而產生極大的改變。待人類愈多時，便開始墮落。西方宗教上也談到上古人類的墮落，而今《佛經》也提了這一點：「時彼眾生，即生慚愧，墮在不善諸惡法中。」東西方宗教經典不約而同地數說人類墮落，其背後真相值得研究。

第四節　高科技的複製論

由於 80 年來幽浮（UFO）現象層出不窮，美國空軍也於 1947 年開始探索研究了多年，幽浮現象迄今仍被視為二十世紀人類最大謎題，然而現在幾乎所有人都相信有外星人的存在，而且曾經來過地球。

1973 年，法國人 Claude Vorilhon 被外星人用心電感應的方法召喚到克里孟菲火山口與其見面，這位外星人自稱他就是《聖經》中的耶和華，往後 6 天，每天花 1 小時為 Vorilhon 講述人類的起源，同時也道出許多超地球的經驗，最重要的是指出地球上的生命並不是大自然隨意造化的結果，而是由

他們這些來自天上的人們藉助 DNA（去氧核醣核酸）的作用，用科學的方法創造出來的。

此處就要從希伯來文《原始聖經》中的 Elohim 一字談起，此字原意是指「來自天上的人們」，後被譯爲 God 而成爲「天主、上帝、神」。香港思高聖經學會所編的天主教聖經的《聖經教義索引》中，論到天主名稱時的解說：

「天主的名字最主要的是 El Elohim，中文譯作天主（上帝、神），Jahve 中文譯作上主、自有者，或音譯爲雅威（耶和華）。

Elohim 是世人以理智給最高神明起的名字。

Jahve 是人由啓示才認識的天主的名字，是天主自己啓示的名字。

Elohim 亦可用以指稱其他的神，Jahve 則只用以指稱唯一永生的眞天主。」

仔細研究分析上面這些解說，有著神學界不敢承認的原始意義。原來 Elohim 是遠古人對上帝的稱呼，是人類呼喚的，不是上帝自稱的。爲什麼遠古人類會這樣稱呼呢？因爲他們看到天空飛來一批人，便大聲高呼：「天上來的人！天上來的人！」希伯來話說成：「Elohim！Elohim！」而 Jahve 是天主自己告訴世人他自己的名字，因此只適用於一個人，也就是後人稱爲眞天主或上主天主的這個人了。

由這樣的解說以及索引的分析，不難發現 Elohim 這個字的眞相。所以，我們必須將聖經中的天主與神還原爲 Elohim，不要存有名詞障，直接以希伯來字 Elohim 的原意去看整部聖經，才能明瞭上古事情的眞相。

耶和華告訴 Vorilhon：「你仔細聆聽著，你必須向人類說出我們的由來，以及我們身分的眞相，我們將判斷人類的反應，若可能的話，我們也考慮出現在你們地球人面前。」

以下就是這位外星人的敘述：

在遙遠的行星，我們很早以前科技水準便已到達相當的程度，當時我們的科學家已開始創造原始生命及萌芽期的生命形態，也就是試管中的生命。對於這件事，大家都十分振奮，但是政府在輿論的壓力下，明令科學家停止

實驗，惟恐會創造出危害社會的怪物來。另一方面，科學家也同時進行探測其他的銀河系，尋找是否有和實驗條件大致符合的星球，他們所選擇的，正是你們居住的地球。

在《聖經》中可以找到過去真實的跡象，只是遠古的聖經記述者，無法理解高科技的事物景象，因此把所記述的事都歸於神祕與超自然力量，多少與真實有些出入了。

現在我們先看一看〈創世記〉一章 1 節「起初 Elohim 創造天地」是指我們的科學家發現了地球，雖然當時地球大氣層與我們自己的行星大不相同，但認為地球具有創造人類生命的種種合宜條件。

2 節「Elohim 的靈運行在水面上」是指科學家在地球周圍安置數個偵測器，環繞運行地球，以研究地球的組成和大氣成分。4 節「Elohim 看光是好的」指我們確定太陽所放射的光不會有害，還能暖和地球。5 節「有晚上，有早晨，這是頭一日」，，這件地球表面調查工作花費了很多時間。這裡說的一日是指太陽在春分之日，與黃道十二宮的一宮升起時相對應的時期，約等於地球的兩千年。

一章 7 節「將空氣以上的水，空氣以下的水分開了」，指我們研究過大氣層雲上的宇宙光線之後，科學家們就降落停留在水面上，也就是天空上面的雲和水之間。9 節「天下的水要聚在一起，使旱地露出來」，指我們的科學家研究過大海洋表面後，引發強大的爆炸，像用推土機般自海底推起一些東西，然後將其堆在另一處以形成一塊大陸地，所以遠古地球本來只有一個大陸地。11 節「大地要長出青草，和結種子的蔬菜，以及結果子的樹木」，指科學家在地面上興建完善寬大的實驗室後，便以化學物質創造出蔬菜的細胞，接著製造出各種種類不同的植物。20 節「水要多多滋生有生命的物，要有鳥飛在地面以上」，指科學家開始創造原始的水生動物，和鳥類。

一章 24 節「地要生出活物來，各從其類，牲畜、昆蟲、野獸，各從其類」，指我們 Elohim 開始創造陸地上的動物。在這一切結束後，我們當中技術最高超者，便想用人工方法創造和我們一樣的人，26 節「我們要照著我們的形象，按著我們的樣式造人，使他們管理海裡的魚、空中的鳥、地上的牲畜和全地球上所爬的一切昆蟲」，指出地球人是依我們的形象而造的。17 節「園中各樣樹上的果子，你可以隨意吃，只是分別善惡樹上的果子，

你不可吃，一旦吃了，那麼你必定死」，這段話可以解釋如下：你可以選讀我們在此地所有的書（果子），無論什麼東西都可以學習（吃），只是複製生命的書，不可以讀，一旦讀了，你們就必須死。

六章1至3節「當人在世上多起來，又生女兒的時候，Elohim 的兒子們看見人的女子貌美，就隨意挑選娶來爲妻。耶和華說：『人既屬乎血氣，我的靈就不永遠住在他裡面，然而他的日子還可到一百二十年。』」由於長壽不會遺傳，所以人類的兒子不能自動獲得生命樹的恩賜，所以在遙遠行星上的政府對這一點很放心，於是祕密喪失了，人類的進步趨於緩慢。

4節「後來 Elohim 的兒子們和人的女子們交合生子，那就是上古英武有名的人。」這是外星人和他們創造的地球女人結合，生出優異孩子的證據，以遙遠行星的人的眼光來看，這是很危險的事，因爲地球科學就會產生驚人的進步，所以，遙遠行星的人決定將他的創造物摧毀。

5節「耶和華見人在地上罪惡很大，終日所思想的盡是惡」，這裡所謂的「惡」，是指人類想變得像造物主一樣具有科學知識與個性獨立的人，而不想成爲「善」，照 Elohim 的原意「善」是叫人類永遠停滯在原始狀態呆呆地過活即可，而「惡」是積極進取的意願，想將來有朝一日能超過造物者。

外星政府決定用核子導彈將地球的一切生命毀掉。但事先知道這計畫的被放逐科學家要挪亞建造太空船，在大災禍來臨期間繞行地球，再將欲留的物種各取雌雄動物各一個活細胞，日後就足以再創造出完整的個體來。

1975年，耶和華帶 Vorilhon 到外星球去。太空船停放在一座直徑15公尺、高10公尺看似金屬製的圓形室內。耶和華帶他到另一個地方，來到一個大廳，其中央處有一部大型機器，有十數個機器人（由其額頭上的飾物即可辨出）環繞在周圍。

耶和華說：「這是一部製造生物機器人的裝置，我們這就爲你做一個來看看。」他便向一個靠近製造機的機器人示意，那人就觸摸了一些機件，然後做了個手勢叫 Vorilhon 靠近一扇約2公尺長1公尺寬的窗戶，他看到一種淺藍色的液體中，人類骨架的形狀依稀在成形，這些骨骸的形狀越來越清晰，終致變成一付真骨架；然後，神經脈絡分明，附在骨骼上，繼而肌肉、皮膚、毛髮也相繼披覆其上。終於一個優秀壯碩的運動員躺在那裡，而在數分鐘前卻什麼也沒有。

耶和華說：「還記不記得舊約聖經〈以西結書〉三十七章 3 至 10 節所言：『人子啊，這些骸骨能復活麼？不料有響聲、有地震、骨與骨互相聯絡。我看見骸骨上有筋，也長了肉，又有皮遮蔽其上……氣息就進入骸骨，骸骨便活了，並且站起來，成為極大的軍隊。』如今若由你來描述，也一定會和以西結書相似，除了吹氣到鼻子的不同外，因為這項動作目前已不需要用了。」

耶和華說明了今日地球科技已達到可以複製動物，他表示只要把任何一個細胞放在機器裡，那個機器就可供應所有必要的生命物質，再次組合成原來的生物，這種機器供應生命物質，而細胞依據欲組合的生物提供了生命必備的要素或生命雛形。

耶和華說：「這些都不難，你們不久也能辦到。此方式也就演變成古老葬禮的起源，一些偉人的遺體儘量被保存不腐，以便來日能復活，能永生不死，這就是『生命樹』的祕密之一，也就是永生的祕訣。」

當然很多人會質疑此種人類起源說法的可靠性，不過在複製技術成熟的今天，用基因科技製造器官已成為事實，未來地球人當然可能進步到複製人。假若外星人的科技比地球人要先進數百年以上，有誰能否認用生物科技方法複製人類的可能性呢？

（後註：Vorilhon 曾於 1983 年來臺灣找我，詳談他的外星經歷，並授權我將他的著作譯成中文。當時地球科學家根本不知有複製生物的技術。直到 1996 年世界第一隻體細胞複製的動物——桃莉羊——在英國誕生了。但我在 15 年前翻譯出版的書中即談到。）

第三章　東西方哲學與宗教的生死觀

第一節　東方哲學的生死觀

不管是東方或西方先哲，自古以來都一直在探索生命與死亡的深層意義，數千年來的哲學理論汗牛充棟，但卻莫衷一是。因為要解答生命與死亡的真義實在不容易，而且通常是見仁見智的。

一、儒家的生死觀

以儒家而言，基本義理是在演譯人與天、群己、物我的關係：

1. 知天：「天人合一；天行健君子以自強不息；天地之大德曰生；生生之德；天命之謂性，率性之謂道，修道之謂教」等。
2. 知人：孔子曰「仁」、孟子曰「性善」、「良心」、「良知」等。
3. 知物：正物、利用、厚生，「人文化成」等。

孔子對其一生之了悟有其所感：「吾十有五而志於學，三十而立，四十而不惑，五十而知天命，六十而耳順，七十而從心所欲不踰矩。」《論語・為政》二千多年來，此種生命觀已深入人心。

其實生死是人一生中無法普遍覺查的經驗。有人只是從出生開始一天過一天直到老死，其生命輕如鴻毛；有人一生轟轟烈烈，留名青史，其生命重如泰山；有人擅長規劃自己要如何過日子、如何高升、如何理財；有人卻視錢財如糞土。不管如何，很少人會用哲學思維角度來研究自己的生死。

一般人也不會做哲學思考，事實上「生與死」的問題應該是極生活的，每天都可以看到有人生、有人死，這是日常生活的一環。

在作者於南華大學執教時期，就做過統計，其實一般人比較喜歡提出這樣的問題：

1. 死後真的有天堂和各個層次的天界地界以及地獄嗎？
2. 是否有另一種形式的「生」或存在？

3. 是否在另一個時空向度中亦存在著其時空性的「死」呢？
4. 生死構造是一個不停止的循環嗎？
5. 有沒有「永生」或「永死」的狀態？
6. 如果有永生或永死其在存有者自身中的狀態是什麼？其與時空之間的關係何在？
7. 是否生死構造只有兩種時空性？
8. 世界中是否有一個更高層次的力量超越了兩個時空向度的生死結構呢？
9. 是否生死結構是不可被超越的？
10. 生死結構是否不是絕對密閉的？
11. 生死結構中的時空性存在，在命定與非命定之間的成立基礎何在？
12. 若真的有輪迴、轉世，則轉換與新生成二者間的「指向」基礎及「生成基礎」何在？

我們認為凡是談到生的問題，必然談到死的問題，因為「生與死」是一個相對的兩個不同的概念，構成一個對立面的兩個端點，它們是兩端而一致的。不可能說一個宗教徒只處理生的問題，而不處理死的問題，也不可能說一個宗教徒只處理死的問題，而不處理生的問題，一定是兩個連著處理的。

生跟死是一個完整的統一。從這個觀念來看，我們大概就可以反駁有些人以為儒家基本上沒有談論到死亡的問題，儒家好像只注意到人的生命，活在這個現實的世界裡面的問題。儒家好像就是不會注意到過去，也不曾注意到未來，只注意現世的問題，其實不然。儒家將生與死關聯成一個整體，將過去、現在、未來三者關聯成一個整體。

其實早期孔孟儒家對於生死有很簡單很生活化的看法，例如：
1. 子曰：「志士仁人，無求生以害仁，有殺身以成仁。」（論語・衛靈公）
2. 子曰：「朝聞道，夕死可矣。」（論語・里仁）
3. 曾子曰：「君子任重而道遠，仁以為己任，不亦重乎！死而後矣，不亦遠乎！」
4. 孟子曰：「不孝有三，無後為大。」（孟子・離婁上）

到了宋朝之後儒家將原本極生活化的生死觀念愈解愈複雜，使得後人更是搞不懂，如：
1. 宋朝張載：「性者萬物之一源，非有我之得私也。……盡性，然後知，生

無所得則死無所喪」（正蒙、誠明）

2. 宋朝朱子：「人受天所賦許多道理，自然無缺。須盡得這道理無欠缺，到那死時，乃是生理已盡，安於死而無愧。」（朱子語類三十九）

3. 明朝王陽明：「學問功夫，於一切聲利嗜好，俱能脫落殆盡，尚有一種生死觀念，毫髮掛帶，便於全體未有融釋處。人於生死念頭，本從身心性命根上帶來，故不易去。若於此處見得破，透得過，此心全體方是流行無礙，方是盡性至命之學。」（傳習錄）

4. 明朝王龍溪：「良知無知，識則有分別。……若直下認得無知本體，百凡應感一照皆眞，方不落生死，不是識神用事。」

　　總而言之，儒家生死觀大約有下列特色：重視生命延續的大化之流；樹立生命價值的理想之不朽；宋明理學家建立儒家心性體認本位的生死學，本體（終極眞實的「良知」）即工夫（解脫進路），工夫即本體。

　　至於死亡觀方面，中國儒家承繼周禮而講究厚葬，所以說「生，事之以禮；死，葬之以禮」。表示「養生」是孝的表現，而「送死」更是大孝。其目的是在使「民德歸厚」，可見中國的喪禮除了是倫理之外，也被視爲是社會教育之一環。

　　至於儒家對鬼神的看法，最有名的就是《論語・先進》篇：「季路問事鬼神，未能事人，焉能事鬼？」這一段對話了。

　　鬼神是什麼呢？古人認爲鬼不是精靈，神也不是精靈，鬼跟神一樣是人們精神的一種體現方式而已。這精神的體現方式，用古時候中國哲學老話來說最後終歸於「氣」，而又有「鬼者歸也」，「神者申也」的說法，講精神的屈申，屈而歸之於地，申而充之於天。

　　因此將整個人的魂魄、整個宇宙之間的鬼神問題還到人身上來，也就是說我們必須以人的可知來理解世界的未知。因此孔子才會說：「非其鬼而祭之，諂也。見義不爲，無勇也。」（論語・爲政）以及「樊遲問知。子曰：『務民之義，敬鬼神而遠之，可謂知矣。』」（論語・雍也）

二、道家的生死觀

　　道家的生死信念是認爲「生死」的事實存在但並不能受囿於現象世界，

而是橫跨事實世界和意義世界的雙重性，特別是在死後世界，仍須仰仗宗教經驗或密切體驗加以描述。

莊子認爲：「生也逍遙、死也逍遙；生於自然，死也自然」，享受自然豁達的人生。因此其妻死亡時，莊子尙擊盆而歌。用自然法則看，眾生確實是「方生、方死」，相對地生，也相對地是死。慶生也就是慶死，只因爲我們人不敢面對死亡，所以才說「慶生」，生死學就是要我們以正確的態度面對死亡。

莊子生死觀的建立是從對常人面對生死態度的觀察開始，莊子認爲世俗生死觀「有我」意識太強烈，受到「彼此」、「是非」觀念的左右，使一般人在面對死亡問題時，產生強烈抗拒的情緒反應，造成一種對抗死亡的生命價值觀，人也陷落在此價值觀之中，悅生惡死，棄身殉物，以至形神兩亡而不自知。

因此莊子的生死觀從對「有我」的反駁開始，世俗生死觀盲點的根源就在於以「有我」爲基礎的死亡的界定上，因此莊子的生死觀不以此形骸活動、朽壞做爲生死的分野，而以「眞宰」、「眞君」取代以形骸、心智與知識爲主的自我認知。將生死看做是氣的流轉變化，且萬物同在此一流轉變化之中，以破除世俗因「有我」造成的生死對立，以及悅生惡死的情結。

同時莊子以「道」做爲其生死觀的基礎，人超越生命有限性的唯一方法就是回歸生命的本眞，透過「喪我」、「心齋」、「坐忘」的無己工夫，與「道」合一。一旦與「道」合一，將死亡視爲物化，才能擺脫對死亡的恐懼，得到精神上的逍遙之境，應物而不傷。

本書最認同的是老子道德經提到「出生入死」的觀念，指出世就是生，入地就是死。認爲這一切都不過是自然而然的變化。老子思想認爲，不只人才有死生變化，萬事萬物都有死生的變化，這就是「萬物將自化」的觀念，因此，死生也應擺在自然之化中看待。

老子主張一切回歸自然，認爲死亡不過是生命發展的自然過程，應該坦然接受。莊子也認爲生死是一體的，並不值得特別爲之歌頌或悲傷。而子產的「天道遠，人道邇」等，也都顯示中國傳統的自然死生思想，並非強調對死的重視，而是藉著對生的追尋與肯定，表達出對生命的價值與意義，達到人生生命極限的突破。

　　老子又提到：「生之徒十有三，死之徒十有三，人之生，動之死地亦十有三。夫何故？以其生生之厚。」是指人的生命中「生的因素」與「死的因素」各佔十分之三，但人為了求生貪生，卻往往步入了死路，使得死亡的因素又增加了三分。人既然無法排除死亡，因此，就必須將死的變化納入「死生大化」之中，納入「萬物將自化」的規律之中。既不執著於生，也不執著於死，視死生為自然之化，從而超越生死的煩惱和局限。作者認為凡是參透生死觀念的人必然完全認同老子與莊子的生死思想。

　　然而歷經二千多年儒家思想與道家思想的互滲，加上印度佛教移植中土，三者之間相互衝擊彼此影響，終於導致大乘佛教的逐步中國化，道家與宋明心學一派的禪宗化，以及三教合一思潮的興起。

三、儒道釋合一的生死觀

　　大乘佛教與儒道二家交流溝通的最大成果，是在心性體認本位的中國生死學與生死智慧的形成，於此不難發現三教合一的真正理趣。儒道佛三教雖不同源，但可殊途同歸。

　　孔子偏重世俗人間的倫理道德，雖也說過「朝聞道，夕死可矣！」，有他獨特的生死智慧，但他所真正關注的是現實人生的生命意義，不是「生」與「死」連在一起的生死意義，故云：「未知生，焉知死」。

　　然而儒道佛三教共通而分享的「心性體認本位的生死學與生死智慧」，具有中國傳統的特色，有別於印度佛教包括在內的其他各大宗教或哲學傳統，乃是由於它自始至終不假天啟、彼岸、梵我、神威等外在力量，去解決有關生死的生命終極問題，而只依靠我們本身的「心性」（不論是儒家的良知、道家的無心，或是大乘佛學的佛心佛性），去實地體驗體悟「生」與「死」的不可分別。

　　在具有中國三教合一特色的此一心性體認本位的生死學與生死智慧，實存主體、終極關懷與終極真實三事一時並了，無有前後，不可分離。這是我多年來進行三教合一的哲理性探討，所獲得的小小結論。

第二節　東方宗教的生死觀

一、道教的生死觀

　　東方兩大宗教其實就只有源自中國的道教與源自印度的佛教，現就先談道教。道教認爲人應當珍惜既有的生命，修練身心靈，以求得羽化成仙，長生不死。道教不否定現實今生，主張現身成仙，認爲人不要把精力投擲於追逐俗世的富貴生活，應直接昇華爲神仙的逍遙。

　　道教相信透過種種修行可以使人在今世活著的時候便脫胎換骨、超凡入仙、永享仙壽。所以從道家與道教的生死觀可見，道家對生死是順其自然，道教反而是「逆其自然」，要用修練之方去「避死成仙」，兩著的思想剛好完全相反。

　　《太上老君內觀經》可說是道教生死觀重要概念，認爲生是因爲氣來入身，而死是神去于身：「從道而生謂之命，自一稟形謂之性，所以任物謂之心，心有所懷謂之意，意之所出謂之志，事無不知謂之智，智周萬物謂之慧，動以營身謂之魂，靜以鎮形謂之魄，流行骨肉謂之血，保神養氣謂之精，氣清而駛謂之榮，氣濁而遲謂之衛，總括百神謂之身，萬象略見謂之形，塊然有閡謂之質，狀貌可則謂之體，大小有分謂之軀，眾思不測謂之神，莫然應化謂之靈，氣來入身謂之生，神去于身謂之死，所以通生謂之道。

　　「道者有而無形，無而有情，變化不測，通神群生。在人之身，則爲神明，所謂心也，所以教人修道則修心也，教人修心則修道也。道不可見，因生而明之。生不可常，用道以守之。若生亡，則道廢，道廢則生亡。生道合一，則長生不死。」

　　道藏《太平經》是支配道教在生死課題上的發展方向。可以說要討論道教生死學，必須從《太平經》談起。事實上，多年來已有學者注意到太平經生命觀的課題，或者討論到醫學與疾病等相關問題，已注意到東漢時代宗教與醫學如何看待人體生命現象，所形成的特殊的認知體系與對應策略。

　　《太平經》對人體生命的看法涉及到哲學、宗教、醫學等層面，可以算是一部兼容並蓄的龐雜巨著，集合了東漢以前的各種文化意識，從宇宙論到

生命論廣集了各種理論雜揉而成，雖然可能互相矛盾，卻自成了一個龐大的體系。

《太平經》認為個體的生命是要配合天地陰陽的生養，人與萬物都在宇宙造化的秩序之中，人物與天地是一體同氣，彼此相感相應，建構了生命共同體，其運作的基本原則，在於陰陽的「兩為一合」或「兩兩為合」之上。

《太平經》的基本態度是「重人貴生」，重視人生命存在的養生實踐，導致道教成為世界上最重視人的現世生命存在的貴生宗教。「重人貴生」可以說是道教主要的宗教實踐活動，雖然有自我修煉成仙的神聖目標，但是卻與人體的養生保健緊密地結合在一起。

《太平經》的生命關懷，是將人體擺在天地的宇宙法則之中，探究彼此相互轉化的演變性質與方向。即人體的生命演化是與宇宙生成理論關聯起來，人體成為宇宙的一部分，可以參與天地流行，進而可以永恆常存。故人體是最為可貴的，應該珍惜現有的生命，進行超越性的煉養與修持。

《太平經》認為人體的存在，在於獲得天地陰陽氣化運行的規律與法則，其差別在於順逆得失之間。其對於人的「生」與「死」，有一套完整的詮釋理論。「生」是氣的「來合而為人」，「來合」就是「得」，可以「反復傳生」。人體是「氣」的流行，順著「氣」就能「得」，可以長生。肉體的有限性，在於逆氣而「失」，導致疾病與死亡。「生」就是要參與宇宙自然的運作規律，人體在養生鍛鍊的過程中，得到改善與保存。沒有養生的鍛鍊，肉體必然遭受疾病的侵襲，到最後久病而亡。

「死」是必然的，也是一種自然現象，反映了陰陽消長之理，「得」是順消長之理，可以得壽善終，「失」是逆消長之理，多疾而冤死。《太平經》就是教人尋找到生死的規律性格，讓生命能達到長生不死的理想。「生死」對比於「天地」與「陰陽」，「天」與「陽」象徵「生」，「地」與「陰」象徵「死」，《太平經》從自然現象中，肯定有生就有死，生死是陰陽消長的正常活動，但是《太平經》沒有生命輪迴的觀念，主張人只有「一生」，不能「再生」，死了以後，就什麼都沒有了。

《太平經》對待生死的基本觀念，承認生死是生命的自然活動，所謂「夫物生者，皆有終盡」，說明「人生亦有死」是宇宙存在的法則。「死」不可怕，隨著「年竟算盡」而亡，可怕的是人的冤死，不得終養其年。《太

平經》最感遺憾的是人們的「求死得死」，自毀生機。

二、佛教的生死觀

佛教生死觀簡單講就是要參透「生老病死」四個字，依佛教十二因緣法，人之所以會「老病死」，卻是由「生」而來。

佛教以「諸行無常」來把握這個變化的實相，從宇宙觀來說，就是「成住壞空」，也就是由一個世界成立、變化、崩壞，再至下一個的成立。從人生觀論之，「生老病死」四苦，是指生來活著的痛苦、衰老的痛苦、患病的痛苦、死亡的痛苦，這一流轉誰也無法逃避。在四苦之中，尤其是「生者必死」這個死的問題，正是自古以來一切宗教和哲學產生的原因。

「生」是由於「有」（有是指由於過去的業力所招感而生的存在體），因緣關係不能不生；而何以會「有」呢？是因為「取」，也就是執取種種過去的錯誤見解形成的；為何會去執取呢？是由於「愛」，愛自己、愛所擁有的、貪愛過去、欣羨未來等緣故；愛又是緣起於「受」，人由於有苦、樂、憂、喜等情緒的感「受」，才會引發愛；而情緒的感受則又是由於六根的識「觸」，六根又從「名色」而來，這名色（「名」指心理、「色」指生理）是指嬰胎初凝時，還沒有完成眼耳鼻舌身意等六根的階段；名色又由於有「識」的執持，因此「名色緣識，識緣名色」，兩者相依互存；識又依於「行」而生，也就是過去身口意三業之行造作的；「行」又出於與「無明」相應，對因緣真理的不明衝動。

佛教說到生死輪迴，又分為惑、業、苦三類，眾生由惑造業，由業感苦果，由苦果而再起惑，如此相續不息，而成生死流轉。這惑、業、苦三事就成為眾生生死的根本，主要原因即是「無明」，無明就是一切煩惱的根本。

中國人最信佛，然而佛教的死亡觀是如何呢？佛教認為人的一生就是習佛的道場，因此，活過這樣的人生自有其尊貴意義，死是實現轉生淨土的途徑，並不是空虛的，所以佛陀告示我們，除了現實世界，還有一個不管生死都心存感激的世界。因此面對老、死、病的現實，人類要克服自我對死亡的恐懼感。

印順法師說：「此有故彼有，此生故彼生；此無故彼無，此滅故彼

滅」，因此有生必有死，然而生命並非就此終止，靠修道可得解脫。可解說為「緣此故彼起」。任何事物的存在與生起必有原因，在這「此故彼」的定義中，沒有一些絕對的東西，一切要在相對的關係下才能存在，這是佛陀觀察宇宙人生所得的結論。也就因此，悟得這一切不是偶然的，也不是神造的。

佛教又認為人死後，靈魂就會脫離現有的軀體而與另一個軀體結合，重新另一段生命的輪迴。從佛教的觀點看生死輪迴，從義理上來解析，有「十二因緣」的流轉。從事相上來說明，則有分段生死的「四有」次第循環，無始無終。索甲仁波切的《西藏生死書》就是從藏傳佛教的觀點解析生死的過程，特別是「中有」這一階段的描述。（詳見十一章二節）。

《法華經》闡明生死流轉的人生目的在於「眾生所遊樂」。信仰透徹，則生也歡喜死也歡喜，生也遊樂死也遊樂。日蓮大聖人也斷言，死是「歡喜中的大歡喜」。所以不是要排除死，而是要正視死，確立正確的生命觀、生死觀、文化觀，正是二十一世紀最大的課題。

三、印度教的生死觀

印度人的宗教包括佛教在內，以「業力」視為生死的大原則。好人得好報、得善生；惡人得惡報、得惡生。這是印度人的共同觀念；但也有不盡相同處，例如《薄伽梵歌》就認為人沒有死亡這回事，因為靈魂是不生不滅的，人的靈魂與身體，正如人的身體與衣服一樣，可以隨時換掉。當我們人的身體敗壞了，靈魂會轉到另一個身體。轉入另一身體的好壞，全憑這一生之業力。人只要盡善行，即使是為正義殺人，靈魂仍會得到善報。

印度《聃多格耶奧義書》說：「如當太陽照射南回歸線而生的人，是為黑線所牽引，就得遭受輪迴；如隨北回歸線而生，即是為白線牽引，就不再遭受輪迴。」

印度最早的文獻《梨俱吠陀》是說：「人死回到父祖那裡」以後印度人多採此說。回到父祖那裡的人（靈）要輪迴；回到天上的人（靈）就不再輪迴世間。

佛教《瑜伽師地論》說：「人死亡時第八識投生，善終時第八識從頭上

離去或投善生或不再輪迴；有惡業的人第八識從腳底離去，或投惡生或入阿鼻地獄。」

第三節　西方哲學的生死觀

希臘哲人 Heraclitus 曾留下一句名言：「萬物不斷流轉變化」。說明了無論是人類社會還是自然現象，一切都在變化、不斷的變化，一刻也不會停止。長久觀之，就算是多麼堅固的金石也難免受到歲月的磨蝕。況且人類社會變化的快速更是令人瞠目。

聖嚴法師也認為西方泛神論的哲學是說生命來自於整體的神，死亡又回歸於整體的神。唯物論的哲學則說生死都是物質現象，生如燈燃，死也如燈滅。

西方世界對死亡的態度是深深受到希臘哲學的影響，後來又受到基督宗教教義的影響。蘇格拉底視死亡為靈魂從身體的釋放，因而死亡是被渴望的。亞里斯多德則將身體與靈魂視為一體，死亡毀滅此一體性，因而死亡是最可怕的。亞里斯多德也拒絕接受人類永生的觀念，因為沒有證明可支持此觀點。

蘇格拉底的哲學建立了兩個世界。一個是「理念世界」、一個是「感官世界」。簡單的說，我們這個世界就是感官的世界，充滿許多紛亂無序的表象。而蘇格拉底所定義的「知識」是：人們所公認的普遍命題或說一般概念。舉例言之，白馬、黑馬、花馬等的「馬」這個就是「理念」就是「知識」！而蘇格拉底認為我們生活的目的是「認識」這個「知識」！這個不是指認識感官世界的表象，而是指透過感官世界的表象要去認識背後的「理念」，就是永恆事物真實的知識。

於是「理念世界」與「感官世界」被二分，「理念世界」的東西是不存在於「感官世界」中。例如：「馬」的概念並不存在於感官世界中，感官世界中只有「黑馬」、「花馬」、「白馬」。並沒有「馬概念」這個東西！蘇格拉底就是認為感官世界中只有「黑馬」、「花馬」、「白馬」，都會朽壞，都會過去。而「馬」這種概念是永恆的，永遠的存在於「理念世界」。

「理念世界」都是這些永恆的東西，但是這裡就會產生一個問題，因為我們處在感官世界，那有人就問蘇格拉底：「你如何處在感官世界去研究一個你看不到、摸不著、不存在我們感官世界中的理念世界？如果你碰上你想要研究的東西，你如何用感官去了解？」

於是蘇格拉底為了解決這個問題，他就說我們的靈魂是屬於理念世界的東西，永恆不朽。因為我們人的構成不再單單只是感官世界的「肉體」，而有來自理念世界的「靈魂」，所以我們可以去認識到理念世界的東西，例如：馬概念這些東西。（其實在當時的環境中就已有靈魂不朽的一些宗教的觀念）。可以看出蘇格拉底或柏拉圖開始認為人由肉體與靈魂所構成，靈魂被感官世界的肉體囚禁而成為人。所以人即使尚未被教（例如小孩子），對複雜的表象，也會有「理念」的觀念。因此在這個哲學思想下，人的靈魂與肉體也被二分。靈魂是永恆不朽的，而肉體是會朽壞的。

由此推論哲學家喜歡研究死亡，因為死亡是一種解放，死亡可以使靈魂不再受肉體感官世界的影響，而能真實的認識到永恆的東西！因此蘇格拉底的哲學觀有三個特點：靈魂不滅、否定感官與肉體、對死不懼。

基督教興起後，來生、靈魂不朽、死後審判等宗教觀念，引起個人對死亡的焦慮及害怕，對個人的死亡態度產生很大的影響。二十世紀的現代，宗教戰爭、科學興起、強調自我發現、自我履行的觀念之興起，以往的宗教影響力便逐漸衰微。

馬克思和佛洛伊德具有比對宗教的冷酷和補償性理解的更高智慧。但即使如此，他們對宗教的攻擊，也是認為宗教之所以能持續支配人類情感，在於宗教為人們提供了逃避現實衝突的途徑。

馬克思十分清楚地看到，宗教對於貧困受壓迫人民的重要作用。他曾說：「宗教的傷感是對於傷感的現實之表白，以及對於這種現實的抗爭；宗教是受壓迫者的標誌，是無良心世界的良心，也是精神淪喪狀態的精神，宗教是人們的鴉片煙。」

所以，按照馬克思及其追隨者的思想而言，由於宗教所提供的有關天堂的虛幻假想，只會擾亂受壓迫者和異化的人們爭取解放的正當信念，所以宗教應該在必要的情形下通過革命加以批判並取締。

佛洛伊德跟馬克思一樣，當他想到宗教在人類生活中的現實作用，就會

想到這是一種人類幻想的前途。他認為面對死亡的人類，無法接受其生命的有限性，因而製造一種想像的方式，在承認其生活現實同時，否定了生命的有限性。

總之，馬克斯和佛洛伊德同是將死亡看作宗教起源的最重要代表人物。他們生長在十九世紀科學發展的氣氛之中，人們雄心勃勃地相信，通過科學能夠找到支配人類行為的普遍法則，因此他們所表現的自信完全是可以理解的。但是這並不表示，他們的追求是成功的。

在此我們來比對一下若干中西哲學家的生死觀：

老子：「堅強者，死之徒；柔弱者，生之徒。」

孔子：「未知生，焉知死。」「未能事人，焉能事鬼。」

孟子：「捨生而取義者也。」

荀子：「以敬飾之，使生死終始若一。」

桓譚：「死，如火、燭之俱盡矣。」

張載：「生無所得，則死無所喪。」

蘇格拉底：「逃死不難，逃離罪惡卻難得多。」

奧古斯丁：「死者的喪失生命，恍如生者的死亡。」

康德：「想得越多，做得越多，你就活得越長久。」

雅斯培：「學習如何去生與學習如何去死，實際上是一回事。」

海德格：「人是向死的存有。」

羅素：「整個宗教的基礎是恐懼—對神秘的恐懼，對失敗的恐懼，對死亡的恐懼。」

費爾巴哈：「所謂民眾對另一種生命的信仰，其實不是別的，不過是今世生命的信仰。」

由此觀之，其實可以看出東西方哲學家對生死觀雖然說法有些大同小異，但是本質的認識卻是相同的，這些哲學雋言值得深思。

第四節　西方宗教的生死觀

一、基督宗教

　　西方兩大宗教就是基督宗教與伊斯蘭教，聖嚴法師基本上認為西方的宗教不相信人是有過去的，而認為人的生命是由上帝所創造、所賜予的，死亡時也是應上帝的召喚回天國去，人的生死都由上帝支配，自己不必擔心生與死，這也算是快樂又幸運的事。

　　基督神學主要精神認為人是有限的存在者，有生必有死。人雖不能確知人類的起源究竟為何，但是人類對於死亡的恐懼卻是常駐於人的心底。因此，人可以不在乎生從何來，卻會渴望知道死歸何處。大體而論，西方原始宗教多起於相信人死後有鬼魂的存在，並藉此來提示人類生活之道。

　　新的基督宗教從老的宗教（猶太教）中脫胎創生，是受到保祿宗徒大改變的催化，因為保祿宗徒原本是基督徒最大的破壞者，最後卻皈依耶穌基督，並成為基督最忠貞與虔誠的門徒與傳道戰士，可說是奇妙而強烈的大翻轉，一新時代的象徵。

　　基本上，基督宗教認為人死後還會復活，為了要經歷上帝的最後審判。到那時，人將依照他在世的行為，由上帝給予最正義、最相稱的審判，以決定他是獲得永生的幸福到天堂去，或是到永生痛苦的地獄。因此，人生在世就應當信仰上帝，並遵行上帝的旨意行善，以祈求永福。

二、伊斯蘭教

　　伊斯蘭教的創立是在許多神學爭議的背景下所產生。當時已有猶太教、基督教、多神教、泛靈論等，每一種宗教對於上帝本質，都有不同的看法。

　　伊斯蘭教將「死亡」視為是個體的生命轉點，由肉體、慾的世界轉換到精神靈魂的世界去。有人面臨死亡時，是以一種喜悅的心情來等待它，使它的肉體脫離人間的煎熬及考驗，來迎接生命的永恆之所「天堂」。這些人都是在人間盡到了自己的責任，信仰真主，做了許多善事，終於能夠勇敢的面臨阿拉的賞賜及安詳的接受阿拉對他的喜愛。

　　基本上伊斯蘭教是站在猶太教、基督教的基礎上發揮出來的，並且當時的背景在古希臘哲學（柏拉圖、亞理斯多德）在阿拉伯文化中被重新挖掘出來的時期，所以伊斯蘭教對於生死觀的整體架構，根本就是猶太基督教被嚴重希臘化的結果。

　　在早期基督教教義中我們可以找到一些經文例子，如：肉體的私欲、肉體死後仍有靈魂、基督徒不畏死等，跟蘇格拉底前述的三個哲學觀（靈魂不滅、否定感官與肉體、對死不懼）很類似，因此簡單的說，伊斯蘭教的生死觀是哲學與神學的結合。在神學方面伊斯蘭教保留上帝權柄的觀念，認為人的生與死都在上帝的權柄下，「未經上帝許可，沒有人可以死亡」而「生命長短由上帝所規定」。

　　然而「生」的目的不是為了什麼個體實現，也非為了增進人類全體之生活，而是為了個體在期間可以恢復對於上帝的記憶，並且回轉歸向上帝。因為在《創世記》裡我們知道亞當夏娃的犯罪本應馬上受死，然而他們並未當下就被毀滅或受永久的審判。而上帝給人類的生命，就是要人悔改，好不被毀滅或受永刑。當然因著自由意志人類也可以選擇背棄上帝。

　　而肉體死亡的意義就是在設置一個「期限」，因為生命本身成為上帝給每個必死者一個機會，所以當然這個機會不能永遠持續下去，在要終止的時候即便是死亡。當然死亡也另有懲罰性的觀點，例如認為英年早逝是相當於選擇回轉的時間縮短。

　　伊斯蘭教的靈魂不朽觀念，其實就是蘇格拉底的觀念。蘇格拉底認為靈魂從理念世界來到感官世界，死亡後，靈魂又歸回理念世界。而伊斯蘭認為靈魂是上帝所給予人的永恆的實體。死亡的時候，靈魂與肉體分離。到了復活日那天靈魂與新的身體重新結合接受審判。

第四章 高齡化社會問題與心靈改革

第一節 高齡化社會的必然性

高齡化社會是進步國家的必然現象，由於經濟發達、醫療科技的進步、高度工業化、衛生環境的改善以及營養充分供應，大多數人都可以突破70 歲大關，甚至活到 80 歲以上。此種現象不僅是已高齡的老年人口最迫切的問題，也是未來會達到老年期的青壯人口必須面臨的問題。

當前社會的老人問題絕非只是單純的「老年人的問題」，也涵蓋由於人口老化所伴隨產生的其他社會問題。人口老化的現象除個人到老年期所遭遇到的各方面問題外，也會給社會的成長和發展帶來相當程度的影響。

一、高齡化社會的定義

高齡化社會的定義：人會老化，到了 65 歲以上就稱為老人。這是德國在俾斯麥執政時，以 65 歲作為退休及發給老人年金的標準，一百多年來繼續沿用。

社會的人口結構也會老化，所以世界衛生組織乃界定「65 歲以上的老年人口占全部人口比例超過 7%」為「高齡化社會或高齡化國家」，亦即俗稱「老人國」。高齡化社會的結果，就是老人的醫療、福利、照顧等問題嚴重，必須盡速擬妥因應對策。臺灣在民國 82 年 9 月底已達到該比例，而且增加速度非常快，使國人措手不及。近年來各種老人問題層出不窮，目前正透過「高齡學」的整合研究，規劃適切的老人醫療、福利、照護及教育政策。

根據定義，老年人是指年齡超過 65 歲者，其中 65 歲至 74 歲可稱為年輕的老年人（young old），75 歲至 84 歲稱為中等的老年人（middle old），85 歲至 99 歲稱為老的老年人（old-old），100 歲以上的稱為最老的老年（oldest-old），即所謂人瑞。

內政部統計，我國 65 歲以上老年人口占總人口比率在民國 107 年 3 月

底達到 14.05%，也就是說 7 個人中就有 1 個是老人，臺灣正式宣告邁入「高齡社會」。若達 20% 則稱爲「超高齡社會」。根據國發會統計，2021 年臺灣 65 歲以上的人口已超過 16%，進入高齡社會。預估到了 2025 年，全台 65 歲以上人口更將高達 20%，就進入超高齡社會，相當於每 5 人就有 1 人是 65 歲以上長者，這是非常嚴重的人口結構。

二、因應高齡化社會所衍生的問題

　　一個國家社會發生人口老化現象，不僅需要解決老年人口的增多所產生的各種老人問題，社會必須投入更多的醫療照顧成本及老人福利工作。而就社會整體而言，老年人口的增加，相對地會加重社會中有工作能力的生產人口的平均負擔。就此而言，現在的年輕階層，亦應對高齡化社會付出更大的關注，不僅要考慮到老人個人的心理、醫療、經濟、休閒等各方面需求的滿足，同時也要注意到整體性社會結構對日益增多的老人身心各方面的健康和福利的影響。

　　日本明海大學經濟學研究所的研究方向分爲三個主要關鍵課題，其中之一就是「高齡化社會與家庭」。由於邁向高齡化的日本，伴隨著超高齡化社會的到來，衍伸出來的問題推積如山。例如：如何維持勞動人口的比例、實現高品質之福利政策、究竟該有何因應對策等，以及要能使婦女活躍於社會舞台之際又能夠兼顧家庭生活、究竟該如何去做才是等問題。

　　一般而言所謂的老人問題約可歸類爲三類：

1. 老人的生理層面

　　此即健康醫療及居處安養問題。不僅老人的身體狀況較差，行動穩定性也較差，遠比年輕人容易發生問題，老年人口的增加相對的也使臺灣的社會福利、健康保險等產生極大的負擔。一般而言，老人身受病痛的折磨是他們最感痛苦或困擾的事。

2. 老人的心理層面

　　老人心情容易低落，有時會覺得子女不在身邊而感到生活無聊寂寞孤單、生活起居乏人照顧，因此必須給予心理調適。甚至有老人認爲子女不

孝，或是朋友少等，都是日常心理上容易產生的問題。

3. 老人的社會經濟層面

此即老人的第二次就業問題，以及老人的經濟問題。以目前政府鼓勵終身學習，並開放社區大學設立，推出極多知性、生活性、技能性課程，都是老人可以利用時間前往進行社會層面交流的處所。

除此以外，政治大學認為延長法定退休年齡，鼓勵參與社會服務也是一途。老人就業情形已呈逐年緩增，而中老年人未來進入老年後之就業意願更達27%，唯目前企業雇用高齡人力意願不高。政府必須擴增老人就業機會，應增加雇用獎勵誘因，開發高齡職類，將勞基法強制退休年齡酌予延長，並強化宣導服務人生觀與社會共同體理念，鼓勵老年投入社會服務行列。

國際老人年（International Year of Older Persons）的主辦單位呼籲社會必須提供適當的環境以重視並具體保障實踐老年人「自立」、「參與」、「照顧」、「自我實現」、「尊嚴」等五項要求。

而以目前臺灣的社會結構型態而言，要做到讓老年人充分展現自我，恐怕這個舞台還是小了點。但相信透過政府立法、慈善及宗教團體的推廣，以及老年人們本身積極的認知，未來銀髮族說不定反而會是最有表現的一個族群呢！

三、農村高齡人口問題較嚴重

臺灣農村高齡老人的問題遠比都市還多，因此除了當前政府所採取的老人福利措施，及農政單位針對農村高齡者所採取的各種輔導措施外，還應有下幾點因應方向：

1. 推展注重「家庭功能」的鄉村老人福利工作：檢視現行老人福利法及其施行細則，和其他相關法規，皆看不出有任何鼓勵透過「家庭功能」以加強老人福利推展的政策出現。因此，為實現「老有所終」的理想，政府應提供奉養年老父母的鼓勵誘因，例如：所得稅的抵扣，對扶養 65 歲以上父母的子女給予更多的經濟上免稅、扶養 65 歲以上父母的子女可以申請優惠貨款、以及優先承購國民住宅等。
2. 加強鄉村老年人慢性疾病之預防與早期診治工作：提供定期健康檢查，

期以早期診治慢性疾病之發生。爲照顧廣大鄉村的中老年農民，各基層
農會宜定期提供免費健康檢查，並繼續配合辦理慢性疾病防治班及維持
理想體重班，加強輔導鄉村民眾之正常飲食習慣及均衡營養保健工作，
以全面性改善鄉村老年人的健康狀況。

3. 加強輔導鄉村中老年人做老年生涯規劃：指導老人及早安排老年生活並先
做心理準備。如何渡過漫長的老年人生，每個人都應該思索這個問題，
不僅要注意健康問題，還有積極地而且有計畫培養自己的體力和精神，
妥善安排平日食衣往行育樂、工作、休息等生活環境，增強生活能力，
展開更具人性、社會性的老年生涯規劃。

4. 加強鄉村老人福利及醫療服務工作：結合政府民間的力量，爲鄉村老人
及其家屬提供各種福利或資源服務，早日促使農民年金制度之實施，也
應建立鄉村老人健康醫療及服務網路，並在鄉村地區廣爲設置老人活動
中心、充實老人休閒設施、加強安排老人休閒活動、提供老人諮詢活動
與服務，使鄉村老人都能得到應有的福利與照顧。

四、老年人的生死教育

我們的社會一向忌談死亡，尤其是老年人對死亡問題更爲敏感，除了極
少數豁達的老人外，大多數老人都避而不談，但在其心中卻深深憂慮著死亡
的問題，這些都是影響其身心健康的心理障礙，所以老年人的生死教育相當
重要。如果能透過團體上課方式，則老年人較能在自然中接受死亡準備之知
識。

作者在南華大學任教期間，曾在嘉義縣政府規劃下，到 10 個鄉鎮社區
用台語對鄉鎮民老人演講〈正確的生死觀〉，接觸過很多老人，剛開始他們
都不敢談死亡問題，在演講過後，他們了解到死亡只不過像是搬到另一個地
方居住而已，由於解開了這些老人心中的忌諱，他們便開始踴躍的發問，並
將所知道的鄉里靈異事件道來，可見老人也是可以對他們從事生死教育的。

如果教育的功能之一是要訓練、幫助學習者適應未來的生活，並爲即將
面對的種種事件、問題預作準備，那麼「死亡」即是生命中不可避免的一部
分，雖然它是生命的最後一個階段，也是應該包含在教育的範圍之內的。

　　作者曾經研究觀察，老人頗能接受死亡教育，而且死亡焦慮愈高的老人接受生死教育的程度愈高。這實在是開設生死教育相關課程的一個有利條件——老人普遍能接受死亡教育，且愈需要接受的人愈能夠接受。因此，老人教育相關課程應盡快開設以嘉惠老人，並在超高齡社會來臨時，能協助年長者有「超越生死」的認知。

　　另外，從事老人教育教學工作者，也應該多運用機會教育及潛在課程的功能，提供死亡教育相關訊息，或多充實自身有關生死教育的知識以備不時之需，或重視有關死亡問題的輔導與諮商，並培養輔導技巧。因為老年人是面臨死亡的高危險群，教師需有隨時提供適當資訊與輔導的能力。

第二節　預立遺囑與計畫死亡

一、預立遺囑

　　國人一向忌談死亡，數十年前推廣人壽保險時，就有很多人視為咀咒自己早死；如果現在說要「預立遺囑」，也是會面臨同樣的尷尬場面。

　　臺灣經歷一次 921 大地震之後，總會讓倖存者思考到平時不曾觸及的問題，亦即生死的問題。不管是單身或已婚；不管是獨立生活或一個家庭重要的經濟支柱，在此時都應該開始思考：「如果這件災難是發生在我身上，該怎麼辦？我有事先做準備嗎？」若死亡的威脅遠遠超出人類所能控制，那麼，妥切安排身後事，應該就是我們積極面對死亡的最好方式。

　　為了讓病患往生時獲得身體與心理的安寧，所訂下的醫囑，其實也可包含在預立的遺囑當中。我們應該把我們遲早所會遇到的臨終過程思考的清清楚楚，不但能讓我們身邊的人清楚地知道自己對於身後事是如何安排，可依循完成、沒有疑惑，也能讓自己不再把死亡這件事當成忌諱、不再逃避，真正面對它之後，才能夠更積極、更認真地生活。

　　因此「預立遺囑」的真正涵意是讓每個人真誠地面對自己，為將來作適當的安排，所以遺囑是可以隨時修改的，在不同的階段、不同的心境下，讓自己有尊嚴地走完最後一程。

　　根據民法繼承編第三章1189條的規定所載，遺囑共有五種，分別為「自

書遺囑」、「公證遺囑」、「密封遺囑」、「代筆遺囑」及「口授遺囑」。
除自書遺囑外，其餘四種皆需有見證人在場。而訂立遺囑，其實不一定非要
由律師做見證才具法律效力，為表慎重，也可請法院公證。

其中自書遺囑的條文，民法繼承編 1190 條中記載：「自書遺囑者，應
自書遺囑全文，記明年、月、日並親自簽名。如有增減、塗改，應註明增
減、塗改之處所及字數，另行簽名。」所以一般人其實就可以採用「自書遺
囑」的方式，要項就在於要註明預立的詳細時間；若有塗改，須遵守塗改後
處理的規定，才具效力。

此外，法律也對見證人的身分加以限定。在 1198 條中，有明列五種人
不得為遺囑見證人：「一、未成年人；二、禁治產人；三、繼承人及其配偶
或其直系血親；四、受遺贈人及其配偶或其直系血親；五、為公證人或代行
公證職務人之同居人、助理人或受僱人。」

所以，如果在遺囑中所提到的繼承人、受遺贈人與公證人的助理人、
受僱人等，都不可以做為見證人。因此預立遺囑時，要特別注意見證人的條
件。

為因應全民遺囑運動之推行，以防止再發生許許多多因繼承所產生不必
要而沉痛的紛爭，目前臺灣已有法律事務所推出「預立遺囑推廣方案」，幫
助國人解決預立遺囑的種種困擾。

他們提供協助確定法定繼承人、應繼分、特留分、生前贈與須否歸扣等
的繼承及遺囑等相關問題，以便在預立遺囑前能作充分之規劃，提供適合個
人本身的遺囑範本，以便在預立遺囑時更得心應手；提供精心設計的遺囑用
紙，個人僅需依遺囑專屬用紙中的格式填入遺囑內容即可，既簡單又方便。

不過如下有關遺囑的一些法律問題也需注意：

1. 年滿 16 歲才能立遺囑，但 16 歲以上 20 歲以下的未成年人立遺囑，無須
   經法定代理人允許。無行為能力人（未滿七歲或禁治產人）不得立遺囑
   （民法第 1186 條）。

2. 遺囑方式所規定「筆記」，應以筆書寫記錄，切忌用打字或影印，否則
   遺囑無效。

3. 前後遺囑有相牴觸，或遺囑人於為遺囑後所為之行為與遺囑有相牴觸，
   或遺囑人故意破毀或塗銷遺囑或在遺囑上記明廢棄的意思，其遺囑或有

牴觸的部分，視爲撤回。換言之，之前的遺囑或有牴觸的部分均告失效。

4. 有封緘的遺囑（如密封遺囑）非在親屬會議當場或法院公證處，不得開視（民法第 1213 條）。

5. 遺囑原則上自遺囑人死亡時發生效力，但如遺囑內有將遺產遺贈予第三人，如受遺贈人於遺囑人死亡前死亡者，其遺贈不生效力。而受遺贈人在遺囑人死亡後，得拋棄遺贈（民法第 1199、1201、1206 條）。

　　「遺囑」是讓人在生前就把對死亡的感受表達出來，不論是對生命的想法、對人感謝或愧咎等對生者而言都是一種正面的安慰。

　　國人不習慣這一套，大部分的人都自認爲自己是對的或健康的，縱然覺得愧對別人也不太會說出來，當然也很忌諱在還活時就預立遺囑，然而這樣的觀念有必要修正。作者極贊成國人能預立遺囑，如果有一天人人都能預立遺囑，則臺灣的生死學教育就相當成功了。

二、計畫死亡

　　臺灣地區已經邁入高齡化社會，除了老人養護照顧之外，另外最迫切的就是提醒決策者與一般國人都必須建立「計畫死亡」的新觀念，來面對高齡化社會所帶來歷史上從未出現的新挑戰。尤其面對如此龐大的高齡往生人口，如何做好因應是值得大家思考的嚴肅課題。

　　中山大學黃有志教授提出「計畫死亡」的新觀念，作者十分贊同，不過研究此方面理論的學者似乎極少，對於「計畫死亡」的意義與做法仍需學術界努力架構。

　　依據內政部統計，2023 年 4 月臺灣總人口數 2,333 萬 2,929 人。超高齡社會大約在 2026 年來臨，人口紅利則預估在 2027 年結束，屆時工作人口將會呈現負成長。男女壽命都較現在長 5 至 7 年，但人口結構卻相對惡化，2034 年臺灣社會每 2 人會有 1 人超過 50 歲，2036 年以後大學入學人口，會持續少於 20 萬人。

　　因此，在臺灣地區日益高齡化的社會，針對家庭而言，要負擔老年人的經濟支出（包括數額不小的殯葬費用），只有兩個可能，一是政府增加老年福利的預算來支應；另一個可能則由個別的家庭成員共同負擔。然而衡諸客

觀的事實，這樣的因應方法並不樂觀。

總之，面對臺灣地區高齡化社會的來臨，決策者應具有「計畫死亡」宏觀的新思維與新視野，來詮解高齡化社會現象，使高齡化社會的殯葬問題，得以妥善的解決，同時以前瞻的態度，制訂完善的跨世紀的殯葬政策與殯葬管理法規，以有效提供並滿足國人需求殷切的高品質殯葬服務。

因此，我們可以說「預立遺囑」、「往生契約」都屬於計畫死亡，甚至簽署「器官捐贈」、「安寧卡」也都是計畫死亡的重要做法。

第三節　高齡化社會的心靈改革

李登輝先生曾在 1996 年 10 月宣布推動「心靈改革」運動，並闡述理念由總統府擬定如何推動心靈改革的參考文件，提出十項價值觀念，即「尊重與關懷、守法與倫理、勤儉與整潔、效率與品質、溝通與和諧」，由此觀之，心靈改革（spiritual reengineering）是為了「建立一個真正民主的現代社會」。

然而大家都知道心靈改革運動的推行並不成功，問題癥結在於大家都不了解「心靈」二字之本意，「心靈」並非國民生活須知、做人做事道理或文化復興，要使大眾做到上述十項價值觀念，而是應該讓社會大眾了解「人」這個個體是由「身心靈」組合而成的，身即肉體、心即思維能力、靈即本我生命，三者缺一不可。

如果要對老年人講授生死學，課程名稱改用「身心靈整體健康」或許是可考慮之名稱，也比較不刺激。在教學中可先介紹適合老年人之健康飲食及身體保養，最好能配合實際品嚐活動。在用真心誠意建立良好之互動後、透過死亡理念之建立，期能減輕老年人對死亡之恐懼、不安、焦慮、埋怨牽掛等心理，並期望其對未來（指死後世界）能充滿希望及信心，而進一步願做好死亡準備。

可見老年生死學必然要涉及死後世界的心靈課題，然而臺灣的教育一向缺乏「身心靈內涵」，因此才會產生目前的社會亂象。而身心靈觀念中最重要的是探討「生命本意」與「死生交替」的基本知識，即「靈」的存在，而

不是一般的做人做事哲理或長篇道理，讓大眾「既知生又知死」的心靈科學真相，才能化解社會問題。

　　因此要落實心靈改革，作者認爲要從建立社會大眾心靈科學認知做起，必須先讓全民了解心靈科學（Psychical Science）之眞義，因此必須以「心靈科學」（parapsychology，超心理學）理論爲基礎，以科學的精神與方法，讓社會大眾深入了解何謂生命，生命不是生物而已，它是靈性的，其次讓社會大眾了解地球人只不過是宇宙無數生命中一種尚稱低等的形態而已，並非萬物之靈。

　　這些理念必須融合相關之科學和宗教理論與思想，重新架構適應二十一世紀人類知識的新理論，而非傳統宗教信仰的說法。並盡速在各級學校和各地文化中心及社教機構進行通俗性心靈科學講座，不過這也是治標方法而已。

　　作者認爲要眞正提升社會大眾之心靈認知，有下列步驟要做：1. 首先應從中學心靈科學教材編寫做起；2. 培訓中學及大學心靈科學師資；3. 鼓勵大學設立心靈科學系或超心理學系，在碩博士班成立心靈科學研究所；4. 在各縣市文化中心長期舉辦心靈科學講座，薰陶大眾。

　　如此方能使國人心靈得到眞正的寄託，了悟人生，方能愛惜萬物，人人成爲道德高尚之現代人，自然而然也就勿需再談心靈改革，一切自然化成。

第五章　患者本位的醫療體制改革課題

第一節　建立患者本位的醫療新觀

　　希波克拉底在醫師誓詞曾提及：「絕對不以我的專業知識去違反人道。」樹立了傳統醫療的醫生一定要把病治好的觀念，「儘量延長患者的性命」成了醫師的唯一目標，此也產生了「治療即是戰勝病魔」中隱含的「沒有把病治好，即是挫敗」的消極想法。然而這樣的醫療觀念到了今日提倡緩和醫療的時候，便發生了一些衝突。

　　美國學者 Callahan 曾經指出，不管是在社會上還是在醫學治療方面，當前的許多有關死亡的問題，都出自一些對死亡的錯誤認識。死亡的問題微妙而容易產生錯誤觀念，會使人不知不覺地墜入其間。當代醫學雖有輝煌成果，但對死亡仍所知有限。生命的結束僅代表著肉體停止生物運作，腦子沒有信號，而在醫學理論上，尚未對死亡有透徹的了解。

　　慈濟醫學院院長賴明亮醫師認為，因為在目前科技發達情況下，如果還堅持不論在任何狀況下，認為延長性命才是醫者的天賦，不但對病者、家屬不公，對整個醫療資源的分配也有不良的影響。醫護人員應該了解「死亡也是生命的一部分」，為醫者應以病人的福祉為最大考量，努力去解除患者病痛，延長「有品質的生命」才對。

　　面對像癌症這種在末期無法根治的疾患，絕對不要落入積極治療的陷井。此時的治療應以減緩病痛，提升或維持生活品質為優先考量，任何治療，皆應再詳細思考對患者及家屬的利弊，是否有助於病人在疾病末期達到生理、心理及靈性平安的最終目的。

　　這就是建立「患者本位」的重要觀念，而不是以醫師本位醫病的傳統觀念，如同前敘，使醫學院的學生認知死亡也是生命的一部分，如能使病人在末期生命得以達到生、心理的平靜，參透宇宙的意義，找尋到病人自己這一生的價值，使病者含笑而去，才不枉為醫者的努力。

　　然而不論是醫師、家屬以及患者，大家都認為死亡是恐怖的，所以要用方法延長生命、抵抗死亡。事實上社會大眾會對死亡產生恐懼，是由於不了解死亡。臺灣教育從來就沒有死亡教育，因此國人對死亡的認識是一片空白，甚至是受到民間信仰對死亡及死後世界的描述所影響，產生錯誤的恐懼觀念，甚至靈異節目的推波助瀾，更使一般人懼怕死後的陰間世界。其中當然也包括醫護人員對死亡的不了解。

　　柯文哲在擔任臺大醫學院教授時曾表示，臺大醫學系畢業所要修的學分在 270─290 之間，但是有關生死學的學分只有 1 個，臺灣的醫學教育裡沒有死亡學的教育。這就造成一個很有趣的現象：一個每天在處理生死的醫生不知該怎麼面對生死這個問題，這是很可悲的現象。當醫生到癌症病房巡視時，病人家屬問還有多少日子可活，醫生卻要家屬不要胡思亂想，好好安心養病。醫生和護士沒有接受「如何面對患者死亡」的教育，所以醫學教育與一般的國民義務教育中，應該立即加入如何面對死亡的問題。

　　醫護人員的職責應該是解除病人的痛苦，而不是讓他們痛苦地死亡。醫護人員所學的是為了治病救命，當疾病已不治、性命已無救，至少還能做的是照顧與陪伴，因此不應該漠視病人的痛苦，不應該逃避甚至遺棄病人，而更應該更加盡心盡力，面對自己的無力感「盡人事，聽天命」，陪伴病人走完人生的旅途，與家屬度過悲傷的歷程。

　　中央研究院院士許倬雲教授說他最近第二次修改遺囑，重點在交待不要作不必要的延長生命動作。因為醫藥越進步，可以延長生命的方法越多，但是許教授第二次修改遺囑時，卻是增加不必延長的項目，並說：「我改的時候心安理得。」

　　這才是正確的患者本位（或是人人本位）的醫學新觀，應該取代過去的醫療本位。所以，本書認為各級教育當局應該正視死亡教育課題，讓全民有正確生死觀。同時也必須增加醫學院生死學學分的比重，而且列為必修課程。方能培養出患者本位觀念的現代醫師。

第二節　患者本位的器官捐贈觀念

　　臺灣的器官市場是一個供需失衡的市場，有許多人苦盼多年仍然等不到有心人的捐贈；然而也很奇怪的是，有很多人想捐贈卻無法如願。造成此種供需失衡的原因何在？是佛教淨土宗思想的因素所致？或是醫療制度的缺失？

　　作者贊成器官捐贈，但是他也重視器官捐贈者本身同意器官捐贈的一個「知」的權利。站在人道的立場，應該要讓器官捐贈者在捐贈器官時毫無痛苦，如果在移植時人體有反應，多少要給一點麻藥。另外必須要獲得病人本身的同意，才可以進行器官移植手術；徵求病人同意是世界趨勢，也是合理的主張。這也是患者本位的觀念。

　　臺灣的「人體器官移植條例」已於 1987 年 6 月 19 日公布，並於 1993 年修正部分條文，其中第六條述明醫師自屍體摘取器官以合於下列規定之一者為限，這就是患者本位的器官捐贈觀念：一、死者生前以書面或遺囑同意者；二、死者最近親屬以書面同意者；三、死者生前為捐贈之意思表示，經醫師二人以上之書面證明者。但死者身分不明或其最近親屬不同意者，不適用之。

　　依「人體器官移植條例」規定，病人器官捐贈是從腦死病人開始的，腦死病人若於腦死後確定無法救治，就可以進行器官捐贈。臺灣最著名的植物人是王曉民，到目前為止，她還存活著，因此不能列入器官捐贈的對象；醫學上並沒有把植物人列入器官捐贈條件的理由，只有確定已經無法救治的病人，才能列入器官捐贈的對象。

　　所以，器官取出的時機只有在宣布腦死與器官壞死的短短這段時間內取出。其實最重要的還是要本人同意。在美國德州，駕照上就強制填上是否願意捐贈器官。其實臺灣以前也想沿用這種做法，不過這種做法當時還無法被一般人接受。新加坡政府規定一定要接受死後捐贈器官，除非你有申請不捐贈，否則一律視為接受捐贈器官。

　　全世界器官捐贈率最高的是西班牙加泰隆尼亞，他們的心態是：「今天我捐贈出來給有需要的人，同樣的，有一天我的親友需要器官時，也會有同

胞願意捐贈給他們。」他們已經把整個國家當作生命共同體。事實上，一個國家器官捐贈率的高低，可以看出一個國家道德文化的高低。

其實臺灣也有不少人願意捐贈他們的器官，但是想捐的人還必須自己到醫院去捐。柯文哲教授再舉個器官捐贈的例子：于楓上吊自殺後，她的家人將送她到榮總時，醫生宣布腦死。之後家屬將她帶到臺大醫院，希望可以將她的器官捐出，但是醫生卻說願意盡力救救看，家屬當然同意了。於是醫生用了大量的類固醇之類的藥品，為病人做最後的努力，結果死後器官都已經內出血，臟器也不能使用了。所以其實在臺灣，不能接受病人死亡的是醫生，而不是家屬。

釋昭慧法師表示，佛教界有不同的看法，因為臺灣傳承淨土宗的思想，認為人死後有「取識（執著生命的一種意識）」不是立刻就離開屍體，而是慢慢地離開，這段時間是很痛苦的。神識離開人體大概需要8個小時，所以這段時間不要去移動它的身體、打擾到它，讓它慢慢地離開身體。如果碰到它的話，會讓它生瞋、生惱，會有痛苦。佛家的看法是人死的時候最好充滿著光明、快樂和希望，不要有痛苦、瞋惱。很多人覺得既然如此，倒不如等我到了西方淨土，修練到一定程度後再來幫助他們。

釋昭慧法師認為腦死似乎是為器官捐贈量身打造的一個名詞。由於器官市場的供需失調，需求大於供應，瀕死的一方便成為弱勢。可是器官長在他們身上，他們有絕對的權利決定要不要捐。

因此同樣的，尊重患者，以患者本位為考量應該是最合乎人道的思潮。移植醫師和大眾一樣都必須明白腦死捐贈者是社會公益財產，器官分配力求公平性。目前中華民國移植醫學學會已將國人要登錄換腎的病人予以建檔。但政府尚未全力推動國人器官捐贈，臺灣捐贈人的數目少，這方面的作業幾乎都是各醫院自行操作，沒有任何一毛錢來自政府的補助，各移植醫院都自行吸收費用去補助捐贈者喪葬補助費。等於做一個手術，醫院就倒貼多少錢。這是很奇怪的醫療現象，民眾也許很難想像。

柯文哲期望政府能推動在身分證、駕照或健保卡上面應該有是否願意捐贈器官的標示，這方面的工作可以由衛生署執行。倘若哪天當事人後悔了，仍然可以再登記取消意願，這也是患者本位或是全民本位的醫療觀念。

第六章　臨終關懷與精神醫學暨心靈治療

第一節　臨終關懷的終極意義

　　由於生死學的興起，「臨終關懷」也就成為生死學的重要主題，其實臨終關懷不是生死學的專利，它是有醫療行為就必須同時具備的醫療心理學。

　　顧名思義，臨終（dying）就是死亡之前的一段時間而已，意即無法再將疾病治好，它就是人生最後一個階段。因此臨終關懷的工作就是如何讓患者在這一段無法逆轉的日子裡過得舒適些，這也是目前的安寧療護意義。

　　現代安寧療護在西方國家是以一種「運動」起始的，這種運動具有革命的意味。不論是改革運動或是醫療革命，無不針對既有醫院體制和醫師態度而發的。西方國家在這方面辛苦經營了 30 餘年，相關軟硬體都已然大備。臺灣起步較晚，只能說是 10 年小成。而且目前臺灣的安寧療護主要是接受癌末患者，不像西方國家包容大量愛滋患者。臺灣對愛滋病似乎仍未擺脫「汙名化」的偏見，亟待透過性別教育來改善。而正視人的「身、心、靈」所表現的「生、愛、死」，正是我們對臨終關懷所應有的生死教育。

　　我們可以把臨終關懷界定為「在尊重個體需求的情形下，主動提供照顧，關心個體即將到達死亡的過程與協助解決身、心、靈與社會各個層面相關的衍生問題。其中，這種過程無論在形式上是漸進的或立即的；在時間上是較長的或短暫的；在原因上是自然的、意外的或疾病的，最終都使個體的生理機能、心理活動、精神意識或社會功能進入終止的狀態」。

　　其實，如何讓臨終病人安適地面對死亡？如何使病人死得有尊嚴？就是臨終關懷最重要的心理工作，也是臨終關懷的終極意義。讓病人甚至所有人了解死亡不是可怕、可悲的，不必畏懼它，因此，能平安的死亡就是擁有死亡的尊嚴。

　　臺北市佛教觀音線協會〈從西方醫療觀點談臨終關懷的重要性〉一文提到「全人的照顧的理念」，認為臨終病人之照護必須強調「三全」的照顧，

即「全人、全家、全程」照顧，對象不只是病人，而是以一個家庭為單位，包括家屬事後的哀傷輔導等等。而針對病患處遇可分為身心靈三方面：

一、身體需要的處遇

1. 若病人發生疼痛而無法紓解，會產生無助之憂鬱及沮喪哀傷，為求一劑止痛而苦苦哀求，使其更失去尊嚴及自我控制感，進而降低生存意念。現代醫學研究，未痛先用藥反而可以消除疼痛的記憶及焦慮，反而可以減少用藥。
2. 儘量保持身體整潔，包括衣服、頭髮及沒有必要的手術所引起的傷口發炎與潰爛，保護免受不需要、無意義、毀人性之醫療措施，使在親友面前留有美好印象。
3. 常到戶外接觸大自然與陽光，看看生命的增長，以加強對生命之希望。
4. 依其喜好而進食，不勉強他吃不喜歡的食物，反而增加病人噁心嘔吐的痛苦。

二、心理需要的處遇

1. 尊重病人的不確定感，及其想知與不想知之權利。
2. 儘量讓病人有機會處理及釋放過去與別人的恩怨情結的事情與情緒。
3. 在家人保証下，會減輕病人對家人的照顧與負擔所引發的歉疚感。
4. 讓其有自主權去決定醫療方式及生活結構。
5. 對其常有的害怕孤獨、突然無法再承受之徬徨，給予深度之溝通。
6. 協助其將所不放心的親人之生活、未了之心願、遺志、遺物作一妥善安排。
7. 最後，當病人已接受死亡之事實時，可安排有義意性的、含蓄的道別儀式，如錄音留念等。

三、靈性需要的處遇

1. 回顧一生中美好的或痛苦的經歷，在檢視過程中重新領略及體會自己在宇宙的存在意義。

2. 能了解寬恕與和好的重要，鼓勵其說謝謝、對不起、再見，對未了的事作一了結。

3. 宗教信仰的建立，能對人生觀與價值觀、死後生命的去向有所指引，加深信仰，才能得靈性的真正平安。

　　這身心靈三方面的處遇正是本書所要強調的臨終關懷的終極意義，也才是生死學的重要觀念。

第二節　心靈治療用於臨終關懷的意義

　　心靈治療療法包括祈禱、靜坐、冥想、瑜珈、生物回饋等，強調「心靈意志」可以控制或超越肉體的病痛，而使疾病得到緩解或根治。身體疾病與心靈之間有所相關，已早為人知。癌症病患因受疾病所苦，病情往往隨心情的低落而更顯嚴重，以心靈療法作為治療的輔助確有助益，但不能期望因此而痊癒。

　　臺灣醫界對於「心靈」兩字一向是持否定的態度。鈕則誠教授談到：「有一次我到一所大型醫學中心去參加安寧療護小型討論會，與會者都是安寧病房的專業人員，包括兩位醫師、四位護理師、一位社會工作師、一位臨床心理師、三位宗教師，我則是應邀出席討論的學界人士。席間談起臨終病人的身、心、靈照顧問題，一位醫師慨然指出，他只會在這種小團體聚會中言及身、心、靈，到了醫師群聚的醫學院大講堂就絕口不提，言下之意好像一般醫師不接受人是身、心、靈一體的說法。後來這位醫師解釋說，醫師一般所接受的是生物—心理—社會模式，病人大體上是從這三方面加以考察的。

　　「討論進行中，又有一位護理師無奈地表示，當她向癌末病人及其家屬建議轉入安寧病房而受到正面回應時，卻被主張病人應該接受新開發化學療法的主治醫師斥責，嚇得病人和家屬只好打消轉病房改採緩和醫療的想法，繼續接受積極治療。」

　　其實這種現象是現代醫院的普遍心態，醫師的教育本來就是以「醫病」為目標，現代醫學教育從來都不把人當做身心靈一體看待。這是極大的錯

誤。身體與心靈兩者之間隱藏了一個結構性的內在基本難題，也就是當現代醫療體系所奠基的科技理性，與臨終關懷運動所強調的精神靈性遭逢時，彼此能否共容的問題。

從表面上看，對癌症或其他慢性絕症臨終病患採行緩和醫療，以及提供一個強調個人尊嚴的安寧療護環境，已漸漸被醫院體系所接受。因此參與臺灣臨終關懷運動的學者、專家與工作人員，應該共同思考從當前以「科技理性」為本位的安寧療護典範，轉移到未來以「精神靈性」提升為重心之新典範的可能性。

強調以精神靈性之提升為核心的臨終關懷團隊的整合，宗教組織的介入，勢必立即面臨傳統醫療科層理性與權威的挑戰。當代宗教組織在臨終場景上，對醫療科層理性與權威挑戰力薄弱的另一個重要原因是，在多元化的後現代社會氛圍中，各界對精神靈性的定義與內涵的認知異常分歧，不同的宗教傳統對精神生命各有一套詮釋體系，無人擁有最後的權威定論。

不論是東西方宗教，都認為死不是生命的結束，而是生命的轉移，臺語講「往生」就是一個轉移的過程；基督宗教認為轉移到天國；天主教的教義告訴信徒，人死後必須經過煉獄，在那裡人的靈魂將接受上帝的審判，凡遵循戒律，靈魂乾淨的可以升天堂，而有罪惡的、靈魂不乾淨的就得下地獄；佛教認為轉移到西方極樂世界或下地獄；道教認為轉移成仙，因此許多生前未完的事，死後或來世可以繼續完成它。

臨終關懷作為一種人道主義行為，人們意識到臨終病人除了需要必要的藥物治療和舒適的護理之外，同時還需要在精神上、感情上、信仰上得到臨終關懷，而對于有宗教信仰的臨終病人，宗教關懷則是必不可少的。

全球大部分的癌症研究仍然處於無效或是實驗室階段，基於人性求生存的意念是生物的本能，先進國家有三分之一的癌症病人尋求另類療法的治療途徑，這些另類療法包括宗教與心靈治療、芳香療法、中醫、草藥、營養補充療法、反射治療、放鬆治療等另類醫學的方法。

心靈治療最主要的是「靜坐、冥想、祈禱」三項，到底對疾病有沒有效果？作者認為絕對有正面的效果，因為個人在治療鼻腔淋巴癌期間，用正規西醫的化療與放療之外，也天天使用心靈治療及另類療法，迄今已完全沒有腫瘤跡象。

　　自有歷史記錄以來，世界上大部分人類都相信有「神」的存在，它是至高無上、超自然的神，始終被人類所崇拜與敬畏。因為神被認為是至高無上，能夠創造生命和恢復健康，因此「祈禱」通常是要求幫忙和諒解，希望神給予智慧或力量來面對生命裡最困難的問題。

　　祈禱可以用語言表達出來，也可以在心裡頭默念。心靈治療中的祈禱方法，除了有些人相信是與神溝通外，另外也有人認為是激發身體裡的「能量場」，用腦波念力強化身體組織以治療疾病。

　　中國傳統就有靜坐與冥想的技巧，大家也都知道靜坐與冥想能增進身體健康，已是無庸致疑之事，所以醫學界應該正視心靈治療，尤其是面對需臨終關懷的病人，心靈治療也許是很有效的安慰劑。

　　目前有許多醫院都設有小教堂或小佛堂供病人與家屬祈禱與膜拜，而幾乎每個醫院也都有跟牧師、法師和義工機構合作，提供病人心靈上的需要。許多人相信心靈安定是醫治疾病所必需的，所以心靈治療可以為病人和其家屬找到莫大的安慰。

第七章　安樂死、墮胎的文化學考察

第一節　安樂死的定義與分類

一、安樂死的定義

　　安樂死的英文 euthanasia 源自希臘文，eu 的意思是指「好」，thanatos 的意思是「死」，意思為 an easy or happy death，在希臘作品中意指「幸福之死或道德上可敬的死亡」（felicivel honesta morte mori），本意是死的沒有痛苦、平靜、安寧、無痛。其實就是臺灣人一般所說的「善終」。所以本書認為「安樂死」三字用得欠當，此種死法何樂可言？應該改為「安易死」。

　　無論如何，古希臘所理解的「安樂死」完全沒有現代認為醫生為了減輕患者痛苦，而對其死亡過程進行干預的現代意義。柏拉圖的對話錄中，倒是有一句引人爭議的話，相當接近當代對安樂死的某些理解：「身體不好者應任其死去，靈魂不好者則應將之殺死。」

　　日本學者則譯為「安死術」、「慈悲殺（mercy killing）」或「安樂死」，名稱不一。其意思乃是對於已罹患醫術上公認的不治絕症，或受致命的創傷，在醫藥上無法挽救其生命，且死期迫在眼前之人，為解決其痛苦，基於其本人的願望，由醫師以適當的手段而提前結束其殘存的生命時間的行為。

　　本書比較贊同「安死術」的譯名，然而「安樂死」三字已約定成俗，大家相當習慣，故本書只好照用之。支持安樂死的紐約道德文化協會現任主席 Jerome Nathanson 表示：「許多人以為，我們提倡的是慈悲殺人的觀念，但是事實上我們提倡的觀念，和慈悲殺人的觀念正好相反。我們倡導的不是殺人的觀念，而是允許人們死亡的觀念。」

　　Joseph Fletcher 牧師表示，以前醫生面對的問題是：「我們能不能為人道的緣故，幫助人們脫離苦海？」可是現在這個問題已經轉變成：「我們能

不能為人道的緣故，省略那些會延長病人痛苦的複雜程序？」

　　只要一提到應不應該延長無意義生命（或者增加死亡痛苦）的問題，人們一定會聯想到安樂死這個名詞。而當人們聽到或者讀到安樂死這個名詞的時候，很可能會馬上聯想到「慈悲殺人」的觀念，可是提倡這個名詞的人士卻表示，他們指的其實是這個名詞的字面意義：「好好的死，或者快快樂樂的死」以及「輕輕鬆鬆、無痛無苦的死。」

　　現代安樂死一詞指醫生對末期病人或傷患所施行的致死作為或不作為。依此看法，安樂死是「另類他殺」或「致死他人」。在這個意義上，安樂死不再是古希臘所謂的「好死」或「善終」的死亡狀態，而是指促成這種好死的方法。

　　一般討論安樂死的時候並沒有清楚的先定義，因此就很容易造成普遍性的誤解，也為這個論題製造了許多爭議。因此，倡導安樂死觀念的兩個主要社團「安樂死協會」以及「安樂死教育基金會」，便考慮更改名稱，新名稱很可能是「死得有尊嚴」，這是針對不贊成安樂死這個名詞的人設計的。因此「尊嚴死」就成為一個訴求話題。

二、安樂死的分類

　　安樂死分為由醫師角度考量的積極或消極安樂死，以及施行決定是否由患者本人之意願或參與為考量的自願或非自願兩大類。

(一) 積極與消極的安樂死

1. 積極安樂死是指由醫師採取某種措施，直接有意的以針、藥等積極方式加速病人死亡，故也稱為「無痛致死術」。
2. 消極安樂死則是指不採取任何積極行動維持病人生命的措施，例如不繼續使用人工呼吸器等，任其自行死亡。

(二) 自願與非自願安樂死

3. 自願是指病人本人要求安樂死或有過願望，甚或表示同意。
4. 非自願是針對於那些無行為能力的病人，如精神病人、嬰兒、腦死病人、植物人、智力嚴重低下者，由於他們無法表示自己的要求、願望或

同意與否。

　　事實上無論消極或積極安樂死同樣是違反自然死亡，但消極安樂死卻在西方許多國家爲法律許可，積極安樂死儘管出自醫生的高尚動機，仍然具有殺人性質。因此，目前各國對其實行，在法律上仍採取極爲謹慎的態度。

第二節　安樂死的文化與法律考察

一、文化考察

　　古代中國人持自然主義的死亡觀，他們追求「善始」、「善終」，追求「好活」、「好死」，好活和好死有兩個意義：道德的意義（孔子和孟子）和自然的意義（莊子），在後一意義上中國醫生區分了「病入膏肓」的疾病和「病入揆理」的疾病。

　　醫生沒有義務去治療病入膏肓的病人，因爲治療是無用的，而病人的死亡是自然的。「好死」意味著自然的、安詳的死亡，這要求提供舒適的照料和控制疼痛，提供心理、精神和社會的保健，不給和撤除無用的治療，在生命終結保健中的醫療決定應該由病人、家屬和醫生在充分考慮病人最佳利益和意願基礎上透過協商討論作出的。

　　安樂死可以說是當代社會、法律、醫療以及應用倫理學中，最具爭議性的議題。無數的倫理學家、法律學者、醫學專家乃至宗教學者在科際整合的合作中絞盡腦汁，爲的就是能力求客觀地探討安樂死這類的問題，並從不同的觀點中，互相激盪出符合人性尊嚴以及時代需要的倫理原則。

　　「延長生命」與「延長死亡」原本是不同的概念，然而現在已經模糊不清了。因爲在十九世紀時「安樂死」觀念已經有了特殊的醫學意義，亦即藉著醫生的幫助，減輕死亡過程的痛苦，此爲狹義的「安樂死」。

　　到了二十世紀初，在協助死亡的意義下，減輕痛苦所引起的「縮短壽命」也被納入安樂死的意義。換言之，人們此時所理解的安樂死已不只是減輕死亡過程中的痛苦，還包含了藉著醫學科技的干預，直接加速死亡的到來。

　　上世紀 7、80 年代之間，人們討論安樂死問題，大體上已經撤開了二次

大戰以來的許多陰影及意識型態。「人是否有選擇死亡的權利」（the Right to Die）更是廣為各方爭論。

天主教認為人有維持生命及健康的義務，只當死亡逼近而不可避免時，才「可以本著良心，拒絕採用希望極小而又負擔極重的方法來延長生命」。至於任意支配、縮短自己或他人的生命的安樂死，教會基本上都不贊成。

從西方安樂死的支持論證中，仁慈、生命品質、尊嚴、自主是最常見的理據，簡單的歸納可以說安樂死是一種：以生命品質為依歸，對死亡狀態的自主性所主張的權利。所以怎麼活得有品「質」的要求，生命品質原則漸漸取代了「量」的概念。

可是羅馬天主教廷也提醒了我們：「死亡權並不存在，要愛生命，即使當生命殘敗到有如廢墟，還是必須盡己所能保護生命。」這種生命神聖的概念，成為反對安樂死最完整的世界觀，在那背後是西方二千年來的基督教精神。

安樂死問題的核心是在：生物醫學技術的進步救活了許多本來要死亡的病人，同時也延長了許多臨終病人的生命。這種延長是「延長生命」，還是「延長死亡」？如果是「延長死亡」，這種延長是否應該？如果不應該，那又應該怎麼辦？

這又涉及到「醫療決定」或「倫理決定」的問題了。醫療決定是指單純的醫療處理，例如細菌感染需使用抗生素、意外傷害需緊急處理等。但是只要一牽涉到倫理決定，就很難有標準答案，例如墮胎、植物人、器官移植等問題。在癌症末期病人，任何一種醫療問題都會牽涉到倫理考量，該不該治療是醫療決定，但是要不要治療就是倫理決定了。

所以要釐清這個論題，我們可從生命意義或者終極關懷的角度，進行生死學的探討，和從「生命倫理」或「醫學倫理」的觀點來反省安樂死的生死問題。

在生命意義方面和終極關懷的角度方面，多元文化的今日，去做分門別類的省思，固然有益但無疑是極為龐大的工作。安樂死是因當代科技發達所產生的時代議題，整合各文化的生死學思想，有助於吾人擴大此議題的理論幅深。

從實踐面觀之，安樂死問題的另一特性是附著於醫學中的倫理困境。複雜的分類和問題的多面，使得在詮釋具體案例進行倫理原則剖析時，必需對「倫理情境」的細微處有所領悟。

當人們討論「死亡權利」（right to die）或「有尊嚴的死亡權利」（right to die with dignity）的議題時，乍聽之下是值得讚美的概念，其實可能對這議題的含意不夠充分的了解。一個人的死不只影響他個人，我們也必須考慮有「死亡權利」的個人，他的家人也有要他「活下去」的權利。更重要的有權利活得有品質和尊嚴。

與歐美國家相較，臺灣社會對於生命問題的冷漠，可以說幾乎已到了草菅人命的地步。原因除了整個社會上下交征利之外，更重要的是，臺灣社會長期以來漠視倫理方面的教育，使得許多人大學都畢業了，還不知倫理學為何物，在這種情形之下，又如何能要求人們超越素樸的「公民與道德」階段，而從事成熟的道德思維反省？

至於新聞媒體對於生死問題的注意，也只是零星而趨熱鬧式的。多半都是在一些具爆炸性的新聞事件發生的時候，才會作 5 分鐘熱度的報導。而由於相關的倫理學素養的缺乏，這些報導常常不但不能釐清問題，反而更加簡化了問題的複雜度。沈君山教授生前說過：「我現在更加贊成安樂死，不是因為我曾中風，而是因為科技進步。如何結束自己生命，將來要憑自己的意識，現在我更加主張人要有結束自己生命的權利，但是要由自己決定，還有技術問題待克服。」

二、法律考察

從法律上來說，各國法律基本上都反對安樂死，視安樂死為所謂的「受囑託殺人」或「加工自殺」，屬於殺人罪或謀殺罪。不過，在另一方面，主張「死亡權利」及「自願安樂死」的運動正方興未艾。

許多國家都陸續成立了「安樂死協會」或類似的組織，最早的是英國在 1935 年成立的「自願安樂死協會」（Voluntary Euthanasia Society），之後有 21 個國家共 37 個類似的機構或團體，聯合成立了「世界死亡權利聯盟」（World Federation of Right to Die Societies）。

　　美國奧瑞岡州在 1994 年進行公民投票，以 51% 合法公民同意將安樂死合法。其後，訂定「死得有尊嚴」法案（Death with Dignity Act）。其對安樂死可實行對象的規定如下：

1. 必須是末期病人。
2. 經醫師評定，只剩 6 個月以下生命。
3. 病人本身須向醫生口頭請求自願接受安樂死 2 次。
4. 加上病人本人的書面請求 1 份。
5. 必須說服 2 位醫生同意進行安樂死。
6. 由醫師鑑定，病人並無抑鬱症（depression）的狀態。
7. 醫師須向病人告知，還有許多療程，如疼痛控制與另類療法，可以幫助病人減輕痛苦。
8. 在完成上述過程後，還須等待 15 天，看病人是否仍有意願。

　　這法案在 1997 年通過，直到 1998 年 3 月 26 日才有第一個依此法之規定接受死亡的病患。不過對上述條文的規定仔細作分析，可以看出合法的安樂死並不是針對所謂痛不欲生的病人，而且它要求病人一再一再的重複思考，是希望他並不是因為一時的疼痛難忍或是抑鬱喪志。這是一種很勇敢與很有自尊的選擇。

　　就現實層面來講，這法案也避免了許多人對於是否會擴大解釋，造成醫師殺人的疑慮。另外，究竟事實上是有多少人在考慮安樂死時是純粹因為覺得已無尊嚴，而非痛不欲生？

　　根據一項對美國醫生的調查，末期病人最常對醫師的抱怨，是不適（discomfort）佔 79%，而感到沒有尊嚴佔 59%。在醫師方面，竟有高達 78% 的人不願意進行合法的安樂死。這或許說明了醫師對於生死的定義相對較嚴格，當他在給出安樂死藥丸時，或許有一絲「殺人」的感覺。

　　2001 年，荷蘭議會上院順利通過一項法案，成了世界上第一個安樂死合法化的國家。荷蘭固然「許可」某些符合法定要件的安樂死，然而這項「許可」並不是說這樣的安樂死是合法的。它只是將這些安樂死納入「阻卻違法」的範圍，因此不必受到法律的起訴與制裁。不過，基本的精神仍是否定安樂死在道德及法律上的適當性的。

　　嚴格而論，奧勒岡州的立法不算是安樂死立法，它甚至有意排除了安樂

死，而只許可醫師協助病人自殺。簡單的說，醫師可以開藥方教病人如何尋死，但不可以將致命藥劑注射到病人身上。

這項「尊嚴死法案」於 1994 年 11 月獲得 51% 的多數通過。不過，不能忽視的是，仍有 49% 的反對票。而且 1999 年 8 月聯邦法院已經宣布它違憲而無效。因此，我們必須說，奧勒岡立法既非嚴格意義的安樂死法案，也在事實上不是安樂死合法化的成功案例。

澳洲北區於 1995 年通過的《末期病患權利法》（Rights of the Terminally Ill Act）是全世界第一宗名符其實的「安樂死合法化」案件。按照這個權利法，符合一定條件並遵行施行細則所進行的安樂死不但不會受到刑法制裁，也不再被視爲違法。這項立法於 1996 年 7 月生效，卻在世界各國已經引起相當大的震撼。許多專家預料，在可見的未來，相關的立法論爭也會在國情類似的國家中迅速展開。

假設一個罹患絕症的病人，在病痛難堪的情況下，運用現代醫術的各種治療搶救，延長生命而多活了幾個月或幾個星期，終於死期來臨，但假若不這樣搶救，他或許數天或數週就已死去。這樣把死期增加幾個月或幾個星期是對還是錯？它所增加的是更多生命的樂趣或痛苦的煎熬？

事實上，生命最完整的意義應包括死亡，不管人的一生是多麼輝煌或潦倒，死亡肯定會到來，而展現在每一個人面前的唯一實在被關注的事實，就是死亡如何來臨，是好死（euthanasia 無痛苦的死）還是惡死（dysthanasia 痛苦不堪的死）。

因此，對末期病患的處理，存在著這兩類截然不同的問題，一個是「安易死」；另一個是「反痛苦不堪的死」（antidysthanasia）。這必須開放給病人本身做決定。

第三節　植物人的不同考量

所謂「植物人」是指在嚴重腦損害後病人長期缺乏高級精神活動的狀態，對外界刺激毫無反應，不能說話、肢體無自主運動、眼睛可無目的的轉動，貌似清醒其實昏迷，醫學上稱之爲「持續性植物狀態」，俗稱植物人。

　　昏迷是醫學上常見的臨床表現，每年有數以百萬計病人的死亡與昏迷有直接或間接關係。近年來，隨著醫療技術水準的提高，一些過去認為不可能救活的病人得到了挽救，但同時也帶來了一個新的醫學和社會問題：亦即出現大量的「植物人病人」，隨著外傷、腦出血、腦血管梗塞或栓塞等腦部疾病等發病率上升，植物人的發病率也呈逐年上升趨勢。

　　根據調查統計，臺灣平均每 9 小時就有一人因意外事故變成植物人。目前臺灣有 5 千多位植物人，意外的發生不但使家庭承受莫大的悲痛，更讓他們被迫面對沉重的醫療及安養負擔。

　　植物人的治療始終是世界級的難題。由於植物人患者護理要求度比較高，治療效果較差，時間又長，許多醫務人員只好對這些患者採取消極的治療態度。而植物人那種「死不了、活不好」的狀態，不但給家庭帶來巨大的痛苦，也給社會帶來很大的負擔。

　　植物人與腦死者的狀況相反，植物人仍然具有腦波，但是其大腦在我們所定義的「意識」部分並沒有發生作用。當然，其腦幹運作正常，有反射與呼吸、心跳。但植物人與一般所熟悉的「人」畢竟不同。一般的人，都有與其他人社交、溝通的交互運作，但植物人沒有。不禁使人聯想：這和養一盆花有什麼分別？

　　在醫學的判定上，所謂「永久植物人狀態（permanent vegetative state）」，需要至少 3 至 6 個月的時間，但是這種判定也非絕對的。的確是有很多從植物人狀態恢復意識的人。然而若是他一輩子都不恢復呢？

　　根據一份研究，美國一年的醫療總預算 750 億美金中，有 1/4 用於老年人的生命維持。這是很龐大的數目，然而為了如此就施行植物人的安樂死，卻是法律所不允許的。就社會正義的角度，因為任何人都無法保證沒有人不會依此途徑蓄意殺人。就算在一個社會大多數人都認同安樂死的情況之下，沒有人可以保證對植物人執行安樂死，不會帶來任何對社會更可怕的負面影響。

　　以臺灣最著名的王曉民植物人個案，涉及的是另一種安樂死，是植物人或無法表達意願者的安樂死，這樣的安樂死稱為「非自願安樂死」。簡短地說，上述全球「最先進」的澳洲安樂死立法不但不支持這種安樂死，而且完全排除了它的合法可能性。按該法，只有「自願安樂死」（voluntary euthanasia）才具適法資格。它規定 18 歲以上心智成熟之末期病患在正式表達尋求死亡協助的意願後，得經由合格醫師以積極作爲施行安樂死。它的細則還進一步排除了「生存意願預囑」（Living wills）的效力，意思是說，即使一個人事先表達了在某些情形下接受安樂死的意願，若在當時失去意識，無法表達「當下意願」時，醫生也不得對他施行安樂死。由此可見，即使澳洲的立法也還相當保守，而並沒有將「植物人安樂死」或「非自願安樂死」合法化。

第四節　墮胎涉及的一些觀點

要談墮胎是否合法或可行，就必須要先了解生命到底是從何時開始的？也要先了解什麼是生命的特徵？到底受孕之後怎樣才能稱爲生命？

醫學上認定胎兒在母體外不能自然保持其生命的期間內（通常指懷孕 24 週以內），以醫學技術，使胎兒及其附屬物排除於母體外的方法，稱爲人工流產，一般人俗稱墮胎。但是墮胎不屬於優生保健醫學的範疇，而依法存在於刑法第二十四章所定義的「墮胎罪」之中，墮胎也因而成爲一個帶有犯罪色彩的字眼。

一、胚胎期是否可以稱為人？

從胚胎發育的觀點，早期胚胎是沒有中央神經系統，直到第 4、5 個月之後，中央神經系統才發育完成。在醫學上的觀點，也常採取胎兒「腦電波」的判定方法。不過在胚胎前期的發育過程中，所有的脊椎動物都是十分相像的。若說當時的胚胎可以嚴格地稱爲「人」，是否否定了其他的生物的基本價值？

隨著複製技術的發展，已經可以用「乳腺細胞」細胞核中的基因完全複製胚胎的生成，若定義受精卵即爲人的開始，相信隨時間的演進，已不會覺得定義任何細胞均爲「人」有何不妥，因爲科技擴展了許多「可能」的潛力。

但這是個見仁見智的問題。就實際上的情況，仍有許多醫生願意爲 4 個月身孕以上的孕婦墮胎。根本的原因應是他們對於生命的定義又更往後延長

了，因此並沒有覺得自己是在結束生命的感覺。

二、墮胎的動機：優生保健法的規定與爭議

一般人認為最基本也最普遍化的的墮胎動機是：保持或造成某種好處。這種「優勢」或是「好處」，是以終止某種程度的生命形式換來的。將這些好處分類，可分為以下 6 種：

1. 墮胎是做為一種對孕婦治療的形式。
2. 從優生學觀點以及胚胎的觀點：由於某種缺陷，最好選擇墮胎，否則出生後對小孩的生存本能而言就是痛苦。
3. 從社會觀點出發的優生學：即是「社會會因為這生命的消失而更好」的看法。此處的社會，是廣義的社會整體，如人口控制政策。
4. 倫理與社會正義的觀點：如強暴、近親受孕者，或是母親的精神異常。
5. 家庭觀點：受限於心理或經濟現實的限制，無法接受有多個小孩或甚至帶病的小孩。
6. 母親的生活品質的觀點：如單親或未成年孕婦，選擇墮胎以保持自己生活的原有品質，也包括選擇小孩性別的考量方面。

臺灣於 1985 年元月起實施〈優生保健法〉，目的在於提高人口素質，保護婦女身心健康及生命安全；規定符合有礙優生及若干條件者才可以施行人工流產。自此人工流產的合法化帶給少數因醫學上或社會因素，必須做人工流產婦女的方便，但也造成部分人對人工流產的不當使用，人工流產的盛行率一直無法下降，目前避孕實行率已達相當高的水準，相對的做人工流產的比例並未減少，已引起衛生單位的注意和擔憂。

優生保健法規定懷孕 24 週以內之婦女，經診斷或證明有下列情事者，得依其自願，施行人工流產手術：一、本人或其配偶患有礙優生之遺傳性、傳染性疾病或精神疾病者；二、本人或其配偶之四親等內之血親患有礙優生之遺傳性疾病者；三、有醫學上之理由，足以認定懷孕或分娩有招致生命危險或危害身體或精神健康者；四、有醫學上之理由，足以認定胎兒有畸型發育之虞者；五、因被強姦、誘姦、或與依法不得結婚者相姦而受孕；六、因懷孕或生產，將影響其心理健康或家庭生活者。未婚之未成年人或禁治產

人，依前項規定施行人工流產，應得法定代理人之同意。有配偶者，依第六項規定施行人工流產，應得配偶之同意。

三、墮胎的道德觀點：胚胎該享有什麼權利？

胚胎究竟是不是生命的定義並不清楚之前提下，談論胚胎究竟應該享有什麼權利？似乎更是空泛。很明顯的，胚胎是「活」的事實並不足以說服我們將它當「人」看待，否則，所有的動植物都將是「人」。因爲在此之前，學者並沒有關於胚胎權利的定論。因爲這個問題將牽涉一個更基本的問題：究竟什麼是「人」？這是一個無定論的問題，因此若需爲胚胎權找個合理的答案，便需要從倫理學的角度著手。首先探討究竟哪些「人」應享有人所享有的權利。

四、墮胎的社會觀點：母親的權利

事實上，母親的權利與胚胎的權利衝突的狀況可以分成兩方面：

一、胚胎「嚴格但非絕對」的生存權對上母親同樣「嚴格但非絕對」的健康與生命權。

二、胚胎的「嚴格但非絕對」的生存權對上母親「既非嚴格、亦非絕對」的各種利益，諸如家庭經濟的考量、性別偏好等等。這些問題若又牽涉「人的尊嚴」問題時，衝突將更大。

因此，我們可以用兩種觀點來討論。一種是「責任」的觀點，認爲父母對這胚胎生命的承諾，不應該爲了一時環境的考量，而將一個生命放棄，畢竟人的生命是有「韌性」的，增加了一個小孩可能造成不便，但是相信可以做些調整或犧牲，何況現實環境瞬息萬變，仍有轉好的可能。

另一種是「生命品質」的觀點，認爲若是一個生命的來臨並不是受到父母太多的期待與關愛，相信他的成長過程將是殘缺的。而這種殘缺的生命，基本是不在於物質環境的限制，主要仍是父母沒有充分的心理準備與關愛的環境，這是一種社會或家庭或是胚胎他自己，或許都不願意進入的環境。

可以發現，基本上這兩種觀點在「胚胎是生命」的議題認定上並無衝突，卻對「生命價值」的認定衝突很大。因爲就這種母體利益與胚胎利益的

衝突上，前者無疑採取了胚胎的「嚴格但非絕對」的價值超越母體「既非嚴格、亦非絕對」的利益之上。

五、合法的人工流產與刑法的墮胎罪

自從〈優生保健法〉通過迄今，上自政府相關單位，下及於醫界及法界，對於合法的終止妊娠，都已經不再使用墮胎這個名詞，而以較為中性且廣為法界及醫界認同的「人工流產」取代「墮胎」。一方面符合法律醫學及社會人口控制的需要，另一個更要的原因則是幫這些不得不終止妊娠的婦女，在她們身心俱受磨難苦痛之際，能多少幫她們減低一點心中的罪惡感。

這樣的運作對人口稠密的臺灣有絕對的必要性，所締造的人口控制成就，也廣為世界各國所認同，唯獨少數宗教界人士，及一些別有用心的非正統民間信仰推廣者，仍將人工流產與墮胎一視同仁。

其中，正統宗教藉由冠冕堂皇的教義，以尊重生命為名，公然打壓流產婦女，使其在歷經諸般痛苦之後，還得背負「殺嬰兇手」的惡名，甚至成為終生的夢魘，實在有待改善。

至於，非正統宗教人士則利用某些似是而非的「嬰靈」、「輪迴果報」等觀念，恫嚇威脅曾經人工流產過的婦女，騙她們破財消災解厄，遂行斂財之實。無論前者或後者，對於婦女都是不仁的行為。

刑法雖然規定墮胎有罪，但政府基於人口政策與優生的考量，訂定《優生保健法》時還是為墮胎行為網開一面。婦女團體對此法之修訂多表示肯定，但對墮胎選擇權的支持，並非基於人口政策與優生，而是本著「女人的身體，女人自己來決定」的身體自主權概念，大致是考量孕婦本身的狀況，如果其生理、心理狀況與經濟狀況，或是基於胎兒的優生與遺傳因素的考量。

第八章　自殺、死刑的深層反思

第一節　自殺成因與自殺研究

　　自從 921 地震之後，許多人一夕間面臨家破人亡，心理打擊極大，因此社會學者與醫學界都在呼籲政府應防患受難家屬的自殺潮，而根據報導在震災嚴重地區的確是有不少人以自殺來處理他在人世間僅存的問題。

　　不過根據美國及臺灣的研究，高達百分之 95% 的自殺個案，不論其是否自殺成功，罹患有某種精神疾病，其中以憂鬱症最多，高佔 80%；其次是精神分裂病，約佔 10%。研究又指出若是有精神疾病且合併酒精濫用或其他的毒品濫用，則其自殺的機率大為增加；若曾經住過院的精神疾病患者，其自殺率是一般民眾的 5 至 10 倍；曾經看過門診的精神疾病患者，則為一般民眾的 3 至 4 倍。

　　這些資料告訴我們，精神疾病是一種隱型殺手。另外，在流行病學中，男性、離婚、喪偶、失業、中高年齡、身體健康狀態差、不肯接受他人幫助的人，其自殺率較高，而且，各國研究均發現，年輕人的自殺率有比前 10 年增加的現象，這樣的意涵如何，值得探討。

　　自殺被認為是違反社會風俗和倫常以及觸犯宗教信仰和戒律的怪異行為，所以自古以來絕大多數的社會、國家、法律和宗教對企圖自殺或自殺的倖存者均予以指責，甚至懲罰，例如：斬去一隻手、沒收財產、讓遺體腐爛或禁止遺體葬入教堂公墓等。直到十九世紀，人們才將自殺問題當作醫學問題來研究，通常被看作是一種瘋狂症的表現。

　　法國社會學家涂爾幹所發表的〈自殺論〉一文，是以社會學觀點來說明自殺的重要著作之一。他認為自殺率隨著社會集體自殺傾向強弱而有不同，而社會集體自殺傾向的強弱又受社會結構的整合與否的影響，例如個人易於與大家庭組織或強烈的宗教意識、社會意識整合時，自殺率自會降低。

　　許多人對自殺的定義有不同的看法。因為自殺本身便存在著兩個概念上

的不確定性：

一、是社會上大多數人的態度往往反應於名稱與語言的解釋上。

二、對自殺的動機往往有不同的評估，因此定義也不同。

其實在任何形式的死亡中，死亡者自身扮演著三種不同的角色之一：即是對於死亡的蓄意（intended）、次蓄意（subintended）及不蓄意（unintended）。而常見對自殺的定義有三種：一、只有蓄意地結束自己生命的死亡才叫做自殺；二、當一個人知道他將死於自己的行為，無論正當不正當，直接或間接，才叫做自殺；三、當一個人陷入一種生活形式，而他知道這種形式將會使他死亡，且真的死亡。

因此積極自願的安樂死是個人蓄意的自殺行為，而間接（透過醫師的手）的死亡也應屬於一種自殺的形式。

醫學上並沒有明顯的證明自殺是一種病徵。佛洛伊德則強調自殺是個人的心理狀態所致，他將自殺的行為解釋成內在「自我（ego）」防禦的喪失以及對自身之所繫、所愛之物的破壞力的釋放。因此，就他的解釋，「弒親」行為可視為是自殺的象徵。也有其他學說則將自殺視為解脫。

基本上大家要對自殺抱持著理解，而不覺得是病態的看法。因為對於一個理性的自殺者，我們沒有任何的邏輯上、倫理學上、道德上去阻止他的理由。自殺是人類心理、家庭、社會生活、人際關係、身體與精神等各項因素綜合而產生的一種社會病。所以，研究自殺，精神醫學是其進路（approach）之一；從心理學、社會科學、生死學與宗教學的角度也是另一進路。

第二節　自殺行為除罪化的思考

自殺是不是犯法的行為？又犯了什麼法？對於自殺成功的人，如何再處以刑法呢？

很多人反對自殺並非基於法律，而是因宗教信仰或認為是違反道德問題。因此到了二十世紀以後，舉世各國莫不將自殺行為除罪化，理由有二：

一、法理上不便：刑罰最重只能處以死刑，自殺者既不畏懼死亡，如何

能再以刑罰制裁之？而且刑罰對自殺成功者已失去其制裁的作用。

　　二、實際上不便：自殺者如已死亡，便無從處罰，僅能對自殺未遂者（未死亡）者處罰之。此種未遂者有罰，既遂者（已死亡）無罰，恐怕也不是立法的本意。因此自殺者在刑事立法上一概不處罰。

　　這就是自殺行為的除罪化思潮，也間接承認了個人在某個程度上擁有生命的自主權。但「自殺行為不罰」應該認為只限於在自殺者自行起意並著手殺害自己生命，如果自殺行為有第三人之涉入，或自殺者與他人共同決定自殺，就不是單純的自殺行為，該第三人或自殺者即成為毀滅他人生命的幫手，對社會法益構成實質上的侵害。

　　臺灣法律為防免自殺者在自殺過程中係受他人影響或介入而自殺，乃於刑法第 275 條規定「加工自殺罪」，其內容為：「教唆或幫助他人使之自殺，或受其囑託或得其承諾而殺之，處一年以上七年以下之有期徒刑。前項之未遂犯罰之。」

　　由前揭規定可知刑法對單純的自殺行為不罰，但對自殺者與他自殺者共同決定一起自殺之行為，仍然構成犯罪。至於自己不自殺，卻教唆幫助他人自殺，或受自殺者囑託，或請求自殺者同意讓其殺害等行為，都非法律所允許，當然屬於犯罪行為。

　　自殺行為除罪化並不是鼓勵自殺者一定要成功，而是有尊重個人生命決定權的考量。因為人們面對生命有不同的態度，因此在生與死二者衝突的時候，他們毅然的選擇犧牲生命。也告訴人們不能以駝鳥式的來逃避，無補於生命的必然，反而汙褻了生命的莊嚴而已，如何維護生命的純潔，或許只有正面地面對死亡，超克死亡，積極地掌握生命的自主性，以追求生命的永恆意義．即便是積極性的自殺，也是人們面對死亡的自主體現，不失為一種勇敢的抉擇，也是最莊嚴的死亡方式。

　　沈君山教授說得很中肯：「自殺在我看來，並非是弱者的行為，有宗教信仰的人也許不以為然，現在科技很發達，但科技在延長生命方面往往是作孽，因為活到 100 歲、150 歲如何對社會有用？只是增加社會成本。中風當時我就曾想過如何合理的結束自己的生命，後來身體又好了，而且又積極地參與許多事情，這個想法也就過去了。不過那時確實對死亡沒有任何恐懼，死亡只是一個族群、種族的一個過程，當然生命只有一次，但既然我已經來

了一次，而且上天給我太多東西了，我非常滿足了，這就是我對死亡的態
度。」

第三節　死刑論題

自從 2001 年 5 月 17 日當時的法務部長陳定南在宣示要在任內廢除死刑
之後，有關死刑的存廢又成為臺灣爭議的問題。反對的民眾抗議電話不斷湧
進法務部。更有自稱是被害人家屬者，怒氣沖沖的表示如果廢除死刑後，他
要把加害親人的歹徒殺害。

法務部官員表示，法務部歷年針對死刑存廢的民意調查，幾乎都有八成
的民眾反對廢除死刑，法務部充分理解民眾的想法。因此對於死刑問題，正
反面意見都相當充足，我們應該用什麼客觀的態度來加以看待？

曾擔任法務部長的馬英九於當時也表示，現階段要廢死刑是「浪漫的想
法」，根本不可能。他建議政府應先檢討唯一死刑等規定，做好配套措施等
居高不下的犯罪率降低後再討論。當時的最高檢察署檢察總長盧仁發表示，
廢除死刑是刑法上一項的重大變革工程，同時也是民主國家對人權認識的一
種先進制度，但是如何在廢除死刑制度後，對重大犯罪者的懲治有因應之
道，以及降低重大治安事件，才是重要的課題。

臺北地檢署檢察官們則激烈的反對廢除死刑，檢察官指出，現今社會充
斥功利主義，為達目的不擇手段的情形來看，如果廢除死刑，無異鼓舞犯罪
人，檢警單位勢必在打擊犯罪遭遇嚴重挑戰，且民眾的生命財產也失去法律
保障下所建構的防護網。

而且現今沒有廢除死刑，社會治安的惡化就已加遽，何況是廢除之
後？他們實在難以想像，即使法務部廢除死刑有配套措施，相信也難以遏阻
犯罪者僥倖的心態，因此，考量國情與治安，廢除死刑的制度萬萬使不得。

執行打擊犯罪偵查第一線的警方表示，死刑對於嚇阻犯罪能產生一定的
嚇阻力量，若未作通盤完整的規劃，將不利於社會治安的穩定，尤其，目前
前科犯的再犯率攀高，若完全廢除恐怕未來犯罪者，更無忌憚的犯案，對於
死刑的廢除應有完整的配合措施。

　　1989 年的聯合國大會在表決〈死刑廢止條約〉時，贊成 59、反對 26、棄權 48。贊成者以西歐、中南美洲國家爲主，反對者則有美國、日本、中國等國。由於票數過於分散，日本當時便以死刑廢止尚未達成國際輿論共識，有必要進一步討論爲由，未採用該條約。

　　日本曾做過一次有關死刑制度的民意調查，調查對象是 20 歲以上國民 5000 人，有效回答數 3600 人。調查結果顯示，認爲「視狀況而定死刑是不可避免」者所佔比率高達 79.3%；認爲「不管任何情況下都應廢除死刑」佔百分之 8.8；回答「不知道、無法一概而論」者佔 11.9%。

　　再以歐洲最後一個廢除死刑的法國爲例。1981 年 10 月在社會黨密特朗總統爲實現其競選政見的主導下，終於廢除了死刑。不過在法國國會開始審議廢除死刑法案之前的 1981 年 9 月 17 日，法國社會調查公司 sofres 即進行有關死刑的民意調查，結果顯示「贊成死刑制度繼續存在」的有 62%，而反對的有 33%，無意見的有 5%。再者，依在此之前的若干次相關的民意調查結果也都顯示贊成死刑制度繼續存在的都是超過反對的。

　　然而法國國會還是通過廢除死刑的法案，至此，法國的死刑正式予以廢除，包含原已被判決死刑確定者，均改爲「無期徒刑」或「無期監禁刑」所取代。不過法國在廢除死刑之後，由於「無期徒刑受刑人」的顯著增加，導致監獄產生種種危機，頻繁地發生監獄中受刑人的暴動或脫逃事件；或者每當發生凶惡犯罪，法國的傳播媒體及民意等即會進行有關恢復死刑制度的訴求，而且依法國廢除死刑後的有關死刑的民意調查，贊成恢復死刑制度者仍然是超過反對者。可見法國並非廢除死刑後即不存在著相關問題的爭論。

　　輔仁大學宗教與社會統計中心針對臺灣地區 18 歲以上民眾做「民眾對死刑存廢看法的意向調查」，調查發現 79.7% 的民眾贊成在法律中有死刑判決。值得注意的是民眾對「終身監禁能否取代死刑」，正反雙方勢均力敵，支持者佔五成，小贏反對的四成六，而且有地域差別，外島民眾比較支持廢除。

　　治安狀況則是能否順利廢除死刑的關鍵，在這次民調中也獲得印證。67.7% 的民眾認爲廢除死刑「一定會」或「可能會」影響治安。贊成越嚴格的法律越能改善治安者也高達 68.4%。整體而言，有接近八成民眾不滿目前的治安狀況。

第四節　死刑與人權

　　我們平常看到反對死刑的不是宗教團體就是人權組織及特赦組織等特定團體，他們都以「尊重人權」為口號，其中的邏輯是否正確值得檢討。

　　在此以一則國際特赦組織 1998 年 9 月的新聞稿為例，就可以知道積極提倡廢除死刑者犯了極大的邏輯錯誤：

　　1998 年的 4 月，有 22 人在大群民眾前公開被行刑隊槍決。他們是第一批因參與 1994 年的種族大屠殺而被處決的人。在他們被處決前，收音機廣播宣布這個處決是『給那些不尊重其他生命的人的一個教訓』。如果盧安達政府真有意要顯示他們尊重生命，這些處決就不應該會發生了。

　　一個政府如果採用死刑，這就等於告訴他們的人民，在特定情況下剝奪一個人的生命是被准許的。但如果政府能合法地殺害一個手無寸鐵的犯人，那它又是如何看待其他的公民呢？使用死刑會助長將暴力規制化，並鼓勵其他迫害人權事件的發生。

　　在蒲隆地、剛果共和國與盧安達，現在有幾百人正面臨著被政府處決的命運。原先這三個國家跟其他一百多個國家一樣已在世界揚棄死刑的潮流之列，但在過去兩年中，這三國陸續恢復死刑，似乎是合理化的將報復取代正義。

　　國際特赦組織絕對反對任何國家在任何情況下採用死刑，即使是罪大惡極的人。因為死刑違反了〈世界人權宣言〉第 3 條及第 5 條與〈國際民權與政權協定〉第 6 條及第 7 條中所保障的生命權和不受殘忍、不人道與羞辱的待遇的權利。

　　作為一個致力保護人權遭迫害的受害者和生存者的組織，國際特赦組織絕不寬容像剝奪生命權這樣的罪，因為人權是與生俱有的權利，不管他們是誰或做了什麼事。應該廢除死刑，因為它違反了基本的人權。且在廢除死刑的過程中，就必須停止處決。

　　國際人權組織及國際特赦組織等團體一向反對死刑，強調要尊重死刑犯

的人權，然而他們忘記了死刑犯之所以會被判死刑，是他們先犯下大罪，因爲他們擅自剝奪被害人的人權。就如盧安達國家對死刑犯的處決理由是這些死刑犯曾展開種族大屠殺的罪行，所以才會被處死刑，如果他們不犯此種種族大屠殺的罪行，今日會被執行死刑嗎？

更荒唐的是國際特赦組織竟然說執行死刑等同於「政府能合法地殺害一個手無寸鐵的犯人」，既然是罪及於死刑的「犯人」，難道執行死刑時還要讓死刑犯手中握著兇器，以視平等？現代政府會平白無故殺害手無寸鐵的守法老百姓嗎？不會的，只有殺人犯才會視別人的人權如糞土而濫殺人。

此種邏輯錯誤的國際組織又說「即使是罪大惡極的人」也要保障其「生命權和不受殘忍、不人道與羞辱的待遇的權利」，那麼被這位罪大惡極的人殺害的那些人的生命權及被殺害前所受的凌瘧待遇，要置於何地、如何交待？他們說死刑是「違反基本人權」，那麼殺人犯不也是「違反基本人權」在先呢？

所以我們應該深思：誰才應該擁有平安生活的人權？國際人權組織及特赦組織只會呼籲尊重殺人犯的人權，而不檢討被殺害人及其家屬的人權，大前題就完全錯了。

臺灣人權促進會曾舉行「人權國家與死刑廢除——臺灣死刑問題的再探討」研討會，由於是人權團體所舉辦，所以邀請人士都是反對死刑的，已經製造了錯誤的前提假設。所以本書認爲臺灣人權人士同樣也犯了國際特赦組織的人權邏輯錯誤症。

人間福報說得比較中肯：「要知道人權最重要的是在不侵犯他人生命的前提下，人人都有的生存權利。所以，從刑法上來看，對於任何的罪刑，除非殺人致死的重刑犯之外，其他的罪刑都可以斟酌輕重，給予特赦，或者以代替役來受罰。但是對於殺生害命，致人於死者，別人已失去生命了，失命者再也無法挽回，而殺人者如果不受被制裁的因果，如果也只是爲了強調人權而給予特赦，對於被害者的家屬而言，眞是情何以堪！因此，殺人者，若要給予特赦，實在是有再做考量的必要。」

第九章 生命禮儀與殯葬處理

第一節 生命禮儀與殯葬改革

　　中華文化中的人生最重要的四大生命禮儀是：冠禮、婚禮、喪禮、祭禮。其中，冠禮與婚禮是生時所辦，而喪禮與祭禮是死時所辦，各有兩項，從生死學角度來看，倒是相當平衡。

　　冠禮指成年禮，古代相當重視，現今臺灣原住民也仍然很重視，其他民眾大都不知冠禮爲何禮了，這是相當可惜的事。婚禮是大家都重視的，不用多談，不過過於舖張的婚禮則沒有必要。祭禮是家家戶戶每年到了過年過節或是祭日都會自動重視的民間禮俗，也不用在此多論。

　　只有喪禮是我們社會中最混亂的生命禮儀。有學者指出，現代人若是眞正認識生死的眞義，就應該理性的面對當前不倫不類的殯葬禮俗，許多殯葬禮儀其實是晚輩「服從」長輩的經驗而做的，其中是否有錯誤？是否應該如此做？就沒有多少人去思考。

　　從殯葬的角度來看，一個人在其往生時擁有自主抉擇權，自覺地要求安排自己的葬儀式也是很重要的事。一方面表達自己是自己生命的主人，應爲自己的往生方式負責，一方面更有一個積極的意義，即跳脫當前不敢面對死亡、排拒死亡的不良殯葬禮俗的束縛，爲自己充實而有意義的人生，畫下一個圓滿的句點。

　　臺灣地區近半世紀以來，社會經濟文化的各方面都有長足的進步，唯有殯葬禮俗仍然十分的落後，這都是刻意迴避死亡，避諱面對死亡的不健全心態所致，而使臺灣社會的喪葬習俗最混亂，沒有禮儀規則，喪家普遍受葬儀社擺布。

　　而我們的教育從來也沒有教導人生四大禮，「生老病死」是人生的自然現象，「冠婚喪祭」也是生命中不可或缺的，如何讓孩子面對死亡，自然也是教育重要的一環。然而我們的教育當局爲了擔心學生對死亡的恐懼，似乎

有意無意的將死亡課題排除在外。

臺灣民眾一向避諱談及死亡，例如走在路上若遇到出殯隊伍迎面而來，大多數的父母總教孩子扭頭閉眼或繞路，以為不接觸死亡相關的現象就能迴避死亡的事實。

其實在家庭中，最適合主動引導孩子參與家人處理喪事的過程，讓孩子了解死亡的意義、家人對死亡的態度與悲傷心理的調適，以及相關殯葬事宜的處理。讓孩子從小養成珍惜緣分、愛惜生命的概念。同時培養孩子自小就能勇敢、坦然的面對死亡、不避諱談論死亡，並能為死亡做好準備，更能透過死亡了解自己為什麼而活的真諦。

由此看來，在我們周遭，時時刻刻都是施行生命教育的契機。因此生命教育的實施最好透過家庭教育，從日常生活做起，這就是落實生命禮儀的教育。另一方面，鈕則誠教授認為殯葬業相當類似醫護業，為任何社會所不可或缺。尤其二者皆與人類生老病死息息相關，可說是功德事業。

但是值得探討的是：為什麼醫護人員受人尊敬，而殯葬業卻多遭誤解？生前死後真有那麼大的差別嗎？問題可能出在專業化的程度差異上。以醫護專業為例，醫師和護士所受待遇也有所不同。不過當護理人員的教育水準不斷提升之後，情況即獲得改善。因此改善殯葬業和落實殯葬管理的方法，應該先從教育著手，內容則是對殯葬業界施以完整的生死教育為主。

從生死教育看殯葬管理大體分為內部和外部兩方面。內部是針對殯葬業者所進行生死教育，目的為提升其專業水準；外部是針對社會大眾所進行的生死教育，目的為消弭其誤解成見。內部的生死教育應以殯葬管理為核心，次及於生死學其他相關內容；外部的生死教育則自整體生死學出發，著重殯葬管理部分。

臺灣殯葬業另一個不合理現象是殯葬費用的無理性，現行臺灣殯葬費用與美國比較，明顯不合情理的偏高。若從公部門的角度來看，問題可能出在當前的殯葬業者並未好好地管理，常有漫天向消費者要價的情況。若要使一般民眾支出的殯葬費用合理化，則政府必須痛下決心好好整頓當前的殯葬業者，而且應能逐步建立從業人員的專業證照制度，提升殯葬服務品質。

美國大學已有殯葬教育，他們在基督教信仰下，發展出一套極為隆重簡單且兼顧尊重生命之殯葬儀式。據內政部統計臺灣殯葬業市場 1 年達 800 多

億（從死亡到安葬過程，含葬儀、墓地、靈骨塔、法會、飲食業等等），如此龐大市場竟然毫無管理辦法，任令殯葬相關業者隨興或視喪家貧富狀況而處理，而在中南部有時會有五子哭墓、電子花車等相當突兀的場面在殯葬場合中出現，實有改革的必要。

民國八十年代，臺北市政府社會局開始用心推動殯葬改革，在所屬殯葬管理處獲推薦核發 ISO-9002 證書之後，推動殯葬改革的腳步愈加快速，並且在 20 年前又推出試辦「示範禮堂」的措施，以「美化治喪環境、提倡簡葬、減少民眾治喪花費、徹底改革殯葬文化」為號召，令人耳目一新。

其實改革殯葬儀式並不困難，但必須長期從教育及宣導上著手，光是簡化殯葬儀式是不夠的，應該包括：深入灌輸「厚養薄葬」的倫理、具體落實「捐贈遺體」的行為、積極推行「愛心追思」的儀式、儘速提倡「樹葬海葬」的禮儀等，方能成功推行殯葬改革。

第二節　中國古代喪禮的基本特徵

由於人類的共同性，各民族在喪禮上有許多相通之處。但由於中國古代獨特的大農業地理條件和大一統的中央集權國家等條件，因而中國傳統的喪禮有自己的民族特點。

《周禮·春官·大宗伯》曰：「以喪禮哀死亡。」三禮之書中相當篇幅是討論儒家喪禮的，如《儀禮》中的〈喪服〉、〈士喪禮〉、〈既夕禮〉、〈士虞禮〉等篇就是專講喪禮；此外，《周禮》、《禮記》中也有若干記載。喪禮構成周禮的重要內容，周禮是用來治理國家的，因而，喪禮也具有社會治理的功能。

儒家繼承和發揚了周文化，又自成一個系統，對後世影響深遠。中國傳統的喪禮中浸透了儒家精神，儒家精神構成了 2000 多年中國傳統喪禮的基調；同時，又深受宗法制度、祖先偶像崇拜以及大農業社會、高度中央集權的國家等因素的影響。產生喪禮的總原則即：「事死如事生，事亡如事存。」並由此產生了中國古代喪禮的一些基本特徵，即「重孝道、明宗法、顯等級、隆喪厚葬」。此外，道家和佛教思想也對中國傳統的喪禮產生了一

定的影響。

一、重孝道

指將喪禮作為推進孝道的一個重要環節。「孝，禮之始也。」（《左傳・文公三年》）上至天子，下至庶民，莫不如此。漢朝宣稱「以孝治天下」，皇帝廟號均冠以「孝」字，諸如孝文帝、孝景帝、孝武帝…；庶民在先人的牌位或墓碑上亦冠以「某孝子（女）」、「某孝孫（孫女）」等；官員喪父母，須辭官回家服喪三年，曰「守制」等等。

這一切源於儒家理論。儒家第一經典《論語》中多處論述了「孝」對於修養人格、治理國家的重要意義，所謂：「慎終追遠，民德歸厚」、「君子務本，本立而道生」、「孝者，德之本歟」。這一整套思想被歷代國家所繼承，構成了獨具中國特色的功利主義的「孝道喪葬文化」。倡導孝道，以孝道敦厚人心，強化代際聯係，進而促進社會治理，這就是中國傳統的喪禮文化的核心。

二、明宗法

即使人明白自己所屬的宗法關係，以及個人在其中的權利和義務。中國古代的喪葬活動基本上是在宗族範圍內進行的，喪禮的規定也因人們之間血緣關係的遠近而各有不同。比如，同家族中有人去世，同家族、姻親若知道而又不去悼喪，會被認為是極大的無禮，要受到族內的指責，喪家一般會因此與之絕交。而周代喪禮中的「五服」以及居喪時間的長短，也是根據親疏關係的遠近制定的。這一切都是在「明宗法」。

這樣，人們既是在顯示（或提醒）他們之間的血緣親疏關係，同時也是在促進宗族內部的團結（所謂收族）。這一關係模式推及師生、朋友、同僚、上下級等等方面，被賦予越來越多的社會內容。如孔子死，弟子服喪 3 年，執父子禮。

三、顯等級

即顯示死者的社會等級。所謂「生享富貴，死極哀榮」，這是中國人傳

統的也是最高的生死追求；同時也在顯示死者的家族親屬的社會等級。喪禮
中的等級，政治上的，如什麼地位者死後用什麼稱呼（如天子死曰崩，諸侯
死曰薨），用什麼禮儀出殯，墓制等規定；精神上的，如國家向有優良德行
或特殊貢獻者賜以諡號，以此表彰死者並激勵生者，比如北宋范仲淹死後諡
曰「文正」，故後世稱「范文正公」。總而言之，中國死亡文化中的等級制
度，全面地體現於關於死亡稱謂等觀念形態，喪事、祭祀等操作形態和墓葬
等實物形態之中。

　　生者為死者追求更高的等級，夾雜著不同的感情。有時是生者覺得死者
生前有巨大的貢獻，不給以更高的等級對待便對不住死者（「事死如事生，
事亡如事存。」）；有時則是在給自己掙社會地位，因為這樣能給生者帶來
相當的好處。

　　由於喪事是綜合顯示生者社會地位的一種方式（一個機會），而中國
社會的環境又允許、放任這類消費，因而，歷代都有隆喪厚葬之習俗，久之
遂演成傳統。或者說，中國社會只要有幾十年的太平，就有可能走向隆喪厚
葬。

　　如前述，隆喪厚葬與儒家有關係，但不能歸結為儒家。絕不能簡單地認
為，要提倡簡喪薄葬就必須反對儒家學說。儒家「重生」，重生則重教化；
「送死」也是為了重生，因而對喪禮歷來極為重視，喪禮繁多，為同時代世
界各國所不及。但它和隆喪厚葬沒有必然聯繫。

第三節　東西方死亡文化認知的差異

　　殯葬禮儀有其深遠的社會與文化意義，因此我們有必要對它做不同文化
層面的探討，以明瞭其是否有不可變更的權威性。一般均知東西方種族對死
亡文化認知有極大的差異，因此產生截然不同的喪葬儀式，因此可知殯葬禮
儀並非一成不變。

一、臺灣的一元論對西方的二元論

　　「祖先崇拜」是中華文化裡極重要的心理因素，也由此產生與慎終追遠

有關的種種傳統習俗。加上國人的靈魂觀念非常濃厚，一般人對靈魂懷抱既敬重又害怕的雙生心理，然而比較之下卻更看重現實存在的軀體，因此不僅死者在喪禮之後仍然被視爲本家族的一員，死者的牌位與墳墓也被認爲是死者存在的延伸象徵，因此祭祖儀式尤其神聖，受到百倍的尊敬和保護，此種祖先崇拜導致國人的殯葬禮儀走向「隆喪厚葬」，此種「死後猶生」的一元論眼光就是傳統國人看待死者及喪事的基本態度。

西方是以二元論的觀點看待死亡，他們重視靈魂而輕視軀體的存在，認爲軀體只不過是靈魂的寄居場所而已，死亡就是靈魂的解脫與昇華，靈魂可以脫離軀體單獨存在，殯葬只不過是在安置死者的靈魂，所以喪儀中著重肅穆莊嚴，因此產生「簡喪薄葬」的西方習俗。

二、臺灣的宗族制對西方的教會制

國人一向有重血緣、重家族、重孝道的宗法制社會原則，當然此種觀念也會融入死亡文化之中。嬰兒降臨與長者去世這兩件事，都不僅是一個家庭的大事也是本家族的大事。所以孝道原則不僅是生者的原則，也構成喪禮活動的原則，自古認爲「生，事之以禮；死，葬之以禮，祭之以禮。」所以殯葬禮儀是以家族爲基本單位辦理的，是作爲團聚家族與親朋好友的一次社會活動。

西方教會勢力強大，其社會作用相當於中國的宗法組織。在基督教文化中，人的生和死是個人和上帝之間的事，死亡是靈魂擺脫了軀體而蒙主寵召，人一經死亡就似乎與自己的親朋斷絕關係，因爲軀體已經腐朽，靈魂則到一個美好的地方去了。因爲基督教強調要以一個純潔的靈魂去見上帝，因而基督徒臨終前通常要在牧師幫助下進行懺悔，最後一次體認上帝的仁慈，並消除對死亡的恐懼。這一行爲也就是精神上的臨終關懷的作用。

三、國人重外在形式對西方人重內涵

國人在喪葬儀式上相當重視外在形式，要講排場、愛熱鬧、愛面子、好攀比，參加者愈多生者臉上就愈光彩。而且墳墓要講風水、要巍峨、墓室要堅固，古代還講究陪葬物要豐厚（乃至有人殉，此到明朝中期英宗時才廢

止）。因此嚴格的講，自古中國人辦喪事是給活著的人看的，臺灣習俗因循中國習俗，也因此著重形式主義，也可以說是人情主義。

　　西方人一向有「簡喪薄葬」的傳統，他們是在認真的為死者辦喪事，是在為死者的靈魂送行，不需顧慮生者的排場。因此在西方人的殯葬儀式上，就顯得比較冷靜莊嚴，大家能以追思死者生前的成就為主軸來看待喪禮，著重活人與死人之間的關懷，因此是內涵主義為重。

四、中華的儒道對西方的基督宗教

　　中國傳統的死亡文化是由儒家內聖外王、禮治社會的文化傳統所主導，這也是儒家仁學孝道文化的另一種具體形態，常被作為塑造儒家的理想人格，從而推進社會治理的一個重要環節。所以儒家遵循周禮制定相當繁複的儀式，後又因道家的興盛，又制定出另一套殯葬儀軌，儒道儀式相混又滲雜不同地區的民間信仰，成為目前多樣的儀式。

　　而西方基督教的死亡文化是基督教靈魂學說的一部分，意在培養人們對上帝的宗教感情，純潔其道德情操，堅定基督教的輕塵世的生存觀。現代西方的死亡文化又受到十五世紀以來的人道主義、個人本位主義的人文文化以及科學技術的影響，所以現代殯儀服務、臨終關懷、自然死（不該稱為「安樂死」）等都是要讓垂死者死得更安詳、更少恐懼和痛苦，這才是「尊嚴死」的境界。

五、東方風水觀對西方環境觀

　　中國自古重視相地術，到了東漢開始重視喪葬與風水的關係。臺灣民間殯葬風水習俗極多，不同風水派別也有不同的看法，莫衷一是，一般人當然也都無法明瞭，只有在遇到辦理喪事時請教風水師，依風水師所言進行。因此墳地的選擇也必需依賴風水師的安排，生者才會安心，以致造成山坡地亂葬，或者墳墓就在大馬路旁，或者墳墓就在村落之中，嚴重破壞居家及山坡環境。

　　西方的墓園規劃就相當注重與環境配合，通常西方墓園也是花園，草木扶疏，絲毫沒有給人陰森的感覺。而且他們的墳墓通常不會隆起於地面而是

與地面齊平，上平舖墓碑，頂多一個十字架豎在地上。整個墓園給人安寧、乾淨、空氣清新與環境融合的感覺。

由以上五種東西方死亡文化的差異可以看出，殯葬儀式並非有一定原則，西方人可以用莊嚴肅穆的方式進行，我們為何一定要吹吹打打熱鬧非凡才行？難道不能用一片真心來尊重死者、體諒生者？就死亡文化觀點言，臺灣的殯葬禮儀是急待改革不可。

換另一個角度而言，死亡也是人一生心性的最好檢視，我們怎樣生活便怎樣死亡，善惡之業如影隨形，我們的起心動念，身語意業，在八識中了了分明，如何尊嚴死亡才是大家應該追求的。

第四節　歷代厚喪薄葬禮儀的變遷

殷商時代重鬼神，肆行「隆喪厚葬」並大量使用人殉、人牲和車馬陪葬，係出於崇尚鬼神的世界觀，他們對鬼神的信仰已達到了非常狂熱的程度。

周朝開始以「禮」規範殯葬制度，然而荒年時無法執行厚禮，便減省改良稱為「殺禮」。「禮」是規範生者的行為，鬼神觀念在國家政治中已退居次要地位，所以不再提倡厚葬，《周禮・大司徒》中有十二項荒年之政，其中第八項是「殺哀」，就是簡化喪禮的儀節。

春秋以後，周王室衰落，各諸侯國自行稱王，諸侯王都按照自己的喜好大搞隆喪厚葬，大出風頭，老百姓也傾家盪產辦喪葬。《墨子・節葬篇》與《呂氏春秋・節葬篇》都反映了當時隆喪厚葬的無序狀況。墨子及墨家學派都反對隆喪厚葬，並提出了有關葬埋的具體設想。莊子也反對當時的厚喪隆葬的習俗。

到了戰國時期，各諸侯國交戰頻繁，可是當時的隆喪厚葬似乎並未稍減，「陵墓」就是這一時期的產物。秦始皇統一中國後，也開始大修陵墓，將隆喪厚葬推向登峰造極的地步。

西漢文帝推行「簡喪薄葬」，漢武帝時已建國 70 餘年，承文景之治休養生息的政策，天下大富，於是宗室有士公卿大夫以下，爭相奢侈。以至漢

武帝後期又開始流行隆喪厚葬。東漢光武帝吸取西漢帝陵被盜掘的教訓，一生都在提倡喪葬簡約。然而到了朝代中期，民生富裕，又興起隆喪厚葬的風氣。

東漢時有進步觀念的思想家王充撰《論衡》，內談薄葬、四諱、譏日、譴時、卜筮等文，詳細敘述當時葬禮的忌諱，他也反對厚葬。然而東漢時代開始流行風水術，將喪禮結合風水，更加失去原始喪禮的純樸意義。當時不少雅士並不信風水之說，王充也是大力抨擊風水的學者，他自己認為《論衡》書中所講的是「葬禮」而非風水術。

魏晉南北朝三國時期由於名士們的厭世觀加上數百年的動亂，對隆喪厚葬自然不會有興趣，帝王及貴戚也都崇尚簡約的殯葬儀式。

唐以後宋、明、清各朝代制禮最為嚴密，國家開始直接干預殯葬。《大唐開元禮》是中國古代禮制的集大成，不僅規定了各級官員的行為準則，而且全面地干預人們的日常生活，尤其是殯葬禮儀。從此以後，殯葬禮儀便趨向制式化，各級官員必須嚴格地遵照國家規定的制度，違者必究。「儒家精神」和「制式化」是唐以後殯葬的基本特徵，並對後世影響深遠。

唐朝中後期，韓愈打著復興儒家傳統公開反佛，此後，佛教愈益受到中國士人階層的抵制而逐漸失勢。北宋初年，宋太祖詔令「禁喪葬之家不得用道、釋威儀及裝束異色人物前引」，這是國家公開禁止道教和佛教參與喪事。當時官員都能守簡喪薄葬的規定，但地方上的隆喪厚葬已相當嚴重了。

明洪武曾下詔：「古之喪禮，以哀戚為本，治喪之具，稱家有無。近代以來，富者奢僭犯分，力不足者稱貸財物，誇耀殯送；及有惑於風水，停柩經年，不行安葬。宜令中書省臣集議定制，頒行遵守，違者論罪。」可見當時加上風水觀念的厚葬儀式相當泛濫。

清代大體繼承了明代的這些規定，不過民間的風水說以及隆喪厚葬也相當嚴重，妨礙正常的社會生活，不到 50 年間，政府曾連下兩詔出面予以糾正。《紅樓夢》中賈府秦可卿的喪事就是清代隆喪的例子。

第五節 不同宗教的殯葬儀式差異

一、天主教

依中華民國殯葬教育協會理事溫芳生長老提供的資料顯示，天主教稱每年 11 月為煉靈月，提醒世人不要忘記故去的人，在世之人也要煉淨純潔的靈魂，在教堂或公墓進行亡者的追思彌撒，對不認識或認識的人、無人祭祀的亡者，都乞求天主憐愛廣被恩澤，天主教雖然沒有「普渡」這個的名詞，但意義與佛教、民間道教的普渡是一樣的。

天主教的普渡觀念源於天主的博愛，天主教的生死觀是把生與死看待為一種喜悅，認為人生一輩子完成了使命，死亡後才是真正永生生命的開始。天主教相信人死後會接受上帝的審判，有人上天堂，有人下地獄，此種煉獄的觀念，是讓願意悔過而自認為不配升上天堂的亡者，煉淨靈魂純潔的地方。

唱聖歌、獻祭、領聖體、灑聖水，邀請與會者與故去的人悔改，這就是天主教式的普渡，即「亡者追思彌撒」。天主教的禮儀以彌撒為中心，即按規定的儀式依據〈新約福音書〉中所載基督的命令和行動，象徵性地重演基督在十字架受死，而以己身為祭品獻給天主。因而在天主教看來，彌撒禮儀含有「獻祭」與「犧牲」的意義。

這時主禮者代表耶穌，拿起麵餅，口誦：「這是我的體」，在舉起酒杯，口誦：「這杯裡是我的血。」接著，主禮者唸「天主經」並先吃麵餅和飲葡萄酒，然後為自願領「聖體」而跪到祭抬前面的教徒辦「聖體聖事」。天主教徒相信，經祝聖的酒和餅，其形與質均以神祕地變化為基督的血和肉。

流傳於中國天主教的彌撒，雖然一直保持著傳統拉丁禮儀，但也發展出本國特有的文化，即為已故父母和其他亡靈舉行的彌撒較多，這種彌撒在本國北方稱為「大黑彌撒」，在南方稱為「追思彌撒」。教徒認為通過這種儀式可以使亡故父母的靈魂早日升天。這種觀念與本國佛教、道教中，追見亡靈的儀式特別發達有關。

二、基督教

　　基督教信仰比東方宗教信仰不忌諱死亡，因為他們相信凡事都有上帝美好的旨意安排，也確信他們日後可以和親人在上帝的處所相見，且永遠同在。因此基督徒家庭的殯葬禮儀不同於一般民俗家庭的大傷腦筋，由於每一位基督徒大都有固定的教會聚會，而且每間教會都有牧師或專職的長老、弟兄可以協助，他們在會友蒙主恩召後都會幫忙安排後續事宜，並協助家屬處理，基督徒在親友彌留期或過世時都會先告知教會裡的牧師，因此基督徒親人的安息就比非基督徒的過世，帶給家庭的負擔相對的少了許多。

　　依基督教溫芳生長老提供的資料顯示，基督徒安息後，沒有引魂的儀式，因為他們相信基督徒死後靈魂回歸到他本來住的地方「天家」，所以家裡不用設置靈堂，如有設置則純為讓親友有個追思的地方而已。一般來說，除特殊情況外，基督徒安息後都會先將遺體移至殯儀館安置好，家屬再與牧師及禮儀公司三方面來商討治喪期間及整個安息禮拜的方式與過程。

　　基督教殯葬禮儀的入殮、告別（安息）禮拜整個過程約需一小時三十分鐘左右，牧師通常會與家屬商量整個禮拜過程進行的方式。

　　告別（安息）禮拜內容有敬拜、感恩、追思、安慰、佈道等項。在安排日期方面，十至十四天左右以內為最佳，通常在安息後七天左右舉行家庭追思禮拜，不需要擇日，只選擇大家比較方便來參加的日子即可，因為基督徒相信每天都是上帝所賜的好日子。在禮堂布置與用品方面，以實際需要、實用為原則，節省不鋪張，不用祭品、不排罐頭山、不掛輓聯，以素雅白色花材為主。週年追思禮拜，則用教會式或家庭式，內容包括追思、安慰、讚美主。

　　墓園方面，多數都安葬於純基督徒墓園，每年省墓方便，而且因信仰相同，也就不需要看風水選方位、不上香、不燒紙錢、免祭品，全部都以鮮花來追思，整個儀式比較整潔、美觀、莊嚴。

　　若採土葬，則儀式分為：入殮、告別（安息）禮拜、安葬三階段。告別（安息）禮拜可以在喪宅辦理或移教會辦理均可。若是逝於醫院，則在太平間入殮，再移教堂告別（安息）禮拜、安葬。

　　火葬則多一道「火化」過程，儀式分為：入殮、告別（安息）禮拜、火

化、安葬四階段。也可以先火化再到教會告別（安息）禮拜。

三、佛教

　　佛教稱死亡爲往生，表示原來生命型態的幻滅，另一個生命型態的開始。佛教相信人死後有六道輪迴，投胎後可能是人也可能是動物、昆蟲等，有可能到西方極樂世界也可能到十八層地獄。同時也認爲在亡者斷氣後意識脫離軀體，到轉世投胎前稱爲中陰身，此時善惡未判，時間爲 7 日到 49 日，若在 49 天尚未投胎則會淪入鬼道，因此必須「作七」，以助亡者之靈轉生或往生淨土。

　　由於佛教所追尋的是另一種更高層次的境界，因此稱死亡爲「解脫」、「空」，認爲死亡是隨業而去，或隨念而去，或隨習氣而去，或未了脫生死仍在三界之內。因此佛教徒基本上對死後的世界充滿光明面，對死亡較不恐懼悲哀。

　　佛教徒往生時家屬不會圍著拉扯啼哭，他們要替死者誦經念佛，稱爲助念，憑藉蓮友念佛之力，來幫助臨終者提起正念，氣氛是溫馨寧靜的。通常 8 到 24 小時，才可進行入殮儀式。家屬爲死者沐浴更衣並爲亡者蓋上「往生被」後將遺體移到大廳，頭朝內、腳朝外。

　　佛教不燒紙錢。在喪葬期間不可鋪張浪費、不可殺生，靈堂的供香與香燭最好不斷，只以鮮花蔬果、素食祭祀死者。燒香時以平常心稱呼亡者，請他與大家一起念佛，等佛菩薩接引才可跟隨而去。家屬的喪服爲長袖黑色衣鞋，並以素色佛珠做爲「帶孝」，喪禮主持法師或居士帶領大家爲死者誦經。

　　死者家屬在 49 日內，吃素念佛、淨守五戒（不殺生、不偷盜、不邪淫、不妄語、不飲酒及不食五辛），並持續爲亡者誦經、念佛、印經、布施、供養等佛事，替死者做功德，使死者能離苦得樂，往生佛國淨土。

　　佛教喪葬儀軌包括助念儀軌、入殮儀軌、火葬儀軌、告別式儀軌、引魂儀軌、安靈儀軌，都是採用法師念經方式，可謂簡單隆重而不吵雜。

　　佛教的喪葬一般採用火葬和土葬，不過現今臺灣的佛教較宣導以火葬將骨灰存放在寺院靈骨塔中，讓往生者可以聽寺院誦佛法。

四、伊斯蘭教

伊斯蘭教的喪葬方式通常以土葬，而不使用火葬。因為回教徒（穆斯林）認為火是一種刑罰，人在世的時候就不願意被火燒，何況是死者，只有造物主才可以用火去懲罰。

伊斯蘭教有所謂的「歸真」，就是將生命歸回真主阿拉。在教徒往生後，家屬會將死者身上的東西全都取下，將遺體頭朝北、腳朝南、臉朝西擺好，以白布覆蓋全身，親友要為死者念祈禱文：「吾人屬於真主，最後也回歸於真主那裡。」並為死者反覆的祈禱。即送到清真寺，之後葬禮事宜就交由清真寺來處理。由教長帶領親人為死者洗禮，屍體必須用溫水洗淨，將全身從頭到腳，用水清洗三次才行，之後才送往墓地。

回教徒的墓穴也是為南北方向，頭部朝北，腳部朝南，面則朝向天房即西方，所有回教徒的墓都是同一方向。

伊斯蘭教的喪禮是以最迅速、節約、衛生為原則，力求亡者入土為安，生者的精神負擔減輕，而且施行「財施」，即將遺產三分之一用以濟貧，有餘先還欠賬，周濟慈善事業，贈與則不可贈與有繼承權的親屬；剩餘的三分之二依法分配給親屬。可以說是薄殮、速葬、救濟的好風俗。

五、道教

道教是臺灣傳統宗教，所以道教儀式在臺灣各地對於民俗的影響極大，尤其是喪葬儀式方面的影響遠超過其他宗教信仰。

道教崇拜的拜神、拜祖、拜天公三者都是道教的特色，是其他宗教所未有的。而且道教是黃老之學，亦即諸子百家所好而成的宗教，與中華文化共存，產生民俗禮儀與宗教禮儀相混而不可分離的思想，這也是其他宗教所未有的現象。

道教思想中認為道是宇宙本體，而人是由精氣神所組成，而人又有魂魄的存在，魂屬陽性、魄屬陰性。又認為人有三魂七魄，生前魂魄集於一生，死後各自離散。所謂三魂七魄，三魂是指胎光、爽靈、幽精。相傳胎光能使人延壽，爽靈則害人多災，而幽精使人喪命。七魄是指尸狗、伏矢、雀陰、吞賊、非毒、除穢與臭肺。三魂與七魄在人體內和諧並存時，則人身體健

康。反之，魂魄離散無法聚合時，久之人必喪命。道家仙法強調養生成仙，透過消極的遵經守戒與積極的神形修煉來累積功德，以超越有形的肉體限制為目標，來完成羽化成仙的最終境界。

關於人死後世界的想法，道教有別於佛教的西方極樂世界，認為所謂天界指諸仙修煉得到昇天之處，一般販夫走卒死後多半魂魄盡散，成為漂浮無依的孤魂而沉淪冥界，必須藉由道教齋法，仰仗仙聖的力量才能昇轉天界。

道教的行儀以三跪九叩為最敬禮；香以三柱代表天地人；在道教葬儀中大致分為四類，一為臨終處理，即沐浴、更衣、遮神、拼廳、舉哀、鬥制、置腳尾物、燒腳尾錢、持念往生咒；二為入殮，應置靈堂及供品；三為拜飯；四為作忌，亦即頭七至七七，以及百日、對年、三年。

上述儀式中道士均扮演中介者的角色，藉著齋法的執行，乞求道家諸仙拔度亡靈，亡靈透過一系列的沐浴、解結、水火煉度、過橋等儀式過程使亡靈能夠在歷經生命的善惡與世俗的沉淪後，透過聽經聞法來懺悔解罪，消除累世種種罪業，回到生命的初始狀態已進入仙界。

一般人認為市面上路邊所看到的吹吹打打喪儀就是道教喪儀，其實是不對的，道教禮儀因門派的不同的確非常繁複，但是一般所見者為「民間習俗」喪儀，是葬儀社各自搞出來的，並非道教喪儀。

第六節　不同形式的喪葬

縱觀全世界各民族的喪葬形式，可以發現方式極多，其區別之一在於對死者遺體處理方式及所佔空間位置的不同，分別有土葬、火葬、水葬、天葬以及它們的變異形式，如懸葬、洞穴葬、先火後土葬、先土後火葬、復合葬等。而埋葬死者的一定形式與當時當地一定的自然環境、生產方式、生活習慣、宗教信仰、意識形態等有密切的相關。

因此只要其中某幾項因素發生變化，喪葬形式就會發生相應變化。可見任何殯葬儀式難以改革的言論都屬似是而非。

一、土葬

土葬是臺灣古代通常的喪葬儀式，不僅僅是漢族以土葬為主要代表，古代匈奴、突厥、回紇、苗族等少數民族，均以此為主要葬式。方法是用棺木盛屍，挖葬穴、深埋土中，以土丘為標記。

中國的傳統文化觀念歷來強調「入土為安」，把死後的世界稱作「九泉之下」，稱故世之人為「命歸黃泉」。以中原地區漢民族而論，人民世代以農業為主，視土地為生命之本，是漢民族根深蒂固的觀念。因此，人死後埋葬於土中，是使死者靈魂得以安息的最好所在，然而，由於死者身分各不相同，土葬又有不同級別不同規格的葬式。

如中國以往許多朝代的帝王，往往在生前就傾其國力，驅使大量民工為其營造陵寢。現存於世的始皇陵、北京十三陵、河北東陵、西安昭陵、瀋陽北陵等，都是歷史的明證。皇帝以下的各級官吏，身後的土葬規格，則依官品比降。官位越高，佔地越廣、墳也越高。

可見土葬在中國歷代，是階級與階層差異的社會標識。從埋葬人數的多寡現象分析，與社會形態的不同與進步有關。此外，土葬的方式也因各民族的文化習俗不同而有異。

漢民族在「入土為安」的觀念支配下，視掘墳、移屍為對死者的不敬或褻瀆，有的甚至為捍衛祖墳而與人爭鬥，直至傾家盪產、付出性命。苗族中卻有對死者採取多次「復葬」的方法，即一次土葬後，待棺木朽爛後再備新棺，裝骨復葬，俗稱「翻屍」，直到屍骨全部化土為止。瑤族中也有三年內舉行復葬的習俗。此外，壯族、甘南藏族、佘族等少數民族均有類似葬俗。

二、火葬

火葬在中國，先行於少數民族中。《墨子·節葬》載：「秦之西有儀渠之國，其親戚死，聚薪柴以焚之。」《馬可波羅游記》中亦有對京、冀、晉、江、浙、巴蜀等地區「人死焚其屍」風俗的記載。這與漢代以後，佛法東移，印度僧侶盛行火葬習俗也隨之傳來有關。唐、宋民間已有不少人奉行，尤其是中原地區，在宋代時火葬習俗幾成民風，以致宋太祖建隆三年（962 年）曾下詔嚴禁（見《東京事略·太祖紀》）。

當然，火葬的禁與行，在當時是有爭論的，《宋史·禮志》載：有人上書建議禁止火葬，提倡收屍葬於荒閒之地。但是在紹興二十八年，有的開明官吏提出反駁，認為「從來率以火化為便，相習成風，勢難遽革」，主張貧民及客旅「若有死亡，姑從其便。」當時的佛教僧侶，更是多取火葬處理後事。

然而，深受正統儒家說教影響的漢民族，從來視火葬為異端。漢代以前，朝野官民之間均將焚屍作為最大恥辱和最嚴屬的刑罪之一。王莽亦將焚燒屍體作為刑律，並作出焚燒陳良等人之舉。事實上，不僅僅是佛教地區才盛行火葬，也不光是佛法東移的緣故，它的出現和盛行與漢民族內部的生活方式、生活條件、宗教信仰，以及倫理價值的整體變動密切相關。

儘管中國歷代政府對火葬仍然視之為喪倫滅理的行為而加以嚴禁，但在民間，由於經濟、方便、衛生等原因，儒家所謂的「身體髮膚，受之父母，不敢毀傷」的古訓，就變得不那麼具有約束力了，更何況較少受到儒學影響的許多少數民族，如拉祜族、藏族、土族、納西族、裕固族、鄂倫春族、羌族等，均有相沿至今的火化習俗。

三、水葬

水葬在臺灣尚不多見。是中國古代存在於南方一些少數民族（主要為康藏）的喪葬形式。葬式一般為：先由喇嘛誦經，然後將死者屍體投入水中，任其沉浮漂流。奉行這種葬式的民族，一般都生活在深谷大河之畔，他們通常以水為生，並視江河為自己生命的起點與歸宿，並往往傳有與水神有關的古老傳說。

在一些島嶼國家，也有類似的做法，因其生養於大海之畔，故對大海懷有崇拜心理，人死之後，將其屍體拋入海中，名曰海葬。

中國有些鄰海省份，也有將棺木置於海灘，利用潮水海葬的習俗。水葬葬式儘管比較方便，但易汙染水源，有些盜殺案也往往投屍入河，不易分辨，因此各代均力求革除此俗，所以水葬之法已逐漸廢棄不用。但有些民族則有水葬的變異葬俗，如水族生者為使過世成人的亡靈能順利地返回祖居故地，有些地方就編折小紙船，用茉油抹浸（防水）處理後，將亡者的一點遺

物或靈牌及幾粒大米置於船內，帶到溪邊焚燒，任其隨波漂流。水族係中國南方古代越人的後裔，傳說其祖先曾溯流而上，過江來到現今住地，放紙船則是水族紀念遷徒、魂歸故裡的遺俗。

四、天葬

又稱露天葬、鳥葬、風葬等。中國少數民族中較為流行此種葬法。純粹的天葬形式，以藏族的天葬葬式最具代表性，天葬本身也是藏族葬俗中最為普遍的一種葬式。

藏語天葬為「杜垂傑哇」，意味「送屍到葬場」又稱「恰多」，意為「餵鷲鷹」。「恰」是一種專門食屍的禿鷲，藏語叫「恰桂」，所以天葬實則上是鳥葬。葬式的全過程為：人死後，用亡人自己的腰帶等和衣綑綁，置於空屋或帳房角落，用布或衣物遮蓋，點燃一盞酥油燈，以示祭奠，延請喇嘛誦經，擇定送葬日期，一般在死後的第三天。送葬時，將死者用牛馱至固定的天葬場地。司葬者先煨桑供神，禿鷲一見煙火，立即雲集而來，聚候於附近山巒等處。司葬者隨即剝去屍體衣服，然後按一定程序肢解屍體，繼而吹起海螺或仰天長嘯，禿鷲聞聲而至，將屍體食盡，然後飛去。出殯前，親友、鄉鄰都參加送葬儀式，以示悼念。

所有參加送葬的人，都由亡者家人分發一根穿有白線的針，以示互相之間有針線之誼，又表示施捨雖有多寡之別，而為來世積陰德，將來必有善報之意。天葬時，婦女不能參加葬儀，在家中料理內務，天葬結束，司葬人回來先以水洗臉，再用奶洗手，意在不把汙穢帶回家來。天葬之俗始於何時，難以查考，但從其出現時間較晚，推斷似與佛教傳入西藏有關。

佛教盛行西藏後，墓（土）葬便不再是唯一的葬式，佛教提倡把個人的一切，包括自己的肉體施捨給眾生，謂之「樂施」。於是天葬、水葬就應運而生了。

五、複合葬

採用多次重複葬埋死者的做法。《北史・高車傳》載：「死亡葬送，掘地作坎，坐屍於中，張臂引弓，佩刀挾鞘，無異於生，而露坎不掩。」這是

一種天葬與土葬相結合的葬式。

《北史・林邑傳》載：「王死七日而葬，有官者三日，庶人一日，皆以函盛屍，鼓舞異從，輿至水次，積薪焚之，收其餘骨，王則收金甕中，沉之於海；有官者以銅甕，沉之海口；庶人以瓦，送之於江。」這是先火葬後水葬的複合類型。

裕固族的亞拉格家和賀郎格家等部落，當人死後，先將死者的屍體、衣服和生前所用之物抬到火化場一起火化，兩、三天後，親屬將全部骨灰倒入白布或紅布袋的，連同其他金、銀首飾、雜物一起，挖坑埋葬。這是先火葬後土葬的複合類型。

西藏墨脫地區門巴族將死者先埋葬一年，然後掘出火化，這是先土葬後火葬的複合類型。凡有火葬習俗的民族或地區，往往採用先天葬後火葬，先土葬後火葬，或先火葬後土葬的複合葬式。

六、其他葬式

1. **塔葬**，佛教中地位較高的僧侶，死後往往實行塔葬。先用特製香料塗抹遺體，裹以金箔，存於甕中，置於金塔或銀塔內，供人祭奉，俗稱「肉身喇嘛」，西藏大活佛達賴或班禪死後，均採用此種葬法。
2. **裸葬**，高山族的一種葬俗。人死後，脫去衣服，裹以鹿皮，由親屬四人抬至山頂，打開鹿皮，使死者躺臥其上，再將其生前所穿衣服蓋在身上。俗以為，這樣可以使無形的靈魂離開肉體還潔而去。
3. **空葬**，蒙古族的葬俗。空葬時先在墓地挖一大坑，再將座棺懸吊其內，然後在上面搭以木椽，用沙蒿覆蓋。這種宗教葬式現較為罕見。
4. **野葬**，蒙古族的葬俗，常見於西部牧區。人死後將其屍放在木輪車上拉著跑，一直到掉下來為止，然後將屍體置於荒野，讓狼、鷹吃掉，俗以為這樣可以使死者的靈魂升入天堂，七天後如屍體仍在，就要延請喇嘛念經，祈禱消災。解放後，此種習俗已不多見。

以上諸種喪葬形式，係臺灣各民族古時曾有過，其中一些具體葬式至今尚存的不同習俗，從臺灣的基本地理環境、各民族的經濟、文化生活背景等社會因素出發，而有所不同，種類繁多，實可當做殯葬改革研究的內容。

第七節　探討喪事奢辦的原因

　　喪事活動是生者對死者用各種方式寄託哀思的行為，本是人之常情，理應從簡，不應奢侈。這個道理大家並非不懂，但在社會現實生活中，「喪事從儉」這一簡單的道理卻往往難以兌現，究其原因，至少有如下幾種：

一、經濟條件的改善

　　自古太平盛世時喪禮便走向奢華，而臺灣由於數十年來的經濟起飛，使城鄉居民經濟收入增加，其中一部分人自祖先處獲得大片土地，隨著營建業的繁榮而成為田僑，手頭極為寬裕，然而精神文化水準卻相當低落（據統計臺灣平均每人一年買一本書而已）。一些家境殷實的農民鈔票多得不知如何花，一旦面臨紅白喜事，無疑給喪事奢辦創造了經濟條件。

二、互相攀比的心理

　　錢多的人家講排場、擺闊氣，奢辦喪事，使得那些生活狀況並不富裕甚至是貧困戶，也競相效尤，他們迫於輿論壓力，藉錢負債，也盡力想把喪事辦得像樣一點。企圖在「光宗耀祖」中顯示自己的價值、尊嚴、地位和富有。

三、受外在影響而違心從眾

　　許多喪家，奢辦喪事並非他們的初衷，然而習慣勢力的影響、人言之可畏，往往迫使其打消簡辦喪事的念頭。因為有人會攻擊喪家為不孝子，有人甚至提出死者生前辛苦一世，你們就這樣讓他走了，於心何忍？喪家被弄得尷尬至極、進退兩難，只得改變初衷，違心從眾行事。

四、自我心理補償

　　有些喪家，長輩死後，因念及平時薄待老人，心中不免有負疚之感，同時，為從輿論上挽回對老人生前不孝的影響，企圖通過大辦喪事，多少獲得一些心理安慰。還有些喪家，因受迷信觀念影響認為喪事辦得不像樣，死人日後會變成惡鬼攪得喪家寢食不安、疾病纏身。為了去病消災、消除心理恐

懼，向死者討吉利，不惜傾己所有，大辦喪事，以尋求心理的平衡或慰藉。

五、藉喪儀斂財

也有些喪家趁機大辦喪事，廣收財禮，利用死者大發橫財。

六、花錢消災

有些死者生前有些積蓄，生前又未留下如何分配財產的遺囑，為了避免發生繼承財產的糾紛，喪家乾脆看錢辦喪事，有多少花多少，無形中提高了辦喪事的費用。

七、傳統迷信觀念根深蒂固

重殮厚葬中原文化數千年來的喪葬準則。許多人堅信輪迴轉世與泉下有知的靈魂不滅的教義，因而十分重視身後能否入土為安、百年之後的歸宿是否理想等等。有些喪家儘管將死者火化，但仍將其骨灰埋入地下，豎起墳頭，結果造成不少地區火化率與新墳頭同時增多的奇怪現象。

八、殯葬改革宣傳教育管理不力

政府有意倡導殯葬改革，號召大眾破除千年舊俗，樹立喪事儉約的風氣，近年火化率得以較大程度的普及與提高。然而，在喪事奢辦之風日盛的情況下，許多地方對此漠然視之，熟視無睹或撒手不管。

第八節　殯葬禮儀改革的必要性

費爾巴哈曾經說過：「中國人是最為死者操心的民族」，由史冊知黃帝堯舜之世，尚無繁縟的喪禮制度，充其量只有三年喪期，而且悼念死者只須心喪之禮，即內心哀痛足矣。但是隨著宗法社會的發展，到了周代，喪事愈來愈為統治階級所重視，形成了一整套繁複而嚴格的禮儀，並對「孝子」提出了嚴屬的約束和過分的要求。

華東政法大學楊鴻台教授表示，傳統的喪葬程序，可從先秦對周代華

夏族貴族中喪禮詳細記載的文獻中窺見全貌，其後喪禮雖然幾經變更，但其基本程序大致仍爲周禮所定。光是喪儀在舊習中，規定得極其繁瑣，若論細則，約有四十項之多。如：初終、招魂、赴告、沐浴、飯含、銘旌、設靈牌、小殮、大殮、悼臨、成服、朝夕哭奠、接三、作七、題主、筮宅兆（土葬）、備槨及明器、擇吉安葬、祖奠、領帖、陳器、發引、路祭、安葬、祭后土、回靈、圓墳、卒哭、祔於宗詞（祖廟）、周年祭奠、禫祭、除服等。

　　由此可知歷代曾制定了不同等級式的殯葬禮儀制度。佛教傳入後，火葬一時大興，僧人參與喪葬事宜。宋以後又反對火葬，乃至反對僧人參與喪事，土葬及儒家禮教式殯葬禮儀重新復興。這些現象就是「隆喪厚葬」和「簡喪薄葬」社會習性的消長，反映出個人、地區或一朝代的前後期之間人們的生死觀、心理嗜好、價值認知、社會崇尚等的追求傾向和消費傾向。

　　不過我們也可以看出任何時候「隆喪厚葬」都並非孝心的體現，而是在世者在鬥富或沽名釣譽，當一個社會普遍走向奢靡虛浮時，隆喪厚葬的攀比之風才會掀起並愈演愈烈。因此歷來眞正的儒家大師們無不反對隆喪厚葬。

　　宋以後，政府嚴禁火葬、提倡土葬，又極力反對隆喪厚葬，這是中國傳統的儒家「孝文化」和「入土爲安」的觀念。流傳至今，還是有很多人存有看風水土葬的觀念，然而現代各國均以推行火葬爲主要葬儀，目前臺灣火葬已多於土葬，可見觀念是可以改變的。

　　殯葬改革是適應現代社會變遷所需的，唐代可以由政府來干預葬禮並制定殯葬法規，現代當然沒有理由說不行，期望政府在喪葬禮儀上也能進一步提倡簡喪薄葬，制定合乎資訊時代的殯葬科儀。

　　當前，臺灣地區尤其是農村，喪葬陋習普遍盛行，其噪音、髒亂已構成一大社會公害。它吞噬著社會財富，困擾著千家萬戶，腐蝕著人們的心靈，汙染著社會風氣，形成著一股強勁的幽冥衝擊波。而在某些縣市，殯葬業者出身黑道背景，並壟斷該縣市的市場，極爲令人厭惡。

　　然而又有不少人熱衷於喪事大肆操辦、猶恐不及他人；更多的人憎惡它，但又沒有辦法擺脫現實。因而，喪事奢辦之風已扮演出一堆鬧劇醜劇甚至是悲劇。這種消極社會現象的泛濫決非偶然，理應引起全社會的高度重視，大力倡行殯葬改革，興利除弊，乃是當前樹立社會新風的當務之急和時代賦予的歷史任務。

　　喪禮在任何社會中都是必不可少的，也是有價值的。人們不能像扔一條死狗一樣地對待死者，這樣會導致社會的精神分裂。但是，喪禮在中國社會中經常走向反面，成為極端的形式主義，為形式而形式，純粹是生者在大出風頭。這無疑是需要大力改革的。

　　喪葬陋習實為社會一大公害，不少有識之士強烈要求政府能改革殯葬禮儀，其可行性如何？似可以如下對策推行之：

一、大力加強破除迷信、進行厚養薄葬的宣傳教育

　　說穿了「殯葬改革」就是一個觀念認識的問題，觀念認識又涉及民俗傳統，民俗認為應該如何做，當地人就如何做。人們並未真正從思想觀念上認識到殯葬改革的必要意義，因此，喪葬中的許多迷信活動仍如長效慢性毒藥，長期潛移默化，許多人中毒雖深，卻不能自我覺察。因此政府必須大力而又深入地宣傳破除迷信，移風易俗，政府高官以身作則勤儉辦喪事。

　　在各級教育中加入「厚養薄葬」的教材，教育後輩從精神上和物質上盡力俸養好老人的生活，使其居安食美、心暢神爽、頤養天年；而在老人死後，喪事應儘量從簡，有益於社會、有勵於生者、有安於死者。政府制定節約的追悼儀式，向遺體告別以代替搭靈棚、出大殯，用黑紗、白（黃）花代替披麻戴孝，用鞠躬代替跪拜，用哀樂代替吹奏舊喪曲，用火葬、海葬、樹葬等代替土葬。

二、依法加強殯葬活動的社會行政管理

　　殯葬活動是一項涉及到國家、社會、個人三者利益的社會公共事益，因此必須建立健全一系列相應的規章管理制度，己有的有關法規和政策應嚴格執行，對違反法律、制度的喪戶應進行必要的法律或行政制裁。

　　當然，從目前具體國情分析，殯葬改革也不宜操之過急。不同民族有一些不同的習俗，先採火化和土葬兩種形式並存，政府畫定火葬區和土葬改革區。規定在火葬區內要堅決推行火葬，骨灰存放骨灰堂或安葬在骨灰公墓，不准把骨灰再入棺土葬。在土葬改革區，利用荒山瘠地建造公墓，統一規劃，禁止亂埋亂葬。

三、加強殯葬活動的群眾自我管理

殯葬改革，涉及到千家萬戶，因此必須加強與改善殯葬活動的基層工作，進行有效的群眾自我管理。可以分社區向群眾宣傳簡辦紅白事的意義，按照群眾意見制定章程和條例，這種群眾自我管理、自我教育、自我服務的形式和經驗，應大力推廣。

四、有識之士應做簡辦喪事的表率

歷代以來，不乏提倡簡辦喪事的有識之士，然而我們在臺灣看到的是富商、高官的喪事還遠比一般百姓奢華，這是極壞的風氣，政府應制定一套通用的節約葬儀法規，不論地位高低，一視同仁。

五、推展「樹葬」──讓生命與環保回歸自然

臺北市議員魏憶龍曾在市議會民政業務部門質詢時，提出「樹葬」的觀點，建議社會局殯葬處研究推廣，並邀請社會局陳皎眉局長「以身示範」，簽名認養種樹，推展「樹葬」的文化。

魏憶龍議員表示所謂「樹葬」，係指在生前認養一株樹木或親手種下一株樹苗，在其百年之後，將火化後之骨灰，放置於一紙盒內，埋葬於認樹下，讓骨灰與紙盒自然分解，成為樹的養分，回歸自然。

魏憶龍議員表示社會傳統的土葬或火葬後的靈骨塔，對辦理後事者，都是一筆不小的開支，而且使用土地，都占去相當的地球面積，其費用少者十數萬元，多者上百萬元。臺北市房價不低，市民大嘆「臺北居大不易」死後陰宅亦十分昂貴，未見輕鬆，如何處理，實在值得大家來深思。

推動「樹葬」的觀念除了「節葬」之外，更有環保的觀念。除了減少死人與活人爭地的困擾，節省喪葬費用，由於配合每人種樹的活動，更讓大地增進綠色生機，也讓死者的生命在綠色的成長中，再活一次，意義相當重大。

六、改革追悼會儀式

追悼會本來是對傳統厚葬隆喪習俗的否定而改行的簡單儀式，是現代社

會懷念死者、表示哀悼的祭奠方式。但是久而久之又變成相當複雜。所以也必須改良。

追悼會上都會宣讀悼詞，其內容無一不是竭盡贊美死者生前功德之能事，似乎死者生前不是完人就是超人，至少是好人。連槍擊要犯大流氓也被追悼成英雄，此種不實事求是的評價，從形式和內容上使悼詞成了一種現代八股文，完全失掉意義。

再如，向遺體告別成了一種必須履行的程序，似乎不這樣做就是對死者的不敬，其實這又是一時不必要之舉。為了履行這道程序，殯儀人員不得不在絕大多數人避之猶恐不及的特殊環境中，負責為死者的梳妝打扮，不得不擺弄那些患有各種疾病（包括患有烈性傳染病）或頭部、肢體毀損，或因脫水及腫脹而嚴重變形的屍體，竭盡自己所能，讓死者的遺容遺體盡可能與其生前的形象接近一些。

我們不否認殯葬人員為此而付出的特殊的艱辛勞動。但是，所有參加向遺體告別的人們，腦海中留下的只是死者塌陷的眼窩、枯槁的面龐、躺在玻璃罩內一絲不動的悲涼屍體的印象，改變了生者對逝者在世時音容笑貌的美好追憶，既然如此，向遺體告別的程序為什麼不可以取消？

向死者表示哀思，當屬人之常情、無可非議，但追悼死者的方式應有多種多樣，不必拘泥於一種做法，即便是追悼會本身，也是可以從形式和內容上賦予其新意的。

總之，追悼死者的方式可以多種多樣，各個地區、各行各業，可以從自己的實際情況出發，遵循節儉、便利、向上的原則行事，並將各種好的做法即時推廣、蔚成風氣，以促進社會主義精神文明建設的提高與發展。

七、提倡捐獻遺體的大愛觀念

在臺灣已有越來越多的生者，包括彌留之際的病人，表示願將遺體捐獻出來，這是極進步的觀念，因為遺體中健康的器官可以移植給需要的病人，又可供醫學臨床研究方面之用，有效地緩解醫學臨床研究的屍源不足的困難，才是真正發揮大愛的人生觀。

另外，捐獻遺體有助於喪事簡辦的良好社會風氣的形成與發展。對於土

葬者而言此舉可以省卻盛殮屍體之用的木材、地皮；對於火葬者而言，至少可以省卻喪家安放死者骨灰的麻煩等等。

　　早在 1913 年，歐洲某些國家教學醫院的屍檢率就已高達 90%，前蘇聯在 50 年代初，莫斯科所有醫療機構的屍檢率達到百分之百。有些國家和地區還規定：未經屍檢，遺體不准埋葬。因此不存在屍源緊張的困難。

　　捐獻遺體的行動迄今尚未在臺灣社會中蔚成風氣，其主要在於群眾對捐獻遺體的目的、意義不甚了解。目前臺灣捐獻遺體活動不普及、屍檢率低的原因，至少有以下三種：

1. 迄今為止，報紙、電台、雜誌對捐獻遺體的宣傳雖給予了一定的重視，但尚未形成捐獻遺體是光榮的普遍社會意識；政府也未積極推動，總認為「人死為大」，家屬想如何做就如何做，順其自然。

2. 傳統儒家觀念的影響，有些家庭成員受「身體髮膚、受之父母、不敢毀傷」的倫理觀念支配，不願將死去的親人作醫療解剖之用。也有些家屬目睹死者因病痛折磨棄世，從感情上不忍心死者再受挨刀之苦。有些人甚至認為屍檢是對死者的不人道之舉。更多的死者在生前因不了解屍檢的意義，因而沒有留下捐獻遺體的遺囑，使得生者即使願意捐獻親人的遺體，也難以啟口。

3. 醫院管理工作者尚需盡力盡責，許多醫院沒有把提高屍檢率作為一項重要工作；醫院也沒有形成有關制度；未能形成醫務工作者提高屍檢率的義務觀；有的怕自己對病人生前或手術前的診斷與病理診斷不一致，被家屬誤解為醫療事故，因而不願意動員進行必要的屍解等等，這些現象均屬醫務人員沒有盡力盡責。

　　總之，捐獻遺體是有利於國家、社會、家庭，也有利於殯葬改革，更有利於醫學發展。捐獻遺體活動的普及與否，也是衡量一個社會是否進步的尺度之一，本書大力提倡捐贈遺體的殯葬改革觀念。

第十章　近死經驗的界定與意義分析

第一節　近死經驗現象的研究

「近死經驗」又稱「瀕死經驗」，英文爲 Near Death Experience，簡稱 NDE，它是超心理學中一項很重要的研究課題。一般而言，宗教界人士因爲相信人有靈魂所以也大都相信近死經驗是事實，科學界人士則分正反兩方面的看法也是正常的現象，然而醫學界大都不相信近死經驗的存在，他們認爲近死經驗是因爲腦部缺氧而導致功能崩潰瓦解所產生的幻覺。

近死經驗在西方世界不管在學術上或臨床上都是很的普遍的課題。根據多位研究者及經驗者表示，有超過 800 萬的美國人經歷過令人震撼的近死經驗，我們只能將它歸爲「（人間）現實世界」和「（靈界）超越世界」之間的關鍵時刻，一種接近兩界間的狀態。

其實，西方國家早在 50 多年前有近死經驗的相關書籍出版，截至目前爲止，也發表許多重要論述與著作，忠實地呈現了近死經驗的重要特徵，並引用許多近死經驗的實例和個案記錄，其中有些著作是由心靈、神學或推理科學的觀點來探討近死經驗。然而多數的近死經驗研究皆以西方國家爲主，東方國家因爲宗教文化背景的關係，可能認爲近死經驗不稀奇，所以研究者相當少。

全世界第一項關於近死經驗的科學研究是英國學者於 2000 年完成的。這是倫敦市精神病研究院的神經精神病學家費維克與南安普敦醫院的研究人員帕尼亞，在爲期一年的研究中，對 63 名心臟病突然發作而死裡逃生的病人，進行發病後一週的觀察，結果發現有 56 人正如醫學界所預期，在失去意識後沒有記憶，但有 7 人在心臟停止跳動後仍有記憶，其中 4 人通過了評估是否有近死經驗的葛萊森量表。4 人當中有 3 人爲不上教堂的聖公會信徒，另一人曾是天主教徒，後來不再信教。

研究發現人的意識，即一般所謂的靈魂，在大腦停止活動後繼續存

在。這項研究發現，4 名死裡逃生的病患所共有的近死經驗包括：寧靜喜樂的感覺、時間迅速流逝、感官的感受更為強烈、不再察覺到身體的存在、看到一道強光、進入另一個世界、遇到一個神秘的靈體，以及到了一個「有去無回」的地方。

　　帕尼亞表示，這 4 人經歷到超出醫學界預料的經驗，他們的腦部當時不應具有保持神智清楚的過程與形成持久記憶的能力，所以這項研究可能為以下問題提供了一個答案，那就是「心智」與「意識」究竟是腦部製造的成果？還是腦部只是心智的某種媒介？而心智是獨立存在於腦部之外的東西？費維克指出，如果心智與大腦是獨立存在的兩種東西，那麼意識就可能在死後繼續存在，而人類的靈魂也有可能存在，宇宙也有可能是一種有意義、有目的的存在，而不是隨機發生的結果。也讓死後生命真的存在的理論更加堅強。

　　費維克與帕尼亞表示，這 4 名近死經驗的受試者都沒有經歷腦部缺氧的狀態，所以腦部缺氧應不是近死經驗的原因。另有學者認為，近死經驗是病人死前因醫生給予不尋常的藥物組合而產生的後果。但是費維克與帕尼亞說，這些病人在醫院接受的復甦過程完全相同，因而排除藥物影響的因素。不過他們仍然強調，未來科學界有需要對近死經驗進行更多的研究。

　　根據著名醫學期刊《柳葉刀（Lancet）》的研究報告：有近死經驗的人比沒有近死經驗但卻幾乎死亡的人更容易出現解離症狀。這個報告指出近死經驗是一種對壓力的解離反應。Greyson 博士表示：「越來越多的研究證實近死經驗不是精神疾患的症狀，而且此經驗不應被視為精神疾病」。

　　Greyson 博士對他過去的個案做為研究樣本，這些個案曾經主動與他巨細靡遺分享近死經驗，他分析 134 位個案在二份問卷的反應，第一份問卷測量死亡的經驗；第二份問卷測量解離症狀。在這 134 位個案中，96 位有近死經驗。研究發現，雖然在解離症狀問卷得高分的個案也在近死經驗問卷得高分，但也顯著地比病態的解離疾病患者的得分為低。

　　不管如何，近死經驗研究仍然會繼續吸引哲學、科學、醫學、心理學、宗教研究和其他領域的研究者和學者的注意，增強研究的力量，透過近死經驗的研究使人類徹底打開生死之際的奧祕，增加生死學的知識廣度與深度。

第二節　近死經驗與靈魂出體

　　研究近死經驗的著名醫學哲學家 Raymond A. Moody，原本是一位哲學博士，並從事哲學教育工作，對倫理學、理則學和語言哲學都有濃厚的興趣和素養。在教授哲學一段時間之後，又進入醫學院研究，立志做個精神病方面的學者，並希望在醫學院指導藥理哲學。

　　六十年代時，就在從事醫學研究的過程中，他開始對肉體死亡之後靈魂存在的可能性感到興趣，除了做廣泛的調查，並在各種醫護學術團體中演講，也因此獲得許多醫學界人士的重視，並提供給他復生的資料和案例。他的名著《前世今生》（*Life After Life*）於 1975 年出版，使他聲名大噪，樹立他在西方世界靈魂學的權威。該書曾在當時被臺灣多家出版社譯成不同的中文本。

　　他曾蒐集很多瀕死病人及急救復甦病人的經驗，並從其所蒐集的第一手資料中重構一個近死經驗的典型：

　　病者面臨死亡，肉體感受到極度的痛楚，他甚至聽到醫生宣布他的死亡。隨後，他的痛楚完全消失，他聆聽到一種如同電鈴的響聲，他快速地穿越一個很長的黑洞，然後發現自己已離開了肉體，但仍處於物理界中，可以從旁觀看到自己的身體，或看到醫務人員的後續行動，他一時不知所措。但在定一定神後，發覺自己仍然有一個身體，只是比先前的肉體更輕盈，能穿越物質而無礙。這時有已亡親友之靈前來迎接他。

　　有一位極光亮美麗的個體（光明存有者，The Being of Light）也顯現在他跟前，以無言的溝通詢問他一個問題：「你是怎樣度過這一生？」隨即他如同欣賞電影似地快速地觀看自己一生的經歷。至此，他面臨一個抉擇：要不要返回世間？他意識到自己在世仍有未完成的任務，即使他對目前的安寧愉悅依依不捨，他的靈魂與肉身還是復合了，他醒了過來。

　　事後他設法告知旁人，但一方面沒有人相信他，另一方面他也自覺人的語言不足以充分表達其中的究竟，最後他只好保持緘默。然而，這份經驗為他的生命產生極深遠的影響：他不再害怕死亡，但比以前更愛惜生命，並

深自瞭悟自己在世的使命，以致他強烈反對自殺，從此他特別注意兩件事：
更盡心去愛別人、更努力去追求生命的學問。他深信自己的經驗不是幻覺，
因為他能細緻地清楚記起醫生、護士們在急救現場所說的話、所穿的衣服特
色、急救的程序、現場的環境等，並且事後獲得印證。

　　Moody 博士在他的自序中說：「我寫這本書的主要目的在於希望引起
大眾對『死亡』這個眾人不能避免，但是卻又不了解的現象有所注意，同時
希望能使大眾建立一種接受新觀念的態度，因為我確信『死亡』是個很重要
的問題，它不僅只是心理學、精神學、醫學、哲學、神學及教會所注重的問
題，它更與我們每一個人息息相關。」

　　從過去死亡學的研究來看，一些曾經有過近死經驗的人說，一個罹難者
經過痛苦而死，最後都會「脫體」而出，也就是脫離受苦的軀體，到達另一
個世界。脫體後，就是一種痛苦的解脫。罹難者家屬應該了解，受難的人並
不會一直夾在那棟建築物裡面，他已經脫體，離開那裡了。如果家屬一直想
像他的親人還壓在那裡，想像他痛苦、哀號的慘狀，痛苦便會不斷增高。亡
者脫體以後通常會到另一個地方，家屬這時候應該依據亡者的宗教信仰做禱
告、唸經等宗教祈禱，而不是一直哀傷。而政府現在也應該馬上出面做集體
的追思禮拜，透過比較莊嚴的儀式安慰亡者也安慰家屬。

　　現就依據醫學報告及研究者的資料，整理出近死經驗者憶述在這段死亡
期間的所見所聞，可以歸納如下：

1. 有已死的感覺，知道自己已經死了。有的人會感到害怕、恐懼、痛苦、
　 掙扎、力不從心、失望、難過、後悔、沮喪、不甘心、矛盾、孤獨、無
　 助、憤恨不平等。也有很多人感到心平氣和、愉快驚奇或感到安全。
2. 感覺靈魂和身體分離，有時還會感覺到靈魂是沒有軀體形狀的、沒有眼
　 睛或手腳等，意識和身體分離，飄離身體，浮在身體上面。
3. 靈魂輕飄飄的，完全無重力的感覺，或有時被不知名的外在力量所控
　 制，感覺被人拉拖往不知名的地方，或有人用外力推至某情境。
4. 感到寧靜和平安，然而事故發生現場是混亂、吵雜的。也會看到周圍情
　 景，會看到及聽到事件發生現場或自己被急救的景象及背景聲音，也聽
　 到環境吵雜的聲音。

5. 有時會有一道白光吸引，飄浮或被推進又長又黑，或參雜五光十色的隧道（或空間）。

6. 許多人會經歷到象徵不再返回人世的邊緣地帶，例如橋樑（奈何橋）、神秘聲音或某種情境。

7. 會被帶引到一處光亮的地方，靈魂飄入光亮、溫暖和慈愛的光線中，感覺自己變成一道光團，並快速飄行，身體可自由活動，不受時空阻礙。

8. 看到了黑暗的區域，漆黑一片，而後看到了亮光，有人可以看到明亮華麗狀似天堂的地方；或相反的看到陰暗可怕狀似地獄的地方，這些就是所謂的另個世界。

9. 會遇到已故的親友人，他們會與近死經驗者說話，或者去世的親友告訴需返回人世。

10. 有宗教信仰者，則會見到所信仰的人物，如彌勒佛、菩薩、佛祖或天使、耶穌基督、聖母瑪利亞等，可以明確的感覺到祂們的存在。有時會向宗教人物表達返回人世的意願，磋商返回人世的條件。有時是由宗教人物告訴需返回人世。

11. 以往的生活過程，會如影片放映般快速地在跟前呈現——重演，快速的回顧一生，每件細節歷歷在目，稱爲今生回顧 (life review)。

12. 自我評價，回答自已這一生學了什麼，是否已做了應做的事、學了要學的東西、是否沒有遺憾。如果答案是肯定的，則他知道生命的任務已完成，可自由選擇是否再玩一趟、怎樣玩法；如果答案是不滿意的，則會願意下一生再來學習未學完的、再做未做完的。

13. 在自我評價當中，有兩個問題是很重要的：你付出的愛足夠了沒有？（Have You Loved Enough?）、你付出的服務足夠了沒有？（Have You Served Enough?）

14. 整個過程覺得時間似乎比平常快，根本沒有時間或空間的感覺，覺得時間似乎變慢或停止，也失去控制力，無法左右自己的思考及行爲。有堅定的念頭想返回人世，即馬上清醒過來。突然間覺得自己知道所有的一切，好像變聰明了，好像減輕了痛苦一樣。

15. 當靈魂重返身體時，感覺如觸電一般，突然感受到生命力量，或突然間感到很不舒服。有些人會說當返回人世清醒時，有冒冷汗等身體不適情

形。

16. 有過近死經驗的人，都會有兩個巨大的轉變：一是生命不再迷惘，覺得自己有一個有意義的目標來這世上；二是價值觀的改變，無論以前是怎樣的人，都會產生對知識、愛與服務的熱忱。

臺灣最具可信度的近死經驗者應該是蔣緯國將軍，依據《時報周刊》852 期的採訪報導，他在榮民總醫院治療心血管剝離疾病時，有一些與近死經驗者類似的神秘經驗（見本章附錄）。

第三節　西藏的回陽人

《西藏生死書》曾詳細描述在西方鮮為人知但西藏人卻耳熟能詳的「回陽人（delok）」，藏文的意思是「從死亡回來」。西藏傳統上的「回陽人」是指那些因病而似乎去世的人，他們發現自己在中陰境界裡漫游，有些人去過地獄，見到死者的審判和地獄的苦，有時候他們也去天堂和佛土，有些人有聖尊陪伴、保護，並說明沿途發生的事。一個星期後，他們被送回肉體，帶著死神給活人的訊息，催促他們要修行，要過有意義的生活。

許多回陽人的經驗，不僅吻合《中陰聞教得度》之類的中陰教法，也與近死經驗雷同。回陽人的現象不只在古代才有，最近在西藏也發生過。有時候，回陽人會離開肉體一個星期，碰到已經去世的親人或不認識的人，他會被要求捎回訊息給在世的親戚，請親戚為他們修某些法。然後回陽人就會回到肉體，轉達他們的訊息。

在西藏，這是被大家接受的事實，西藏人同時發展出一套嚴密的方法，可以鑑定回陽人是否作假。頂果欽哲仁波切的女兒告訴 Francoise Pommaret（一位撰寫過有關回陽人故事的作家）說，在西藏當回陽人在進行他的經驗時，身體上的孔穴要用牛油塞住，並用燕麥糊塗滿他的臉。如果牛油沒有流下來，面具也沒有龜裂，回陽人就被認為是真的。

在今日的西藏喜馬拉雅山區域，回陽人的傳統仍然持續著。這些回陽人是十分普通的人，常常是婦女，她們非常虔誠，而且信仰堅定。她們在佛教的特殊日子裡「去世」幾個小時，主要的功能是擔任生者和亡者之間的信差。

誠如我們所見到的，在「近死經驗」和「中陰教法」之間有顯著的雷同，也有顯著的差異。當然，最大的差異是近死經驗並沒有真正的死，而中陰教法則是描述人們死亡的歷程，從臨終、肉體實際死亡到轉生。近死經驗者並未步入死亡的階段（有些人只「死」一分鐘），因此似乎有必要說明兩者可能的差異。

有些作者認為近死經驗代表臨終中陰的分解過程。其實把近死經驗當作臨終中陰還言之過早，因為有過近死經驗的人，從字面意義來說，只不過是「接近死亡」而已。頂果欽哲仁波切說明近死經驗屬于「此生自然中陰」的現象，因為意識只不過是離開「去世」者的肉體，暫時在六道漫游而已。

近死經驗及其結果，跟意識的神祕狀態及禪定狀態之間，也有某些迷人的雷同。譬如，近死經驗者報導了許多超常現象。有些人能預知或預言宇宙星象，或者是看到後來都應驗的「生命預告」；在近死經驗之後，有些人似乎經驗到有拙火（kundalini）的能量；另外有些人發現他們擁有確實而驚人的覺察能力，或身心的治療能力。

雖然近死經驗的描述如此具有啓發性，但千萬不要誤以為只要死，就可以安住在安詳快樂的境界裡。事情不是也不可能那麼簡單。有些人在經歷痛苦之際，會覺得難以忍受，可以想像得到的，聽到近死的故事後，可能會引誘他們自殺以結束一切痛苦。自殺似乎是一個簡單的解決方法，但它忽略了一個事實：不管我們經歷什麼，都是生命的一部分。逃避是不可能的。如果你逃避了，往後你將變得更加痛苦。

《西藏生死書》談到瀕死經驗的意義，舉了很多究者的論點，如墨文·摩斯說：「我覺得要癒合自牛頓以降，三百多年來科學和宗教之間的鴻溝，了解瀕死經驗應該是第一步。教育醫生、護士和我們自己去認識人生最後幾個小時的經驗，將可粉碎我們對於醫藥和生命的偏見。換句話說，在醫學科技進步的同時，也促成本身的革命。」

「我發現這是一件很諷刺的事：醫學科技造成這種近死經驗的泛濫……在人類歷史上一直都有近死經驗，但一直要到最近二十年，才有技術讓病人甦醒過來。現在他們把經驗告訴我們，就讓我們傾聽吧！對我來說，這是對社會的一項挑戰。……我認為，近死經驗是與死亡相關的自然心理過程。我要大膽地預測，如果我們能夠把這種知識在社會中落實推廣，不僅對臨終病

人有所幫助，也有助于社會全體。我看到今日的醫學毫無精神可言……爲什麼科技和精神層面不能相輔相成，這是沒有道理的。」

執近死研究牛耳的 Bruce Greyson 說：「科學必須嘗試說明近死經驗，因爲其中藏有科學成長之鑰，……歷史告訴我們，唯有嘗試解釋目前超越我們能力的現象，才可以使科學發展出新方法。我相信近死經驗就是促使科學家發展出新科學方法的一個謎，這個謎需要整合所有的知識，不只是理性的邏輯歸納、物理的實驗觀察，同時也需要神秘界的直接經驗。」

第四節　近死經驗意義分析

Stone 女士在經歷了母親死於肌萎縮性側索硬化症的驚駭與哀慟後，開始涉獵東西方科學、哲學與宗教的思想，融合各家學說之後，創辦「爲上主傳愛」（God's Love We Deliver）。她自 1989 年開始在美國各地教授「與死亡對談」的課程，從很多瀕死者的經驗中，體悟到「死亡並非生命的盡頭」，她說：「死亡是靈肉分離的時刻，它只是道路的岔口，兩名原本十分親密的朋友在此處分別，靈魂繼續前行，而肉體則停留在原地。靈魂才是眞實的我們，而眞實的我們並未死亡。」

她認爲：「死亡是一轉換，我們都會存續下去。」、「了解死亡的眞相，能使你獲得解脫，眞的，會讓你活在無懼無悲、生氣盎然的富繞境態中。……死亡不是終點，它是生命的延續。」又說：「我們無法抹去悲傷，無法除去人類生命中的哀愁，沒有什麼可以解除我們的哀慟，我們勢必會與我們所愛的人分開，而且分離在任何時刻都可能降臨。可是你將能用不同的角度去體驗它們，不讓它們擊垮！」

一位有過近死經驗的人說：「這次經驗對我來說，最大恩賜就是那種無懼的心底，我不再害怕了，不僅我對死亡的恐懼盡釋，生命亦變得豁達，我眞是滿懷感激。」

Stone 女士用西方的科學推論或法學印證的方法，引導人們去安詳接受死亡。她用西方人的邏輯，達到與東方輪迴思想異曲同工的境界。能夠與死亡對談的人、能夠了解死亡不是終了的人，就有資格幫助親友安詳往生，或

使自己能夠安詳往生。當死神降臨時，可以無憂無懼地準備走向天堂或走向極樂淨土！

　　近死經驗史專家 Valarino 女士認為追根究柢地調查研究近死經驗，絕對會影響我們對生死大事（尤其是對生命）所持的態度。她探討了過去 15 年來，人們對近死經驗日益關注的經過，並且與心理學、生物學、物理學、神經生理學、神學、哲學等領域的傑出學者專家，進行精彩深入的對話。這是第一次有人以跨學科的方式，從理論角度去探討近死經驗。

　　Valarino 所訪問的 6 位傑出人士包括：

1. 舉世聞名的心理學家 Kenneth Ring 教授，提供了這個領域最新、最廣泛的調查成果。

2. 哲學家 Michel Lefeuvre 教授，提出空前而徹底的瀕死經驗現象的哲學分析。

3. 生物學家 Louis-Marie Vincent 教授、理論物理學家 Regis Dutheil 教授、神經生理學家 Paul Chauchard 教授，則就各自的專業領域，提出了獨到有趣的見解。

4. 法國駐梵諦岡主教代表團 Jean Vernette 主教，提出了天主教會的看法。

　　有醫師認為從精神病理學來解釋近死經驗並不難，可以說這是一種由於身體情形劇烈變化引起的譫妄現象，或是人類大腦為死亡作的準備（像電腦的「你現在可以關機了」一樣的結束程序），也許有最後一道腦啡分泌出來，所以有強烈的寧靜和安詳的感覺，對急救過程的描述和離體經驗也不難以心理學的術語來解釋。但是這些醫學與心理學的解釋，和宗教的說法，都不過是一種未經證實的理解方式罷了，無法分辨真假。從近死經驗回來的人，如果因為這樣的經驗而對人生有了另一層的認識，那才是最真實的。

　　也許最能證明近死經歷的，就是瀕死者「復生」後的改變。據資料顯示：絕大部分近死經驗者不再懼怕死亡，也不再看重物質名利，變得更有愛心，更願意關心人和幫助人。他們的世界觀也開始改變，能以忍耐和寬容的態度面對生活中的不如意事。

　　以下是幾位近死經驗者的自述：

1. 「自從那次體驗後，我不再害怕什麼，我不再覺得一切都沒有價值。現在的我有很強的自愛、自重、自信的意識；現在的我，熱愛人類、熱愛生

命，我覺得活著有無窮的樂趣，即使在命途坎坷時。」

2.「那光團向我放射出深深的同情，把我生命中美好與醜陋的時刻一一展現出來，卻不加任何判斷。我感到自己受尊重、被愛、受到關懷。即使在我面對生命中最糟糕的時刻，我也知道用不著害怕。因為我現在清楚知道，這一切只是要助我成為一個更好的人。那光亦給了我勇氣，原諒自己有時候的自私和不是。」

3.「在我死而復生前，我以為我已完全理解上帝是什麼。我知道祂不會是一個長髮白鬍子的老人。但直到我親自體驗時，我才知道無論我如何想像，也無法設想上帝的力量，祂無所不在，無法想像，不能定義，只能被感知。祂就是光，就是愛。」

4.「愛讓世界轉動。這話聽來是陳腔濫調，但這是千真萬確的！我在瀕死經驗中知道，是愛推動了世界。只有通過愛別人，愛自己，我們的精神和靈魂才有進步。如果你不懂得付出愛，你就無法享受生活的快樂。這是我從瀕死經驗學來的。」

由於有這麼多瀕死病人起死回生的經驗，也引起科學界對這些從「陰陽界」歸來者的近死經驗作深入研究的興趣。雖然近死經驗描述的各個情境出現狀況因人而異，不一定每個人都會經歷同樣全部的過程，而且有些會因文化背景、宗教信仰、種族社會而有所不同的描述與解釋。

根據日本學者立花隆調查 46 個案例：靈魂離體 7 件、通過隧道 4 件、見到光 2 件、見到河川 17 件、見到花園 19 件、見到山 3 件、與某人相會 16 件、聽到呼叫自己的聲音 12 件、聽到音樂 2 件。但是，印度方面的調查則是至閻魔王（死神）前接受審判的案例比較多。

不管如何，近死經驗值得現代科學家研究已是不爭的事實，因為在近死之際，塵世間賴以存活的定律、法則、規範都會失敗，正可以證明，靈體（意識）已經脫離肉身的束縛，而到達一個超越物理的世界。科學最引以為榮的是其假設可以用實驗來重複證明，我們並不應否定科學，卻應了解它的局限、它的範圍，而不將科學原理應用在一切上面，那不過是以管窺天而已！

經歷者普遍都不再對死亡有焦慮感，反而都是因為時候未到而被遣返。所以，他們體悟死亡本身不可怕，無疑是一種解脫和喜樂，不必為死者

悲痛。唯有痛失親人的世人，為自己的損失哀慟，這是可以了解和同理的，但活著的人也不需哀慟逾恆。有一點要注意的是，經歷者再怎麼樣也只在近死階段，如果真的死了，還會如此光明和平靜嗎？

　　因此，近死經驗帶給我們應該好好思考一個嚴肅的課題，那就是：不過才發展二百多年的物質科學理論，有足夠的空間來解釋已傳承數千年的靈性世界的存在嗎？正如 Valarino 所說：「近死經驗探討的是人類的本體、命運和進步。而它迷人之處，就在於我們也許永遠無法對它做一個完整無缺的詮釋。只有當一個問題在本質上無法找到答案時，這個問題才能產生魅力，把我們的思維推到極限，進而將之昇華。」

附錄：取材自《時報周刊》852 期：

時報周刊：前些時，你曾經對媒體說，蔣公曾經在你病中來「看」過你，不知道這個事情是不是確有其事？

蔣緯國：我不是夢見他，而是清清楚楚看見他坐在旁邊。是開刀之後，頭上的三天三夜。當然你們一定會說這是一種幻覺，但是，這究竟是怎麼一回事，我也無從證明；但是對我來說，這是一清二楚的，確確實實的。因為我一看到父親坐到我旁邊，我就告訴他，我說我很高興，又能來到你的身邊來做事情了。他說：「孩子，你不要說傻話了！你要回去的。」過了一下他又說：「你還有沒有完成的使命，你必須回去的。」又過了一天還是兩天，他又說：「你放心，你一定會回去的，我會陪你一直到你脫險為止，你放心好了，你會回去的。」

時報周刊：蔣公來「看」你的時候，是穿什麼樣的衣服？

蔣緯國：就是平常在家裡穿的衣服。那時，我小的時候從小都很疼我的都來看我了，連國父也趕來了，父親看到國父來了，就要站起來，國父就按住他的肩說：「我還有要緊的事情，就要走的。」又說：「緯國怎麼樣？」父親說：「已經沒問題了，先生請放心好了。」戴季陶先生、吳忠信先生、朱執信先生都來了。何老伯沒有來，可能太忙了，不曉得在忙什麼？哈哈哈！

時報周刊：病中，令堂有來「看」你嗎？

蔣緯國：她有來，但是沒有走到我身邊，老遠地看著我，他們多半是悄悄和我父親在講話。戴伯伯來了，他來的時候很神氣，後面跟了一個白衣大師，我們稍微有一點常識的人，一看就知道那是觀音大士。戴伯伯跟我講，當胸在最痛苦的時候，你只要念觀音大士的六字真言就可以了。這六字真言，就印度文來說，就是不可侵犯的意思，這是從前戴伯伯告訴我的，因為他是研究梵文的。

我這次生病不只是開一次刀，胸腔一共開兩次刀，第一次手術過了幾個鐘頭之後，發現心臟漏血，再打開一次，從腿上取得血管，作心臟導管，另外裝了一個同步器。後來手術完了後，中間隔了幾天，其間有三次心臟停止跳動，幸虧那時有體外的同步器。現在我是裝了一個體內的同步器，體外的同步器有各種的監視器，可以一直監視著心臟的狀況。當我心臟停止跳躍的時候，又有一個奇跡。因為心臟停止就血流停止，一個人要是悶上兩分鐘，人就要被悶死掉了。其實我當時是四分鐘。等到恢復了以後，醫生認為命救得的話，會有三個後遺症：第一，我會失音，不能講話；第二，我會半身不遂，下肢不能走路；第三，我必須一輩子洗腎。

可是，我都沒有發生這樣情形。醫生說，這若不是上帝賜給你的福，實在是令人很難解釋。

第十一章 《埃及死經》與《西藏度亡經》

有關探索死後世界的奧秘最有特色及最著名的兩部經典，一是西方的《埃及死經》，另一是東方的《西藏度亡經》。這兩部古老的教示是現代人研究死亡學的最佳材料，同時也提供我們新的思考空間：為何古老的東西方不約而同地存有相互輝映的死亡經典？其內在深遠的意義為何？

第一節　《埃及死經》與靈魂不朽

埃及是人類古老文明發源地之一，其金字塔群被譽為世界八大奇跡之首，巍峨矗立在茫茫的沙漠之中，迄今已有 5 千年以上的歷史。古埃及人同世界其他古老民族如猶太、印度、希臘人一樣，自古就有靈魂不朽的觀念，相信人死之後終有一天會再次復活，因此使得他們研究出爐火純青的肉身防腐技術，使我們能夠看到和金字塔同樣永恆不朽的木乃伊。

嚴格地說，世界上沒有一個「死去再生」的人，如果有，也只能說是「瀕死復活」。幾千年前的古埃及人也許因為近死體驗中出現的各種神奇的境象和感覺，使他們堅信人死後的真實歸途也是如此。而且，因為有過近死體驗的人不但能夠看到早已故去的先王、法老和親人，並身受其益，還常常在醒來後獲得了某些不可思議的能力，促使他們更加信仰靈魂不朽和死亡會給人帶來無盡的力量。所以，在埃及的法老祭司群中，曾祕密地盛行過為生者提前舉行的死亡儀式。

在一個金字塔或墳墓的地下靈寢，某個被選中的僧侶換上了亡者的喪服，自願躺進了靈寢中央的棺材。四周是一群衣袍莊嚴、神情肅穆的僧侶。當法老或大祭司把棺蓋的最後一條縫隙用蠟封好，開始領頭吟誦《埃及死經》中的超魂詩句時，另有僧侶注視著蠟燭燃燒的刻度，精確地計算著棺材密閉的時間。

《埃及死經》（*Egyptian Book of the Dead*）是古代埃及從第 18 王朝到

羅馬時代置於死者墓中的一種典籍，形式多為草紙卷，文體多為法術文句，以祈求死者可以獲得死後幸福的生活，內容包含詩歌、咒語、神話等。《埃及死經》並不是指一本完整的書，原先它只是一些在葬禮遺址發現的碑銘，實質上《死經》的原文是一些宗教葬儀的記述，此遺址亦曾出現過好幾部死經，而每一部都能適合死者成神時的需要。《死經》指出通往「死國」的道路，並指點死者如何進退，死者如果是個大人物，那麼，替他準備的各種死經也就更多、更詳盡。可是，沒有一個人知道死經撰述的真正動機是什麼，若干死經出土時，可能已歷經了好幾代的增刪，想去追究死經的起源事實上也非常困難。

當法老或大祭司誦經大約 8 分鐘後，必須嘎然而止，棺蓋被迅速打開，裡面被幾乎窒息而死的人幽幽回過氣來，蒼白發青的臉又泛起了血色。近死經驗的儀式結束了，爬出棺材的僧侶受到尊敬。如果他還能講述剛才停止呼吸後的所見所聞，比如被一束強烈而柔和的白光引領，穿過了死亡黑暗的隧道，看見了天界最高神祇 Amon 和地獄主神 Osiris，或者從前的祭司法老們，那麼周圍的人對他除了欽羨之外還尊崇有加，因為他的靈魂飛出肉體後已經有幸受到了神的愛撫。

當然，這種典型的人為近死體驗是受試者根本無法理解的，但他從此之後內心充溢喜悅和寧靜，對今後的死亡變得由衷地神往，他對自己的靈魂最終能夠升天和不朽，更加堅信不疑。這是古埃及最古老的宗教儀式之一。這些儀式或復活的描述都寫成了象形文字，契刻或描繪在靈寢裡與之相關的壁畫旁。經過古埃及學者的解讀和翻譯，使我們詳盡地知道了這一偉大的古文明的重要一頁。

古埃及人堅信，人類除了具有容易毀壞滅寂的肉身外還有永恆長久的靈魂，人死後的精神（靈魂）能夠以各種形式繼續存在下去，亦即人是由有限的肉體與不朽的靈魂組合而成。靈魂隨著肉體的死亡而離開，高高地飛翔在空中，前往太陽神 Ra 的周圍，不過它隨時可再回歸肉體。只要肉體不會腐朽而保持原狀，靈魂便一定能辨認出是自己的軀殼，因而像木乃伊那樣的屍體保存法就成了必要。

他們認為其中主要有兩種靈魂「Ka」和「Ba」。Ka 通常被翻譯成「精靈」，類似中國人的「魄」，指抽象的個性或人格，具有人的形質，是繼續

依附於死後的肉身存在，因此死後的肉身也必須得以完善的安葬和保存，除了等待復活的那一天外，還有其重要作用是吸留 Ka 的永久存在。

在墳場之中，Ka 大致伴隨著自己的木乃伊，但偶爾也會溜出墳墓四處徘徊。另外，Ka 還會寄宿在死者的雕像或畫像之中，也會隨著它們到處移動。Ka 期望獲得人們的供品，若無享用的飲食供品，便會離開墳墓去流浪，尋找人們剩餘的飯菜及飲用髒水。

Ba 是死後即飛出肉身而游盪於天空的「靈魂」，人一死它就昇天，不是歸屬太陽神 Ra，便是與 Osiris 住在一起。Ba 在某種情況下會以有形顯現，其他場合則為無形，至於選擇有形或無形，則任憑它的喜好。在紙草文書裡，Ba 往往表現為人頭馬身的形狀。

一般的金字塔塔尖都有一個小小的天窗，據說就是供 Ba 自由飛翔和進出的通道。古埃及人死了之後，家人對 Ka 和 Ba 猶其恭敬，通常要給這兩種靈魂供奉好酒好飯，生怕一不小心親人的靈魂就會被驚飛，然後一去不返。當然，對死者的名字、畫像、使用過的物品，都需要小心祭祀，因為他們也將是其他的 Ka 繼續存留的主要地方。

古埃及人的靈魂不朽觀念，直接導致了對死亡的特殊重視，由此而使得人活著時對宗教的幻想更加強烈，也激發了人們把幾乎所有的聰明智慧都發展成了製作眾多木乃伊和金字塔的卓越技術。

古埃及人相信一旦人死了便前往太陽沉入西涯的國度，因此他們用船將裝著死者木乃伊的棺柩載到尼羅河西岸，在此舉行「開口儀式」（灌輸生命的儀式）。可是，太陽西沉之後，便要通過分為 12 個區域的冥府。其中大多為沙漠，太陽神 Ra 在第 5、6 區域必須下船乘蛇或乘坐蛇形的橇。死者的靈魂要經由狼頭人身神的 Anubis 的引導才能到達冥王 Osiris 的審判廳，在 Taut 的主持下用秤稱死者的心臟，以此來裁決罪業的有無。無罪的人會被送往 Osiris 的樂土等待復活，但若被宣判有罪，便會被等候在旁邊的怪物吞食，於是靈魂遭受破壞而喪失復活的機會。

流傳好幾個世紀的埃及重要典籍《埃及死經》對今天我們理解古埃及人對死亡過程、死後冥想、靈魂遷移等細節都有極大的幫助。該書含有一種強烈祈求的願望以及對危險的警告，必定是寫給君王在他死後使用的，法老帶著這本「手冊」就能輕易的得到永生。祭儀中已用盡了關懷的字句，來教導

法老走最安全的路上天堂。

　　十九世紀埃及古物學家 Wallis Budge 窮畢生之力將死經最完整的一本手稿解譯出來，該稿本是古埃及王朝一名史官艾尼的陪葬物，Budge 在他所著的《埃及死經》一書上曾如此說過：「世間找不到一本最完整的死經原稿。」從冗長的譯文之中可以看出，古埃及祭儀的時間能回溯至五千年前。死經的章次並無特殊規則，往往一章經文會以兩三章截然不同的面貌再度出現。

　　全書從冥王 Osiris 的審判開始，共分 21 個章節。它詳細地描寫了地獄的塔門共有 21 級之多，每一級塔門的情景以及亡魂每到一個塔門應該唸誦什麼樣的經文。

　　全書有很多辭藻華麗、典雅而神秘玄怪的「駢驪之文」。當然，還寫了地獄之外的其他神祇，以及亡魂怎樣穿越一條黑暗的隧道，最終融合到一團柔和而強烈的光明之中。死經上也特別述說一種形質 khat，代表死人的臨終結構。經文第一次提到它，是在描述用亞麻布包裹屍體的程序中，製作木乃伊的最後一道手續，是給死人預備食物、空氣及水，以便在永恆的旅程上使用。

　　《埃及死經》這部埃及著名聖典可以說是讓死者攜帶前往冥府的旅行指南，在初次陌生的旅程裡給予各種誠懇的忠告，以免張惶失措、迷失方向。再者，死者前往地下界的途中有條大河，必須招喚冥府的渡船來搭乘才能渡河，因此死者便有預先閱讀該書以詳細了解渡船事項的必要，書中第 98、99 章便是指導搭船渡河的要領。在〈招呼地下界之舟靠近〉的那一章記載的內容相當有趣：

　　船夫說：「對我說出我的名字！」「你的名字是旅人。」

　　能把你吹送出去的風說：「對我說出我的名字！」「你的名字是北風。」

　　河流說：「你若是要朝向我前進，便對我說出我的名字！」「可以看得到的便是你的名字。」

　　河岸說：「對我們說出我們的名字！」「你們的名字是在水之家的廣大之手的滅絕者。」

此外，到達位於冥府的 Osiris 府邸之前，必須通過 21 座塔門、7 所宅邸與 15 處領土，而其中每一處所都有容貌奇形怪狀的門衛駐守，想要通過是極為困難的事。不過若預先知道怪物的名字以及暗語，便能輕易地穿越這些關卡。該書第 149、150 章的內容便是記載這類資料。

埃及人在木乃伊的祭儀中，都有一項教死人去陰間之後，如何呼吸的儀式，為的是使死者能保持元氣，留做馳向永生之用。他們將屍體製成木乃伊須取出內臟，但不能挖去心臟，這是供審判之用。因此木乃伊的心臟部位通常都會結著一塊寶石。

在《埃及死經》中可以看出古埃及人對冥王 Osiris 的崇拜，其中的〈奉獻 Osiris 的歌辭及連禱文〉裡有如下的記載：

> 起來吧！死者們都想要向您叩拜。他們吸收生命，然後當您登上地平面時，他們瞻仰您。他們因瞻仰您而感到心安。啊，您，永恆無疆者！

而該書堪稱壓卷的描述當是能夠順利進入 Osiris 領域之內的死者們的〈審判之章〉，其中在〈艾尼的紙草文書〉裡附加著「秤量死者心臟」的神秘景象，這是死者艾尼由他的妻子珠珠陪伴在 Osiris 廳堂上接受審判的場面。此時死者艾尼面對自己心臟所說的話極為有趣：

> 我的心臟、我的母親、我的心臟、我的出現，但願面臨審判的時候，絲毫不會出賣我，……更願在神祇之前，不會吐露任何中傷我的謊言。

秤盤的一端擺上心臟，另一端則放置輕質的羽毛。如果心臟坦白認罪，秤子立刻會傾斜，於是必定會被等候在審判官 Taut 背後的怪物所吞食。因此這時看到死者默禱：「我的心臟啊，在眾神之前不要口無遮攔出賣了我。」不是令人會心一笑嗎？秤子若未傾斜，Taut 便會判決：「他一點惡事也找不到。」於是死者便被引導到 Osiris 的神廟，接受神祇的祝福。

同樣的審判場面，比此記載得更為詳盡的是該書第 125 章那篇〈納布西尼的紙草文書〉：死者納布西尼站在 42 位審判的神祇之前，做了 42 項「無罪自白」，內容也極為有趣：

　　我不做不正當的行為，我不用暴力掠奪，我不曾犯上暴行，我不曾竊盜，我未殺害過男人或女人，我未曾偷斤減兩，我沒有偏善的行為，我未竊取神明之物，我未說過謊言，我未搬走別人的食物，我不說別人的壞話，我未曾攻訐過他人，我不殺害動物，我未讓田地荒廢，我不曾打壞主意，我不為反對而反對，我不做沒理由的讓步，我未曾玷汙別人的妻子，我不做骯髒的勾當，我未讓別人感到恐懼，我不曾冒瀆聖潔的季節或時候，我不曾氣得發狂，我沒有一次不傾聽正義與真理的話語，我不曾煽動別人爭鬥，我未讓任何人哭嚎過，我不從事不潔的性交，我不曾違背自己的良心，我不曾侮辱過別人，我未以暴力行動，我不做輕率的判斷，我不曾對神報復，我不曾饒舌搬弄是非，我不曾用虛偽的心態進行邪惡的行為，我不曾咒詛王上，我不曾弄髒飲水，我不驕傲自大，我不曾咒罵神明，我沒有傲慢無禮的行為，我不追求榮華顯達，我不用不當的手段來增加財富，我不曾內心輕侮神明。

　　在此不厭其煩地引述其中的內容，乃是因為 4 千年前死者的「否定告白」，到了現代也具有驚人的譏諷意味！因為根據這段自白，死者納布西尼似乎確實是位無可非議的優秀人物，然而他竟能將這些惡事娓娓動聽一一羅列唸出，不也讓人感到由衷佩服嗎？萬一我們必須在 Osiris 的廳堂進行「否定告白」時，由於沒有像他那樣能夠痛快否認的自信，因此心臟秤量之後肯定會被守候在旁的怪物吞吃了。這段敘述也讓我們發現，在埃及人的宗教思想裡完全看不到「內省」、「悔改」或「懺悔」等觀念。

　　他們在審判的場合，像某些國家的國會證言一般，連在眾神之前也發表長篇大論，鼓起三寸不爛之舌自我宣傳如何敬畏神祇、尊敬王上、賑濟窮苦，以及救助在尼羅河遇難船隻的人等等諸如此類的布施善事。而萬一由於某些證據暴露了自己的惡事時，也會認為隨身攜帶的護身符或神像等的法力會給以保祐而感到心情愉快。

　　在《埃及死經》裡，在 Osiris 的廳堂被判決有罪者便喪失復活再生的機會，立即被守候在 Taut 身後的怪物吞吃，除了這種罪報之外，尚未具備因其他某些因素而轉生的思想。事實上，天性樂觀的埃及人的思想是一旦在 Osiris 的審判廳「成為勝利者」，亦即被判無罪，便認為自己具有隨心所欲的轉生權利，似乎完全沒有因處罰而轉世為鳥、獸或螻蟻等的想法。

　　《埃及死經》從第 76 章〈讓自己變成自己所喜歡的任何形狀的人〉開始直到第 89 章，其中記載的祈禱文可說最能直截了當地表達了這種思想。這幾章的祈禱文有按照自己的喜好化身為黃金之鷹、蒼鷺、燕子等鳥類，或是化身為具有人類雙足而每日脫胎換骨的怪蛇沙特，更有轉世為克奴姆都城的聖鱷者。

　　品格高尚者的禱告詞則是希望轉生為蓮花，蓮花的花瓣在晨曦的照射下發出幽微的聲音而綻開，根據這種優雅的傳說，它還是與太陽有所關聯。尤其一提到蓮花，便立刻會讓我們聯想到佛教，但除了蓮花之外，古印度仍有很多習俗與埃及具有密切的關連性。另外最為理所當然的祈禱，便是想要回歸原來的人類肉體。其中也有厚顏無恥的希望變成王侯貴族這類主宰者，甚至還有彷彿患上狂妄症般的想成為太陽神的人。由於受到冥府之王 Osiris 隆重的祝福，所以必須說這類恬不知恥的話語。

　　不過，從其中轉生的對象大都為鳥類來看，一般認為明顯地與太陽崇拜有關。在某些時代，由於要盡可能讓死者靠近太陽神，所以將他們的屍骸放置在樹上成台上，這便是所謂的「樹上葬」或「台上葬」。看到啄食死屍的鳥兒飛翔到高空，便認為死者的靈魂化身為鳥兒正飛向太陽神的身邊。

　　至於蛇則是以兩條相互吞食對方尾巴的蛇來象徵太陽眩眼的光輝，所以是神聖之物；鱷魚在提比斯（Thebes）一帶被當成是太陽系中的索貝克神而受到尊崇。

　　《埃及死經》的另一章裡提及萬物的創造者，但唯一的上帝是與諸神全然不同的，神祇邀遊宇宙，扮演著建設與破壞的角色，祂們歷萬世而不朽，非常人之所能及；專橫的埃及貴族與諸神並列在聖殿上，同配享億載之壽，神祇賜他們永生。艾尼這位王室史官曾詢問諸神中的一位：「我還能活多久？」神回答說：「你要活上億萬年，億億萬萬年！」

　　Budge 在他的書裡有下列一段註釋：「無疑的，古埃及人始終堅信除了靈魂之外，人類尚有其他的形質，可以在死後復活。保存易腐的屍體，多少和期待來世再生有關，埃及人既然深信他們可以復活，那麼屍體的維護也就成了一件必須做的工作。倘若動機不是如此，則埃及葬儀禱文的意義，便不會極度艱澀難懂，自古流傳下來的把死人製成木乃伊的習俗，也就毫無意義。」

有些現代人認為靈魂不朽的觀念是迷信，然而愈來愈多的論證反駁了傳統基於方法學和理論上的理由，認為靈魂不滅的研究本身就不科學的說法，因為我們可以從正面邏輯來看靈魂不朽的觀念確實是屬於科學的。LeShan 與 Magenau 對科學的要旨強調以下幾點：

1. 研究領域需在經驗範圍內。
2. 必須選擇可觀察的變因。（需有可觀察的變因以茲觀察或參照）
3. 有些術語在程序上是藉其他術語來界定。
4. 不問「某物是什麼？」而問「某物如何發生作用，或此物與另一物如何發生關係？」
5. 可以預期互動（在有效控制變因之下）會有規律地發生。
6. 理論內部不應有矛盾，並在同一經驗範圍內也不應與其他理論矛盾。

這幾點顯然可以應用在靈魂學或靈魂不朽的研究上，其中最難決斷的似乎應屬第二點，也就是必須要有可觀察的變因，但這並不表示變因必須是公開的、肉眼可見的或必須是已為人知的；也不表示變因必須既已為人知又需是肉眼可見、公開的。因此臨終異象（近死經驗）就可以是這種科學的研究對象，就如同次原子粒子或夢之解析，在不追問具存有論性質的情況下，依舊可作為科學研究的對象。

第二節　《西藏度亡經》與輪迴轉世

《西藏生死書》曾經是臺灣相當轟動的一本奇書，生死學研究講題也因它而增添不少內涵。事實上《西藏生死書》是現代版的《西藏度亡經》，它以淺顯的文字說明佛教哲學以及對生死的看法，其中特別理論性地說明意識之超越死亡而永續存在的意義，和佛教根基中的輪迴思想，使認為科學萬能的現代人也能理解，同時也言及臨終的理想狀態。可謂是兼具理論與實踐的書。

享有國際聲譽的死亡學開拓者 E. Kubler-Rose 對輪迴轉世之說的信奉與宣揚，自然而然也就鼓動了敬慕她的無數讀者去翻閱《西藏度亡經》。

《西藏度亡經》藏文原名為 Bardo Thodol，即《中陰得度》。「中陰」

這名詞代表人離開人世之後，尚未投生之時段。該書傳說在八世紀時，由影響西藏佛教至深的蓮花生大士編纂而成。其最初譯本於 1927 年由已故西藏高僧達瓦桑杜喇嘛從藏文原本翻譯，並經美國 W. Y. Evans Wentz 博士整理編輯出版英譯本而成。

此書曾以英語、德語等多種西方文本出版，在歐美許多國家發行並多次再版，很受西方學術界重視。然而早在民國 72 年臺灣就有中文譯本《西藏度亡經》，可惜一直默默不爲多少人知，該書爲內容最完整詳實的一本，應該是臺灣了解生死不可或缺的重要圖書。直到《西藏生死書》轟動，國人才知道有此書。

美國 Evans Wentz 博士認爲本書不但要使東西方人民之間獲得了一種更佳的了解，同時還要糾正整個西方人士對於人類的根本問題「生死」缺乏正知、正見和不加聞問的態度。這也正是當代大多數國人所缺乏或視而不見的東西。

著名的西方心理學家榮格也對《西藏度亡經》讚賞有加，曾特地爲該書德文本的出版寫過一篇〈西藏度亡經的心理分析〉文章，他亦指出該書是爲死者或瀕臨死亡的人而寫的書，與《埃及死經》相似，都是用以指引死者處在中陰身（Bardo）的狀態時──亦即在介於死亡與再生的 49 天期間，如何自處的典籍。

Evan Wenz 的英文本序言說這本書所帶來的訊息是「死亡的藝術」不僅跟「生活的藝術」或「出生的藝術」同樣重要，而且是「活的藝術」或「生的藝術」的補充與圓成。生命的前途如何，也許全看我們對於死亡的控制是否適當而定。

徐進夫的譯本提到《西藏度亡經》所教示的是臨死之人如何面對死亡問題，不但應該精神鎮定、神志清明、英勇無畏，而且心智上要有適當的訓練和指導，心靈上要能超越，並且必要時肉體要能忍受痛苦和虛弱。

高文達喇嘛在第 1 章導言中說：「大凡熟知佛教哲理的人都會承認，生死的現象在任何一個人的生命中不只一次的發生著，換句話說，我們凡夫之人的生生死死從來不曾間斷過。當下在我們的身心之中時時刻刻也都有東西死去，時時刻刻都有東西再生。因此，種種不同的中陰，就代表我們生命的種種不一的意識境界。」

人有六種中陰:一、「生處中陰」(the skyesnas bardo)指清醒的意識狀態,即一個人出生到我們人間的平常意識;二、「夢裡中陰」(rmilam bardo)指夢樣的意識境界;三、「禪定中陰」(bsamgtan bardo)指禪那或出神的意識狀態;四、「臨終中陰」(hchhihha bardo)指經歷死亡時的意識狀態;五、「實相中陰」(chhosnyid bardo)指體驗實相時的意識狀態;六、「投生中陰」(scrid pa bardo)指再生時的意識狀態。

由以上六種可知西藏的「中陰」並非只是指死後的狀態,而是人一生的不同階段,因此可以理解「中陰」即為「生命階段」。因此「中陰得度」不僅適用於生命將終或死期甚近的人,而且也應該用於仍有多年肉身生活要過,且有生以來想要明白生而為人的意義的生命追求者。

《西藏度亡經》不僅是一部教化亡靈的經典,藉由親人的讀誦,使得身在中陰境中的亡靈解除種種中陰險難的恐怖,乃至證入不生不滅的法身境界或得報身佛果,以了生死輪迴之苦。但是對於在生之人也有正面的教育效果。近死經驗的報告只描述了死亡的前半段,畢竟他們未經歷真正的死亡。從《西藏度亡經》中我們可以了解到人死亡以後意識的變化,以及意識所可能面臨的各種幻境。

《西藏度亡經》由三部分組成:

第一部是初期中陰,即「臨終中陰」,描述死亡瞬間靈魂所經驗之事物。人從死亡的剎那到約 3 天半或 4 天的時間起,能知的意識通常都屬於一種睡眠或出神的狀態之中,不知已經脫離了人間的血肉之軀。對於遭逢意外事端而驟死的人,初期中陰的幻相最為嚴重。他們隱約知道自己好像死了,但是很迷惑已死的人為什麼可以這樣清楚地思考,一方面又迷戀原有的肉體,想要回去。初期中陰約持續 7 天,就是所謂的「頭七」。度亡經對於此時亡靈的迷惑,會做如下的提示:

尊貴的某某,在這三天半時間當中,你一直處於昏迷狀態之中,待你的神志一旦清醒之後,你會如此驚問:「發生了什麼事?」

如此一來,你就會認清你的中陰境相。那時候,整個輪迴的輪子即行轉動;那時候,你將見到的種種現象,將是種種光焰與諸部聖尊;那時候,整個天空將呈現一片深藍之色。

在初期與中期中陰之間是「色界」，自此以後，垂死之人的意識便以一種雙重的平行道路表現。一條是「涅槃道」，由王位報身攍佛及其放射出的佛界諸尊組成，包括安樂部與忿怒部的諸尊；另一條是「輪迴道」，由六界或六道組成，這六道與其後面的「涅槃道」有著相同的色彩，只是色澤較暗而已。這六道眾生即是世界生物的六種存在形態，多有其毒性或罪性。脫離了肉體的靈魂一方面接受諸佛聖尊的勸導而求解脫，另一方面則又受到六道眾生的誘惑，對塵世、肉身戀戀不捨。

第二部是中期中陰，即「實相中陰」，指的是死亡期間一種夢幻的狀態，這種狀態是因業力而生起的一種幻覺。初期中陰境相過後，神識由於覺知死亡已成事實而開始體驗中期中陰境相。這個境相是由其在世之時，肉身所作種種行為的業障造作而成的幻覺，並逐一在他面前出現。他過去所想及所做的一切，如今都成了客觀的顯示。從前用意識觀想而任其生根成長開花乃至結果的那些念頭，如今都以一種嚴肅而又強大的全景在他的眼前掠過。

在中期中陰階段，除非亡靈已有所悟，否則他多少會有些迷妄，總會眷戀他在世時的血肉之軀。儘管已經死去，但他仍有一副身體，跟他在世時的血肉之軀一樣。然而三、四天後進入中期階段後，一旦他明白實在已經沒有這樣一種肉身時，便生起強大的願望，想要擁有一個像以前的身軀。於是在發心尋求的同時，生死輪迴業力也就開始啟動了，在一旁高聲誦經正是要引導靈魂受諸佛牽引，尋得解脫。然而如果死者求生願望過於強烈，不聽勸導，便會在七七四十九天之後進入尋求投生的後期中陰境界，這時除了轉生人道之外，轉生其他任何一道都會使生命蒙受無限的牽延之苦。於是便進入尋求投生的後期中陰境界。

第三部是後期中陰，即「投生中陰」，描述想要再度轉世的本能衝動，以及誕生前的諸多事務。死後約 15 天便進入後期中陰階段，如果在此之前亡靈尚未得到解脫的話，就要尋求再生或投生了。這完全取決於亡靈生前的修行功夫以及情緣業力的牽引。如果他傾向於重新回到人間的肉身生活，這個時候，他的生前生活情形便顯得越來越模糊了。他的來生可能有某些預兆，在他最初動念的當兒顯示出來。此時亡靈在返回人間之前，可能遭遇的程序有下列三種：

1. 如果死者的業力將他導入地獄的話，他便在那裡以一種微妙的靈體接受

審判，而這種靈體雖不致受到毀壞，但卻可以使他感到無邊的痛苦。這種情形猶如常人做惡夢時，夢境中驚險恐怖，雖然醒來時，肉體完好如初，但餘悸猶存，夢中意識所遭受到的痛苦紮紮實實逼出了一身冷汗。

2. 死者也許進入天道或其他某一道，待善報或惡報終了時，便再重返人間，製造業果。

3. 死者也可能不經過其他的歷程，而直接重返人間。此時他便見到男女交配的幻象，接著死者終於出了中陰的夢幻世界，進入血肉之軀的子宮之中，再度回到人世經驗的清醒狀態。

　　進入投生的後期中陰，六道之光會在死者眼前顯現；暗白色的光，來自天道；暗綠色的光，來自阿修羅道；暗黃色的光，來自人道；暗藍色的光，來自畜生道；暗紅色的光，來自餓鬼道；霧煙色的光，來自地獄道。屆時，死者將受生前業力的牽引，投入其將投生的那一道光色之中。

　　但這時如果抵觸六道之光的誘惑，凝觀自己的護佑本尊，久久不捨，直到將護佑本尊觀得十分明顯而又虛妄不實，逐漸化成一片明空之境為止。然後讓自己置身那個明空之中，安住片刻，觀想護佑本尊不止，最後自己的識性從外而內逐漸化去，實現涅槃。

　　如果靈魂仍執迷不悟，那就只能選擇胎門投生了。此時，靈魂可發願所期望生成之人，如發願轉生而為人間之王，或出生於世系清白的家門之中等等。如此轉生之後，才會得有大福報。不過必須小心的是，由於業的關係，善胎可能顯出不善的樣子，而不善者卻顯出善胎的樣子，這時靈魂必須持不怒不喜、不偏不倚的態度，呼喚佛法世尊，請求指引，進入天道或人道之中。

　　處於中陰時會有種種光出現，如佛淨土的光或是六道的光，此時要安住在心性之中，心不可亂，不管何種音聲光色，都是心的投射，要維持此心不雜亂。看到佛柔和的光、慈悲的光，就和它融入而得到證悟，萬一你沒有辦法融入，就要注意六道的光。此外又有地獄、餓鬼、畜生下三道的光，都是比較暗淡，那時就不要進去，因為那時的光會有種種光的影像出現，也會有人道的影像出現，你想當人就進入人道的光，不想就不要進去。

　　榮格指出要特別值得注意的是：當乍入死亡之途時，常伴隨著崇高的景象及光明，而且可獲得最徹底的解放。其後「幻覺」開始，最後遂不免再入

肉體重生。此時，光輝次第減弱，而各種各樣的幻影卻日漸恐怖。由靈魂這種下降狀態，可以看出當它逐漸接近肉體的再度重生時，也就是意識日漸脫離自由自得的眞理之際。

這本經典的作用，乃是教誨死者行經種種虛妄混亂的階段時，能特別注意隨時都還殘留有獲得自由的可能性，而且也向他說明諸種幻影的性質。《中陰得度》的經典通常置放在遺體旁邊，並由喇嘛僧伽朗頌其經文。

《中陰得度》的起點即是起自此一偉大的心理學的眞理。這本書並不是爲埋葬的禮儀而作，而是用以引導死者，從死亡至重生這段期間共 49 天，中陰身會經歷形形色色、變幻不定的狀況，此書的目的即是用以引導死者此一時段的靈魂。

靈魂是超越時間永恆不滅的，東方的傳統也知這是一種不辯自明的事實。《中陰得度》就是在讓大家設身處地感受到死者的狀態。書中充滿叮嚀委婉，毫無劍拔弩張氣味的文字，如：

哦！尊貴的某某，諦聽！諦聽！你正在體驗清淨實相的光輝。你應加以體認。

尊貴的某某，你現前的智性，其性本空，無色無相，本來空寂，此即是其空實相，普賢法界體性。

你自己的這個智性，就是淨識本身，就是普賢玉佛。而所謂本空，並非空無之空，而是無有障礙，光明煥發，隨緣赴感，喜樂充滿的智性本身。

這裡體現的，就是徹底證悟的佛陀法身的狀態。如果借用心理學的語言表達，可以說：「所有形上學論述得以產生的根基乃是不可目識、不可捉摸的靈魂所展現的意識。而『空』乃是超越一切說明及一切陳述的狀態。」話雖如此，但靈魂之中卻潛藏萬象，一體瀰滿。因此經文接著談到：

你自己這個純淨意識光明晃耀、其性本空與光明大身不可分離。它既沒有生，也沒有死，此即是無量光——阿彌陀佛。

《中陰得度》使死者明瞭靈魂的重要價值，這是相當有意義的。在我們

日常生活中，總是沒辦法了解此事。因爲我們老是和事事物物推排衝撞，整日忙亂不堪，因此毫無機會從身歷其境的「給予的事實」當中，反省到這些事實到底是如何產生的。死亡可以使死者從這些「給予的事實」之世界獲得解放變爲自由。而本書教育的功能，也正是想幫助死者獲得解放。

Wentz 博士在序論處已說的很清楚，《中陰得度》此書是爲了遠至死亡彼岸實施咒術的「靈魂之醫療」而作的。此種死者儀式如從理性的觀點考慮的話，毋庸多言，它是對靈魂之超時間性（不滅）的一種信任；如從非理智的心情考量的話，則是生者心理有個要求，他對死者無論如何總要盡點心力。當面對親朋好友死亡時，再怎麼有教養的人士也難免有靈魂的要求，這是一種基本的需要。這也就是爲何不管有無經過啓蒙主義的洗禮，我們至今仍有形形色色的死亡儀式的原因所在。

《西藏度亡經》對於人死後到投生前所描述的中陰身階段，和本書下一章第 3 節西方的死後世界對於靈界的描述大同小異。史威登保在他的名著《靈界記聞》中提到精靈界的三種狀態：

第一狀態：初至精靈界仍然接近活人的狀態。常與夫妻、親子、好友見面，仍眷戀人世。

第二狀態：轉變爲靈的狀態，人性的靈性部分爲之開放，靈的個性逐漸顯現出來。

第三狀態：準備進入天界或地獄的最後階段。理解自己的靈性，選擇最適合自己的靈國。

我們可以發現史威登保所說的三個靈界的狀態和前、中、後三個中陰階段不謀而合。因此綜合東西方死後世界架構與東西方度亡經的內容，可以讓現代人好好思考「另個世界」（another world）的實存理論，以及輪迴轉世現象。

以佛教的唯識學來講，人死後剩下第八識阿賴耶識，第八識就在心輪附近找尋由我們身體某個地方離開，也就是體溫最後消失的地方。與耆那教、印度教一樣，佛教視死亡爲生命輪迴的一個階段，生生死死，直到人從輪迴的鏈條上解脫，達到涅槃永恆的極樂。

依據藏人的信仰，意識的鏈環並不會因死亡而斷裂，因爲這裡面有一種 phowal（奪舍），具有將意識投入另一形體的能力。而意識離開肉體時能否

保持清明，則可以決定靈魂的未來狀態。在氣息將停時，指示開始並將動脈加以壓制，這樣可使垂死之人以一種獲得正確指導而保持清明的意識。誦唸度亡經可以爲死者提供心靈的內容，使其得到善終，而稍後也可以得到良好的投生意識。

如果你對一個藏族人說，沒有死的人哪裡有資格談論死亡？既然不曾有過死而復活的人，又哪會有人知道死亡是什麼以及死後的情形如何？那麼他一定會回答你：「雖然確切地說，世上沒有一個人、沒有一個生物，曾經死而復活過，但我們每一個人在轉生此世之前，己不知死過多少次。人的所謂出生，只不過是死亡的反面而已，正如一道大門一樣，從門外看是入口，從門內看是出口。」西藏人可以說是世界上所有有民族中對死亡認識最深刻，也最爲灑脫的民族。

佛教認爲死亡並不是一種絕對的了結，而只是精神脫離粗陋的肉體而己，亦即精神進入了一種新的生命，而肉體則喪失其生命因素之後腐朽。四大宗教皆認爲在人的血肉之軀中有一種不因死亡而滅的要素，那是一種與生命心靈有關的要素，不管那是一種永久的實體還是自我，如婆羅門教的 A'tman、伊斯蘭教的 Ruh 以及基督教的 Soul，抑或只是一種以生命爲其功能的身與心的複雜作用，就如佛教徒所講的死亡不過是使「靈魂復合體」脫離肉體，就像受生使它具現肉身一樣。換句話說，死亡的本身只是進入另一種生命形態的開始，而不是生命的結束。

依照藏傳佛教的觀點，生命由一系列連續不斷的意識境界所構成。最初一個境界是「出生意識」，最後一個境界是「死亡意識」。介於這兩個境界之間由舊變新的一個境界叫做「中陰」或「中有」境界。這三種意識是在循環輪迴之中的，死亡是不滅生命新的形態形成的開始。中陰便是生命意識與肉體暫時分離的一段時間。在這段時間裡，意識必須爲其未來狀態做出選擇，是解脫涅槃還是重生爲人？

對於西藏人來說，靈魂與肉體的關係是顯而易見的，肉體不過只是靈魂選擇的暫時寄寓之所，死亡之後自然便會脫體而出，尋求新的歸宿。若作此觀，西方人視爲神秘之極的近死經驗在西藏人眼裡不過是理所當然、自然而然的事了。

《西藏度亡經》的作用便是指導人們如何認識死後之境中的種種虛幻之

像，拋離塵念、求得解脫。因此，該書已成爲現代生死學研究中具有經典意義的古籍。在西方，所有研究死亡的學者，都把它與《埃及死經》奉爲最重要的兩部經典，而《西藏度亡經》中關於中陰過程的描述，更是與現代的近死經驗研究所揭示的各種現象不謀而合，在世界各地被有關學者的研究中廣爲引用。因此《西藏度亡經》可以說是藏民族對現代人類最重要的貢獻之一。

第十二章 神話、宗教與死後世界

第一節 死後世界的主題考量

綜觀臺灣各級學校的生命教育、生死學及生死教育相關課程架構，可以發現絕大多數課程都完全不談死後世界主題。似乎只有作者曾在南華大學生死學研究所期間開過「生死超心理學」課程，介紹東西方的靈界架構，可以算是臺灣唯一的了。

所有與生死相關課程都不談死後世界，其原因可能有二，即「未知生、焉知死」與「怪力亂神」。尤其是後者「怪力亂神」四字，更是學術界視爲洪水猛獸的課題，卻只是駝鳥心態而已。我做過調查，現在市面上青少年對「死亡」最常問的三個問題是「我什麼時候會死？」「如何死？」「死後到那裡去？」，尤其是第三個問題更是好奇。

有關「死後到那裡」的問題的確不易回答，但不可避而不答，故作者主張在生死學課程中宜將各宗教、哲學對死後世界的看法作通盤介紹，讓青年學子能從不同角度認識死亡，一但遭逢生命困境時，其曾經對生死多元化的認知會幫助，青少年作較周延的考量。有關對死後世界之認知，甚至對中小學的學生亦應作不同深淺層次的介紹。

本書認爲談論死後世界不僅不是怪力亂神，也不是生死教育中可以避而不答的主題，反而是社會大眾極待了解的重要課題。

死後世界存不存在？如果不存在就應該不會有靈魂的存在，然而自古以來所有哲人都告訴我們，的確有靈界及靈魂。靈魂轉世或輪迴的概念古來即有，東方由印度教傳統文明衍生出來的各大宗教文化，對這個現象的深信不疑，固然早已是世人耳熟能詳的事實。即使在西方的傳統中，從上古及中古的畢達哥拉斯、柏拉圖、普羅提尼斯、俄利根，到現代的休謨、康德、斐希特、叔本華等哲人，也都注意到這個議題，並分別以不同的論述直接或間接的肯定此一現象的存在。

而在近代，西方靈魂學家近 50 多年來對瀕死病人、通靈者、夢境及靈魂離體人士做過多次有系統研究，而且超心理學已經被納入現代科學領域，生死學又是研究跨越生死兩界的新興學科，如果固守不化於傳統的科學觀，認為一定要有數據、能度量、可重複性等才可相信，那就很難進入真正生死學的領域。

我們應該以科學的精神而非科學的固圄，以更開放的心胸，把歸納很多人口述的個人經驗，也當成證據（西方人稱為「主體證據」）。當然，很多醫師或科學人士也許認為這些靈體現象只是精神上的一種幻覺，就如同人吃了迷幻藥一樣，但這方面有經驗的人都知道，靈魂可以知道很多不屬於他「個人」所知的東西，也可以看到很多「外界」的事情。

佛教人士也有很多由於因果及業障病被佛菩薩治好的實際經驗，這種事情絕不是當事人個人主觀的感覺。很多神佛的通靈人士，透過神佛的力量也可以知道很多外面或他人的事情，像這些「主體證據」相當多，可惜的是只信物質科學的人士卻主觀地加以排斥。所以生死學學者應該對靈魂的現象做更深入的探查與研究，甚至自己要研究催眠及禪定，才能更深入了解生命的真相。

死後世界又稱靈界，包括天界與陰界兩大處，又因宗教不同而有不同的名稱，天界又可稱為天堂、神佛界等等，陰界又可稱為陰間、地獄等等。由於這些名詞社會大眾都很熟悉，因此本書就混合使用，以便表達。

在臺灣的民俗信仰之中，對於天界和地獄的存在與描述，已經有著數千年的根深蒂固的印象與理解。多數人自幼就被薰染教導，對十殿閻羅、牛頭馬面、刀山劍樹等所謂十八層地獄，一般說來也都不陌生。

事實上這種「地獄」的觀念是佛教傳入中國時順道帶進來的。經過了歷代的增添附會，演變成現今的說法。如今在民俗信仰、道教、神壇、儒宗神教、通俗佛教中，都存有著大同小異的地獄觀，直接構成了許多人對死後世界的認知。

這些傳統觀念，也已經相當強烈的影響到基督徒對中文聖經中也被譯為「地獄」這個名詞，以及基督信仰對人們死後生命之去處的理解，感受與認知。但事實上聖經中所說的「地獄」，和我們傳統相信（以為）的地獄相當不同。當然，西方宗教的「天堂」也和東方的「天界」相當不同。

第二節　宗教與科學的看法

　　長久以來，宗教界與臺灣科學界對死後世界（俗稱靈界）的看法是完全背道而馳的，由於宗教經典有相當多的靈界記載，對「信仰宗教」的人士而言，靈界並非神秘不可碰觸的。然而對「信仰科學」的人士而言，靈界是絕對不可公開談論的。

　　作者認識不少信仰科學的人士，他們私底下相信風水、命理等神秘傳統文化，卻交代在公開場合不要與他談風水及命理，深怕科學界同行認為他是怪力亂神。對於靈界現象，表面上是視如洪水猛獸，但是私底下卻相信。此種表裡不一的現象，在臺灣科學界是相當普遍的，卻也顯示出臺灣科學界的固囿與心口不一無知，實在令人感到悲哀。

　　中華佛學研究所的釋惠敏法師認為，很多宗教都肯定靈魂的存在，從世俗的觀點來看，人的死亡即意味著靈魂的脫離。不過以佛教的精神，事實上不鼓勵世間人藉特殊方式與靈魂溝通。世間人應該關心行為，而非靈魂，人間禍福在於自身善惡行為，多造善業，自然趨吉避凶。

　　佛教的發源地為印度，在印度的思想體系中，對靈魂的看法分為兩派，一派是根本否定靈魂的存在，也就是所謂的「斷滅論」，他們認為生命就是肉體，由於他們否定因果，因此主張生命應即時行樂，演變成縱慾派的主流；另一派則肯定有靈魂的存在。

　　佛教對靈魂的定義，主要是來解釋輪迴的觀念，由於生命本質的無常相續，人死後不一定會永遠以靈魂狀態存在，也不一定會變成鬼，從六道輪迴的觀念基礎解釋，人死後的靈魂在尚未投胎輪迴前，會以游離狀態呈現，造業太多的可能淪為惡鬼道，而一旦投胎輪迴後，其靈魂也不太可能藉靈媒就可召之就來的。

　　佛家對鬼神的看法也主張敬鬼神而遠之，所謂請神容易送神難，即使誤信神棍之言，亦不必懼怕，雖然接觸怪力亂神極具危險性，然而如果自身充滿對正道的自信心，所謂一正破九邪，任何邪災也無法脅迫，畢竟從現實的身心去解決現實的問題，才是正確健康的觀念。

　　李豐楙教授認為有關靈或靈魂的諸多問題，在西方學界是經歷不同階

段,才從哲學上的主觀方法,逐漸轉變爲科學的客觀研究,其中宗教心理學也在仿效自然科學,講求科學方法的大趨勢下,將現有的科學知識及實證方法,試圖引進靈魂的研究領域中。

在臺灣由於宗教學的研究起步較遲,除了需大力引介這些研究成果外,應該如何進一步思考自己的靈魂現象?恐怕是當前首要面對的根本問題。就如同西方的靈魂研究,直至近代引入西方的科學新知以前,對於這一關鍵問題,通常知識分子多採取哲學的方法,試圖表明其宗教心態,這一問題主要是圍繞著兩大要點:一是靈魂是否存在?二是靈魂所往的靈界是否眞實?

《論語》記載「子不語怪力亂神」,只說「子不語」,並不是說「子不信」,可見儒家對於靈魂現象比較偏於淡漠的態度,面對廣大民眾的信仰,基於不可證驗性而審愼地採取「罕言」或「不語」的方式,不過也說「敬鬼神而遠之」,可見儒家也未否定靈魂的存在。不過相當多的人就拿「怪力亂神」四字來否定靈異現象,心態上就是不對的。

宗教信仰是一個整體的教義體系,靈魂即爲其核心問題,就複雜地涉及道教、中國宗教的宇宙論模式,這是一個多元、多重的宇宙,生命被認爲以不同的方式存在。此界(人間)的生命是有限世界的眞實,而他界(靈界)則是生命進入另一種狀態的終極眞實。

宗教與科學、靈學與科學,到底是相衝突的學門,抑是可以互相提醒,共同關注人生中的重要課題?

臺灣大學苑舉正教授認爲「靈魂不滅」自古以來一直是一個非常受到注意的議題,因爲一般人不能接受人死後即化爲塵土的這種唯物思想,所以自然會提出一套說法,認爲人的死後,雖不再以肉體的方式存在,但是心靈(或者逕說「靈魂」)的存在,是不容置疑的。「靈魂不滅」這一個概念不在是一個哲學的或是一個神學的概念,而只是一個單純的理解,認爲人在死亡之後,肉體活動的終結並不因此而代表靈魂活動的終結,但是「靈魂活動」的延續,並不因此包含因爲宗教教義所談的「圓滿」,或是「永生」之類的概念。

苑舉正之所以提出如「不容置疑」這種強烈的字眼,是因爲許多人雖然不能以「科學」的角度來證明人死後卻有其延續靈魂的方式,但是因爲某種

「自然心理」與「傳統」的緣故，一般人依然傾向於接受「寧信其有，不信其無」的觀念。在這種態度之下，「靈魂不滅」雖然是無法被證實的觀念，但是依然為人所深信不疑，卻也為它的存在方式增添了宗教色彩。這也是為什麼今天我們只有在宗教的範疇（一個比較廣義的定義）內，才會比較安心地談論「靈魂不滅」，而在追求「知識」（由官方依照科學標準所定義的正統知識）的環境中（諸如學校、研究機構、政府單位等），是不能輕言「靈魂不滅」的。

　　本書認為研究死後世界（靈界）現象不僅是生死學的重要課題，也是解答人類數千年來「生命問題」的最佳方法，唯有用現代科學的理論與方法結合宗教的傳統說法，才有可能在廿一世紀為人類新開一扇學術之窗。

第三節　西方的死後世界

一、西歐史上最偉大的靈界記聞者

　　要談西方的靈界架構一定不可不談 E. Swedenborg（史威登保），而且也只有他留下來的龐大靈界記聞資料足讓學術界研究。因為赫赫有名的德國哲學家康德也對他的神妙能力大表驚異，認為史威登保是：「一個理性、討人喜歡且坦誠的人……歷史上從沒有過這樣的人物，而且將來也不可能再出現，他的奇妙能力，實在太令人驚異了。」美國詩人布朗尼克、日本禪學家鈴木大拙也都對他的著作給予很高的評價。

　　據大美百科全書所言，史威登保完成大學業後，曾擔任瑞典國家礦物局工程師，到 32 歲被詮敘為貴族之後，就活躍於政界，擔任參議院議員。另一方面，在科學、數學、發明方面也留下極多的成就。爾後還到英國研習物理和天文學，也到過荷蘭、法國和德國，他也喜歡機械，曾學習製錶、書籍裝釘、雕刻術和鏡片研磨等。後又研究宇宙論、數學、解剖學、經濟學、冶金學、地質學和化學。在 1745 年，他開始進入靈異經驗，他相信上帝賦予他向世人揭示真相的任務，從此便專心宣揚靈界見聞，在 1749 年至 56 年間，共寫了八大冊數千頁的《靈界記聞》，在 1758 年出版《天堂與地獄》。

　　這位被康德稱奇的史威登保，在後半生 30 年間所經歷之靈界事物，被

譽爲「西歐歷史上最偉大、最不可思議的人物」，他所著的《靈界記聞》至今被愼重的保存在倫敦大英博物館內。而據史威登保所言：

全部都是自己進入靈界的所見所聞，或是與靈交往所得來的知識。

二十多年來，我將肉體留在世上，化成靈進入死後世界，即靈的世界，而且在那兒見識到很多事情。

我經歷的是世人所罕見的，所以會有很多人不肯相信，但我具有絕對的自信，自信人們讀了本書之後，會相信所言一切均爲事實。而且，每個人，甚至靈，是永遠存在的，總有一天，他們也會發現除了我們人的世界以外，還有靈界的存在。

史威登保的學術成就遠遠超過他那個時代的水準，現舉一例就足以說明：他在 1772 年逝於倫敦，葬於市郊。死後 140 年，即 1908 年瑞典學士院請國王派艦隊將這位偉人的遺骸運回其祖國，這是史無前例的事，由此可以體會，史威登保在瑞典人的心目中地位的崇高了。

1910 年在倫敦召開國際史威登保會議，有全球 400 位學者及宗教家出席，分成 20 個專門部門，以二十世紀的學術水準來檢討史威登保在十八世紀提出的學術，可見他在學術上的偉大高超了。

事實上，史威登保的偉大應該超過文藝復興時代的達文西，然而其名聲不如達文西，一方面是達文西有留下令人容易欣賞的繪畫，二方面是史威登保的書籍太過龐大而且深奧，更重要一點是書中所言大大超過人類所知，到現在 250 年過去了，他書中的描述仍在被研究，而且還未完全被理解。

對於這樣一位西歐學術界巨人的話語，我們應該如何看待？說他是怪力亂神？或應該重新思考若干人的偏執想法？臺灣對史威登保相當陌生，本書就以其靈界記聞做爲西方死後世界的內容，不過由於相當龐雜，只就他的重要記聞和理念，用第一人稱直述（下節起文字間的「我」是史威登保）的方式做重點摘述。

二、到靈界之間的過程

在靈界，靈與靈之間的思想是可以自由自在的溝通，任何一個靈都可以讓其他的靈知道自己所想的事，而且不受距離的限制，完全不妨礙思想的溝通。只是，這一定要在靈與靈同類之間才能進行，靈與人之間是無法進行的，只有在人瞬間死亡（不自主）時才會和靈溝通。

靈界就緊緊和陽界在一起，它們是實在的，靈界與人界是難以分割的，就如同一枚錢幣的表裡一般，緊密地結合在一起。

人並不是靠肉體就可以組成，而是由比肉體更深刻、更本質的靈，和作為工具的肉體所組成。可是，在肉體內的靈，由於受到肉體桎梏的束縛，無法完全顯露靈的本性。

我是靠本身的念力使我的靈脫離我的肉體，才得以進入靈界和靈群交往。可是，在同時我也的確是具有肉體的人，不過就好像人看不到靈一樣，靈群們也無法看到我的肉體，他們只看到我的靈。

在靈脫離肉體之時，肉體的一切感覺會遲鈍消失，但靈的感覺會清醒起來，比肉體要靈敏數十倍乃至上百倍，然而此刻的肉體是失去意識了，也就是處於「入定」狀態，若是以醫學觀點言，是死亡狀態。

靈在脫離肉體後，不能離開太遠，我的靈可以在 20 公尺的低空往下看，看到自己的肉體。此時任何人來看我的肉體，一定會認為是一具屍體。

再進一步，我的靈便幾乎不再意識到自己的肉體，而完全脫離肉體，自由出入靈界，和眾多靈群交往。

當一個人死亡之時，會有來自靈界的「引導靈」出現，從死者肉體中覺醒的靈尚非正式靈界的靈，應該稱為精靈（spirit），能力並非很強，所以要靠引導靈協助，進入靈界。

在靈界中，有無數的靈魂團體，所有的靈群們都在最適合自己的團體裡過生活。因此引導靈藉思想溝通，確認精靈是否具有和引導靈隸屬同一個團體的性質。如果引導靈認為死者精靈和自己有同一團體的性質，便會引導先進入精靈界。若不相同，便放下靈而自行離去，讓其後不斷出現的引導靈來認領，一直到找到合適的團體為止。

沒有學過靈界語言的人，如何和靈相溝通呢？其實，只要成為靈，內心

所想的自然就會成爲一種語言形式顯現出來，讓對方了解。

　　死者的靈（精靈）在前往永生的靈界之前，先被引導至精靈界，在此過程中，一邊出發一邊談話，會看到河流、葡萄園、牧場、農場、房舍、山丘、城堡等。也會看到很多人，但是這個景像是精靈所看到的，是人間景象，事實上，引導靈看不到，他看到的景像是人間沒有的、不同的。因爲他們處在不同的空間裡，所以映入眼裡的也不同。

　　人死後不能立刻變成靈，要先成爲精靈進入精靈界，然後再離開精靈界進入靈界。因此精靈界介於人界和靈界之間，是存在的。

　　精靈界有多大？由於太大了，所以我也搞不清楚。精靈界的四周都是巨大岩石、冰原、冰山，它被包圍在擁有連綿不斷的山峰的大山脈之中。在巨大山脈之中，有從精靈界通往靈界的道路，然而精靈們修持不夠，還看不到，只有在轉往靈界時，眼睛才看得到此一通路。因此，精靈並不知道有靈界的存在，他們和世間的人認爲人世就是整個世界的想法一樣，精靈們也把精靈界當做整個世界而生活。

　　精靈界中精靈的意識和人世間沒多大差別，因此有不少精靈和人一樣，有著自己還是一位活人的錯覺。雖然引導靈會告知已進入精靈界，但常會忘記。精靈界和人間很相像，因此從靈界來的高級指導靈會開導他們：「不要忘了你已成爲精靈，你之死只是肉體人之死，可是肉體人之死，卻是精靈之生，所以你死了是事實，你活著也是事實，你現在是成爲精靈而活，不是肉體而活。」

　　不過許多人因在世間時沒有聽過這些事，或不相信靈界的存在，對這種說法表示驚異，他們認爲人的肉體死亡就代表一切終止。可是事實上，卻以精靈方式活著，一時難以想像，心頭會一片混亂。精靈們在精靈界過日子，逐漸體會此種事實，而且確信有精靈生涯。

　　在此，我想奉獻世間的學者或宗教界人士一些逆耳忠言。初入精靈界的精靈，爲何會認爲死了是那麼驚怕恐怖？這是因爲世間一些自稱學者或宗教界人士，從來沒有教過人們，有關人的本體以及靈界的事，或是曾灌輸錯誤思想所致。這些學者及宗教界人士只看到所謂自然界、物質界的東西，只用物質界的思考方法來思考，一意斷言在物質界中看不到的東西全都不存在，以此種思考模式來教導世間人類，完全否定靈界，這種思想太膚淺了。

　　有些人在世時是不幸遇到意外災難，而全家一起進入精靈界的，因此他們還是會聚在一起，成為精靈界家庭。此時，相貌和在世時一樣，但在精靈界過久了，每個人的臉會起變化，家庭也會隨此變化而各自分散，去各自隸屬的團體，這是很正常的事，不要以為又要分離而悲傷。

　　在精靈界「畢業」的精靈，都會再到最適合自己本性的靈界團體去，然後過著永生。靈界中有著適應各種性格的靈的團體，雖然在世時是同一家庭，在精靈界也可能在一起，但到了靈界，就會隸屬不同團體，而從此永不相見。

　　如果以世間的人情來看此事，有不少人認為這樣很不通情理，很悲慘。但是，這是靈界的正常現象，不能以人間標準來衡量，應該以人與靈本來就不同的觀點來看。

　　人本來就是由屬靈界的靈，和屬人界的肉體所組成，而人心本性、心中最內在層面、真正的智慧、理智、知性，讓人發自心底的思維等，都是屬靈的領域。肉體的眼耳舌鼻體的各種感覺、表面的感覺，則屬物質界的領域。

　　人的肉體死亡時，靈就會回到原來的地方，必須將物質界的一切全部拋棄，而成為原本的靈。人活在世間時，會受到外在像網似的對道德、法律、禮儀以及人的顧慮、習慣、計畫、工作、事業、家庭等一切束縛。但是在靈界，這一切全是多餘的，不必要的，因此在精靈界階段，還會有人世間的想法。久而久之，體會這些束縛的東西沒有了，回歸本性的靈的真正形相出現了，所以容貌不再相似，將進一步去到所屬的不同靈團。

　　每個精靈要進入靈界之時，所經歷的景像大致相同，只是細節不同。首先，靈界是以靈界的太陽為基礎所架構的永恆世界，這和人界一樣也有個物質界的太陽。靈界的太陽對整個靈界散發出人界太陽所沒有的，稱為「靈流」的能量。

　　靈界的太陽是實在的，但靈界的其他景像卻是由心所造，你在不知不覺中希望看到山，就會有山出現，想著什麼動物，就會出現該動物形象，靈界和世間最大不同是靈界屬於「象徵」世界。

三、三層靈界的一切

靈界是什麼樣的世界？當我進入靈界時，一個靈帶著站在靈界的高山之頂觀看：這的確是壯觀的景象，在我左邊的遠方，連綿聳立擎天的冰山，遮住了視野，這些群山的高度和長度，具有超越想像的巨大與莊嚴，其距離似乎要比人世間天上的星星還要遠。

連綿的群峰由視界左方延伸到中央正對面處，從這山脈的終端起，更遠之處，開展的是一大片蔚藍的海，其廣闊不知延伸到何處。在海的右側，好像是一片廣大的沙漠，沙漠中有一大堆各式各樣的岩山，一直延伸到我的視界右方，然後又是一些高聳入雲的山峰。這些山峰和人世間的一樣也生長草木，呈現一片綠色。

在這些遠方景色之前，也就是我和景物之間，遠遠近近，有許多靈群居住的地方，也就是靈群的世界。

在這世界裡，有河流、有丘陵、有草原、有溪谷，有紅土區也有樹木繁茂區，有街道和村莊，可以看到許多靈在活動。那個帶我來的靈告訴我，靈和人一樣也有身體，只是靈界不是人的物質界，所以靈體和人的肉體不同。

許多人以為靈應該像空氣或精氣，這是錯的，靈也有相當於人的肉體的五種感覺，也是用口舌來說話。但靈另外具備了靈的感覺和靈的能力，這是人所沒有的，也是人無法想像的。

他帶我到五、六個靈的聚集處參觀，好像是他們的市街，看起來和人的市街一樣，只是有些不同。那是一個村子或一個市街，全用相同的材料建築的，而且建物形狀也相同，同一個市街的靈的容貌和性格也較相近，全都有相同的特徵。而且同一市街或村子的靈與靈之間，看起來樣子較親密，和別市街的靈就沒那麼親密了。

每一個市街和村子都是圓形的，中央處住著似乎最權威的靈，然後向外擴大，似乎愈往外的靈愈劣一點。帶領我的靈告訴我，靈界有無數個團體，他們都以一個中心圓的村落方式共同生活著，靈界團體的數目恐怕有數千億或更多，他們之所以會有這麼多團體，是因為人們化為靈之後，必須毫不虛偽地回復原來的靈性，才能永生下去，只有本來性格相合的靈才能在一起組織團體，才能在一起生活，所以為了適應性格的複雜性，才會有無數的

團體。靈群住處之所以呈圓形，是爲了表現靈界秩序，住在中心的稱爲中心靈，是唯一具有維持團體秩序的權威人士。

靈界有三個世界，稱爲上中下三世界，三個世界都很相似，住在三個世界中的依靈主要是依靈的人性高下加以區分：位在上靈界的靈，心靈最開敞，靈格最高，中靈界其次，下靈界又比中靈界稍差。

那個靈帶我到上靈界，看到一個大宮殿和四周圍繞的街道。這個宮殿無法用人界的話來形容，眞是壯大瑰麗之極，屋頂好像用黃金所舖成，牆壁和地板好像用各種寶石作成的，宮殿內部各房間各走廊，都是華麗莊嚴得無法形容。

宮殿的旁側還建了一個庭院，栽著像銀般的樹，結著像黃金般的果子，美麗的花朵令人心曠神怡、全身舒暢。宮殿四周住著靈群，不同街道有各式各樣美麗建築，好像大都市一樣，非常美麗。靈群的衣服也是白得會閃耀。整個四周充滿光明，靈群上發著無比幸福的光輝，眼中蘊含高度性與覺悟的光芒。

上靈界是一個美麗且充滿覺悟與光輝的世界。上靈界的靈就這樣永生著，他們可以說是在天國的幸福中過日子。

但中靈界和下靈界就稍差了，沒有上靈界那樣美麗莊嚴的宮殿、街道、房舍，一切也沒有如此光輝，從太陽來的靈流也沒有上靈界亮。上中下三層靈界是以空氣薄幕般的東西分隔著，不同靈界的靈群不相往來。

靈界太陽是靈群的一切基礎，太陽對靈有如神一般，一切有生命的東西是賴著與生命的原始相連才會有生命，生命也才能持續下去，不和原始相連就沒有了生命，靈界的一切靈，都與太陽相連繫，所以才能永生。

因爲有靈流，所以靈界才和人界的性質完全不同。靈流有二種，即「直接靈流」和「間接靈流」，前者是由太陽發出，直接注入各靈界、各靈團、各靈者，成爲靈能力的基礎。後者是從太陽發出後，經上中下靈界三層分佈，而各世界的靈會匯合且吸收直接靈流與間接靈流。

間接靈流是維繫不同靈界、不同靈團及各個靈的要素或看不見的約束力，有它才有靈界秩序，否則靈界會四分五裂、各自分解，而無法有秩序的存在。

而靈與靈之間想進行溝通時，只要想一想對方的臉，就可以使那個靈呈

現出來，溝通時問話會化成臉上表情，以及頭上的「相」，讓對方一眼就看出來，回答時也一樣，化成相就可以了。

　　靈的思想是可以無限延伸的，在視界終點擋住視界的山峰或森林，只要靈的內心要越過，便可以使阻擋的景物變成半透明及至透明，而使視線再往前看到新景物。當此地的靈和極遠的靈思想溝通上了之後，互相傳送著各式各樣的信息，一切的阻礙都沒有了。但當溝通結束後，視線盡頭又出現當初阻擋的森林或山丘景物。

　　人不能透過牆那邊的景物，不能感覺到無形自由，不能不用耳朵才能聽聲音，也不能將他人內心所想化成相。但對靈來說，這是很容易辦到的，他可以使用靈才有的內視力或內聽力來完成這些事，這種方式是要靠靈流，因為整個靈界都沈浸在靈流之中，所有影像都可以乘著靈流送到每個角落，所以可稱之為無所不能。

　　人死後成為靈，但在靈界並沒有決定靈格高低的基準，因為靈是根本的、是人真正的性格和心格，是恢復本來的真面目，要在靈界永生的。但是若在人界對某件事太過固執，成為靈之後仍無法消除此種世間的外在條件，仍然以為活在世間，就會被其他的靈當作怪人而輕視。

　　因此，心地純真的人，到了靈界之後較容易覺悟，成為具有優越智慧和理性的靈，得以前往上靈界。反而是在人世時有過度執著的人，當他到靈界後，反而無法回復靈的本性和知性，而成為下靈界的靈。

　　靈界也有結婚之事，這是世間人類所無法想像的吧！靈界結婚和人界一樣，是在男女靈之間進行，當然也有和人界不同之處。靈界結婚只有在靈的親近感、親和感到達絕對的極致下才會進行，不會像人間有一大堆要考慮的因素。由於靈都回復本來面目，所以同一靈團體的靈才有可能結婚，不同的靈團體之間是不會有婚事的。

　　男靈較理性知性，女靈較情感豐富。當靈結婚後，男靈的理性知性會流入女靈，女靈的情感會流入男靈，而合成一個完整的靈格。此種靈格較各別的男女靈要更優越，因此，結婚的男女靈的幸福感和靈能力都更強，這些也是靈界所追求的最高境界。

　　靈界婚禮時，同一團體的靈都會聚在一起，舉行宴會，此時在靈群上空可以看到美麗的少女，閃爍著光芒，象徵靈界結婚最高幸福。

　　和人間不同的是結婚後的靈在靈界是被當做一個，而不再是兩個，男女靈的身體也完全合一，成為一個完全的靈，顯示靈心合一的境界。由於靈界結婚沒有肉體的結合，所以沒有繁衍子孫的目的，其目的在於二個靈的覺悟、幸福、理性、能力等的提高。

　　在上靈界生活的高級靈群，如果有人（靈）達到特別高的境界，此時太陽就會從胸口高度上升到中天高度，同時間周圍會出現圓輪狀的雲，在太陽表面飛舞，而後雲會變成數個靈的形相，在太陽周圍井然有序的迴轉，太陽光芒會大增，比平時增亮數十倍乃至數百倍，光芒中還會呈現金黃和銀白的光條，將整個美麗光芒灑遍靈界，而在太陽周圍迴繞的靈群穿著雪白的衣服，閃爍著光輝，呈現世人無法形容的至福光芒表情，這就是千年一次的「天人之舞」。

　　整個靈界比平常明亮數十數百倍，所有的靈都同樣沐浴在「天人」的幸福感之中。這是全靈界慶祝「新天人」誕生的光輝儀式，「天人」其實就是上靈界中得道的高級靈。

　　三個不同層次的靈界是各自隔開的，間接靈流從上靈界流到中靈界再流到下靈界，順序減弱，而上中下三個靈界的靈為了吸收靈流，都只打開適合自己吸收的心靈之窗。所以，萬一有下靈界的靈進到中靈界，就無法吸收中靈界的靈流，他會感到痛苦且周圍太明亮刺眼。

　　靈進入其他靈的世界，會產生視力、判斷事物的能力、理性、知性都混亂的感覺，不但自己痛苦，同時也常給其他靈群帶來痛苦，所以在上中下三層靈界之間，是不允許有交流及溝通情形的。

　　但同一靈界之間，各團體是可以自由溝通和交流的，但是不同團體卻是很少交流的，因為各團體的能量頻率不同，相互間會產生干擾的不適感。

　　在靈界的陰暗部分，山洞裡或巨石下，經常有「凶靈」的大靈群聚居著，因此「善靈」和「凶靈」間就會有爭鬥之事發生。凶靈們一有機會就會想破壞善靈居住的靈界，並想消滅這個世界，而善靈為了保衛家園，就會連合起來對抗凶靈。方法是靈界團體的中心點，將太陽靈流聚焦在兩眼，向著洞穴及岩石的山脈放出強能，使山脈各處崩塌，巨石滾滾落下，將凶靈壓死。

　　靈界的一切似乎都是永恆的，而且似乎從太古時代就如此存在，換言

之，靈界是沒有時間觀念的，一切事物宛如在永遠之中，靈界事實上已超越了時間，是一個沒有時間的世界，而且也沒有空間觀念。

靈群團認為其生命是永恆的，所以沒有時間觀念，另外還有更大的理由，就是他們的太陽是不動的，永遠存在天空一角。另外靈群無論在何處，當他們想到別處時，不管有多遠，只要念頭一動，就即刻到達該處，因此，靈群就沒有時間和空間觀念。

四、陰陽界的真相

當我們徹底了解死後世界（靈界、精靈界、鬼界、陰界等）的實存之後，就能夠體悟陰界和陽界（人界、世間、凡間等）的共存並存本質，也就容易明瞭這兩界的溝通不是不可能的。

我也曾去拜訪太古靈，他們告訴我靈界和人界的關係，在古代最緊密，隨著時代演變，就逐漸疏遠，現在已宛如陌路了。而且，人界都沒注意到靈界的存在。人的靈覺醒度愈來愈低。

內心坦率純真的太古人，能直接和靈結合，表示人的最原始形態應該是靈。而後，因時代變遷，人們傾向物質、名譽、謀略、科學等外在事物的追尋，以致失去與靈溝通的因緣，人類就逐漸迷路而偏離正道。現代人亦指能力極有限的人，即使可以與靈溝通，卻非和真正的靈交流，而是和還沒變成真正靈之前的精靈交流，然而與精靈對話會使對話的人產生危險，甚至喪失生命。

因為精靈界中有不少凶靈，而且精靈還留有不少在世時的記憶，總是會影響到在世人的生活，甚至有些精靈會在人死亡時，藉著思想交流，成功的流入亡者肉體，占據此人的肉體。

精靈和人對話的情形和靈有點不同，其前兆是感覺好像自己體內有自己所想的東西一般，這顯示精靈的思想已流入這人的內心深處，漸漸要開始往自然思想（人的一般思想）中滲透。

現代人「開天眼」的程度和太古黃金時代不同，太古時代可以開到靈界，現代人只能開到精靈界。所以人與精靈的溝通會有不少後遺症，像是誤認為精靈就是靈，將低級靈當做高級靈，或以為全部的靈都是聖靈，或是肉

體被精靈入侵，變成精神分裂症等等。

　　然而，一般人無法區分靈、精靈，也無法知曉靈界的情形，以爲靈界是在另一個地方。靈界是廣大無邊的，比物質宇宙還大，其關係宛如錢幣的表裡，是不可分的。或是說，物質界像個浮在靈界中的皮球，整個靈界也穿透皮球，皮球事實上是個靈界與物質界並存的世界。

　　此種觀念很難令人相信，也很難理解。因爲人總是以人世的自然界、物質界的習慣來思考。事實上，靈界與人界不過是一個世界的兩個部分，靈界和人界有其相應的因素存在，也就是說，除了靈界不具物質的形相之外，人界所有的一切，靈界都存在著與之對應的東西，甚至還存在人界所沒有的。

　　靈界和人界其實是一個世界而不是兩個不同世界，它是一個大世界的相異部分，由於靈和人都生存在相異的部分中，所以就讓靈和人覺得是完全不同的兩個世界。

　　人界是靈界的終點，靈界的靈流也要靠人的肉體作爲靈流的終點，這個終點就是在物質界。因此，靈界太陽靈流一直在宇宙中流下去，直到物質界的人體才結束旅程。

　　由以上說明，可以很明白覺悟到靈界和人界其實是一個世界的相異部分而已，而分畫這兩個相異部分的是以人的肉體死亡爲界。人死亡前是在此大世界的甲部分，人死亡後是到此大世界的乙部分，世間的人類由於不曉得靈界的存在，就把死亡看得很嚴重。

　　靈界和人界既然是一個世界的兩部分，其實就會有互補的關係。前述說過靈界結婚並不是以繁衍子孫爲目的，而是結合男女靈，達到增進幸福、理性、智慧的目的。而人界結婚是以繁衍子孫爲目的，因爲靈界不能做到增加未來靈的任務，所以人界就擔任增加人類使之將來成爲靈的任務。而靈界則依肉體內的靈將靈流注入人體，使人的生命持續下去。這是陰陽兩界間的分工合作。

　　既然了解靈界和人界是一個世界的兩個部分，那麼人間看到幽靈、奇怪的夢、白天幻覺、收到親人死訊等所有怪異現象，就能夠完全明白了。也就是說，當時你是處在兩界的分界線上，一瞬間你是進入靈界中，而在人界的肉體會覺得記憶空白和恍惚。

　　對靈而言，他們沒有分界線，因爲整個世界是靈界，物質界不過是大靈

界中一個重疊物質的皮球而已，而這個皮球則是浸沈在靈界之中的。人類不很了解靈界，是因為受制於肉體存在的人，受制於自然界物質界的智慧所造成的，但這也有其意義，因為若是全部的人都眞正覺悟到靈界的存在，以及其永恆性的話，恐怕很多人都不要這個肉體的生命了，自己了斷自己以便早日進到靈界，就會造成靈界與人界的不平衡。

自然界為了使人類保全自然界的生命，而用不可思議的智慧，將靈界的存在及永恆性隱瞞起來，直到人死之時，才會知曉。

由此，我們可以知曉西方靈界架構為三界，即最高是靈界、其次是精靈界、再來是人界（物質界）。而一般都將靈界與精靈界混合，簡單的視為死後世界，以對比人間世界。

第四節　東方的死後世界

一、佛說三界

東方的死後世界探討，本書採取佛經的說法，因為佛陀在《華嚴經》、《阿含經》、《楞嚴經》、《四天王經》等佛經裡，都用不同的方法和方式，詳細述說所有天界的狀況。不過由於佛經太過浩瀚，各處所講又有一些差異，因此要讓一般人明白佛陀所說的完整的宇宙各界，也實在是浩大的工程，幸好有數位佛教先哲及法師曾用不少時間將佛說之三界天人體系做了整理，而且又有《華藏五圖》的圖示，給予研究者不少方便之處。

現就將「三界」做詳細的科學化解說。依《佛學大辭典》言，三界指生死往來之世界，即無色界、色界、欲界。所有眾生必須在其中生死迷轉，又稱迷惑世界。

1. **無色界**：是不受一切色身（肉體）及物質束縛，僅存心識的世界，簡言之就是能量世界，是三界中的最高層次，也是無形世界，無法定其居處，其中包含四種天界，由高而低為「非想非非想天、無所有處天、識無邊處天、空無邊處天」。

2. **色界**：就是物質界，梵語「色」指「有形」，是三界中的中間層次，有十八種天界，由高而低為「色究竟天、善現天、善見天、無熱天、無煩

天、無想天、廣果天、福愛天、福生天、遍淨天、無量淨天、少淨天、光音天、無量光天、少光天、大梵天、梵輔天、梵眾天」。

3. **欲界**：指有色欲、貪欲、財欲等強調欲望的世界，其中包括著無形和有形世界，共有十一種天界，由高而低為「他化自在天、化樂天、兜率天、焰摩天（夜摩天）、忉利天（三十三天）、四天王天、阿修羅道、人界、畜生道、餓鬼道、地獄道。」

　　由上可以看出「人界」排行三十，實在是很低下的。佛說三界一共有三十三重天，在諸多佛經中，佛陀曾不厭其煩的向弟子解說這三十三種不同世界的情形，包括壽命長短、住處、身長、飲食、愛欲等，極為繁詳，要研究實在不是現代人所能。

二、人界（陽界）的真相

　　現在就從「人界」開始，先往下做科學的描述，然後再往上到無色界做科學的描述，希望讀者能用心體會三界的浩瀚。

　　依佛陀所言，欲界中「四天王天」以上到「他化自在天」共六種天界統稱為「天道」，而阿修羅道以下到地獄道有五種，因此從天道至地獄道共有六道，又稱六趣，在這六道之中生生死死不停地過著迷惑生涯，稱為六道輪迴。

　　佛經中的名詞因不同譯者而有不同的漢譯，因此不論是界、道、趣，或是現代所用的次元、世界、宇宙、時空等不同名詞，其實都有著相同的意義。為了配合「死後世界」的用法，本書將把天界、道等古代用詞都改用世界兩字。

　　先從人道說起，人道又稱人間、陽間，即人類世界。地球位在南瞻部洲（Jambudvipah，南閻浮提），其他尚有西牛貨洲（Avaragodaniyah）、東勝神洲（Purvavidehah）、北俱盧洲（Uttara-Kuruh），但是我們不知此三洲位於何處。

　　第一個可能：若人道（人類世界）指我們這個宇宙的話，則四大洲即為宇宙的四個部位，也就是包括地球人和各種外星人的這個時空，其中不同部位人的壽命也不同，表示各種外星人的壽命也不同，這和目前一些遇到外星

人的說法相同。

第二種可能：四大洲是四個銀河系，比前一種說法小很多，那麼我們這個宇宙就包括人道和其他各道。

第三種可能：也就是四大洲均在地球上，這也是佛家通常的看法，但是地球上的人壽命沒有 250、500、1000、80000 歲的，又無法解釋了。

因此，本書較認同第二種說法，也就是說四大洲只是宇宙的一小部分而已。人類世界包括這四大洲，飲食方面的共通點是有觸覺，須吃東西，也要排出不穢的東西。北俱盧洲人雖有男女淫欲之事，但無嫁娶儀式，其他三洲人要嫁娶，也有男女欲望。總之不管如何，我們知道地球居於南瞻部洲中，人道共有四個不同的洲，因此，地球人所知的世界是很小的一部分，人道中的「人」還有很多很多種。所以，地球人並非萬物之靈，也不是宇宙中唯一的生命，比起其他三洲，地球人要短命得多。

三、交互而過的畜生世界

畜生道又稱傍生道，因為畜生種繁多又遍布在各道之中，有胎生、卵生、濕生、化生的不同，身長也完全不同，也有雌雄淫欲，壽命也長短不一，壽命最短者，朝生夕死不滿一日，最長的為一中劫，如八大龍王。身長最長的禽如金翅鳥，首尾相去 8000 由旬，身長最長的獸如龍，身長可繞須彌山七圈，但最小的可以小到肉眼看不到，如細菌。

人類世界和畜生世界兩者各自存在，互不干擾，但是也有部分重疊之處。重疊的地方就是我們看到的地球上的各種動物，但還有很大部分的畜生世界是人類世界所不知的，由此可見人類未知的畜生種類極多，牠們都在於人類肉眼看不到的畜生道中。因此我們就能了解為何佛經中描述的非人動物那麼多，如八大龍王、金翅鳥、摩侯羅伽等，事實上他們都是不屬於我們這個人類世界的生物。

如金翅鳥又稱妙翅鳥，梵語 Garuda，所以又譯為迦樓羅、羯路荼等，是八部眾之一，住在四天王之下的大樹，取龍為食，兩翅張開有 3 百 36 萬里長，我們南瞻部洲只能夠放牠一足而已，可見其大小了，當然，金翅鳥不屬我們時空可以看到的生物，當然化石上挖不到了。

四、餓鬼的世界

　　再來談餓鬼道，這是比人類世界低二級的另界。佛經曰餓鬼有「無財、少財、多財」三類，多數由於飢渴苦迫，才稱為餓鬼。

　　《俱舍論》說：「鬼壽五百歲，人間一月為其一日。」依此計算，鬼的500歲等於地球人的1萬5千歲了。《觀佛三昧經》說：「有餓鬼極壽者，八萬四千歲，短則不定。」《成實論》也說：「極長者七萬歲，短亦不定。」由上可知，鬼道的生命遠比人類壽命要長得多。至於身高方面，最小的有如人類小孩，最高者身長1由旬，也就是30到40里長。

　　鬼有很多種形相，有威德的長相端正，類似天神。而沒有威德的，長相就很鄙惡，各種不好形相都有，如蓬頭亂髮、長舌外露、顏容枯槁、斷手斷足、裸形無衣等，種類相當多，夜叉羅剎等也屬這一類。因此《佛學大辭典》說「夜叉、羅剎、餓鬼、諸神之境土」稱「鬼道」，換用科學術語來說就是鬼類世界，鬼類和人類一樣也有觸覺、思想、飲食、嫁娶、淫欲等。

　　《婆娑論》說鬼類有三個住處，一稱「正住處」，指南瞻部洲五百由旬的下方，屬閻羅王領地；二稱「邊住處」，有威德的鬼類住在山谷、空中、海邊，果報超過人類，他們住在宮殿中，或在四天王天及三十三天之中，這些鬼類該改稱鬼神，因他們層次較高。而沒威德的鬼，則住在「不淨處」，充滿骯髒穢物，或塚墓所在，他們沒有宅舍，有的漂蕩流浪，果報都很差。

　　因此，鬼類也有好鬼、壞鬼之分，上等的和天道相通，下等的和地獄道相通。和畜生世界一樣，鬼類世界也是多重宇宙中的一種世界，它和人類世界不會交互作用，原本各自獨立並存，而鬼類世界也是很大，和畜生世界一樣有極長壽的生物，也有短壽者，基本上，應比人類世界要長壽。

　　一般社會上所說的鬼大都指較為低下的鬼類，它們所處的世界和人類世界較接近，也有人說鬼是統攝天神、地祇的各種神明。而聖人之精氣稱為神，賢人之精氣稱為鬼。又有稱天神為靈、地神為祇、人神為鬼。可見，如何界定鬼，也實在很困難。

　　依《蒙山儀解》中所列，鬼類中有福有德者為正神，居住在四洲、各山大川、嶽濤、城隍土地等處，各有攸司之鬼類，香火綿綿，福佑民間。但無福無德者為邪神，如夜叉、羅剎、魑、魅、魍、魎等，常附在物質上作怪，

或依一些廟而靈，妄作殃祥、常享淫祀。

可見，社會上把「鬼」和「神」弄混了，經常到小廟去拜的人，不是拜神，而是拜無福無德的鬼。

人道的東勝神洲、南瞻部洲、西牛貨洲、北俱盧洲等四洲，和天道的四天王天、忉利天等六個世界也都有鬼，不過有威德的鬼遍布此六個世界，而無威德的生存在東、南、西三大洲，因此，我們地球娑婆世界位於南瞻部洲，兩種鬼都有，所以有人常會遇到鬼，原因在此。

《蒙山儀解》說：「鬼遍諸趣（鬼類遍及各處），乃至諸人所住房舍，滿中有人（雖滿滿是人，但仍有鬼）。但人與鬼互不見聞，亦無相礙（因分屬不同世界之故），此皆沈空滯冥長劫不超，縱得佛法聖光、覿面不能見聞，宿業自障如是。」由此可以讓我們了解人類世界與鬼類世界為各自獨立的世界，人鬼間本不會往來，也不會干擾。我們居位的空間其實也充滿著鬼，只是看不到而已。

但是，經由靈媒，可以將鬼類從他們的世界「調」到我們的世界，然後附在人身上，這也就是民間有很多「牽亡」的原因。而另外，還有「觀落陰」的法術，是將我們人的魂帶到鬼類世界去看的秘法。

綜上所言，鬼類世界也是一個浩瀚的世界，裡面的生物（生命）也有很多種類，佛經中已說得很清楚，在此不一一列出。重要在於讓讀者能了悟鬼類世界的確存在，和人類世界並存，但不相礙。

五、地獄世界很複雜

再往下的世界是地獄道，包括近邊、孤獨、八寒、八熱地獄，共 18 個不同地獄。

近邊地獄又稱遊增地獄，靠近八熱地獄處，而每一個八熱地獄又各有 4 個門，故共有 32 個門，每一個門外有四個遊增地獄，因此，近邊地獄共有 128 個。有罪業的眾生來到此處，倍增苦惱，所以稱遊增，它們又靠近八熱，也叫近邊。

其實，近邊地獄應該視為地獄世界中不同刑罰的地方而已，換言之就是不同的行刑室。有了這樣的認識，我們就能明瞭地獄世界分為四個大部分，

其中有數百個不同等級行刑房間。

孤獨地獄也位於八寒和八熱地獄的近邊，或人間深山曠野之中。近邊與孤獨地獄在《瑜珈師地論本地分》中有說：「此二地獄，受生有情，壽量不定。」也就是說在這二地獄中的鬼魂壽命不一定，完全看其刑期而定，刑期短的，可以在短時間內就轉到其他時空。

《俱舍頌疏》十說：「八寒八熱十六地獄，爲一切有情增上力感，餘孤地獄，各別招業，或多或少，或二或一，所止差別多種，處處不定，或近江河山邊曠野，或在地下空及餘處。」

因此我們可以知曉地獄世界也是一個存生的世界，和人類世界頻率不同，互不干擾相礙，但是它們也和山河江邊曠野地下等人類世界重疊，也就是說這二個世界也有若干部分並存於宇宙中。《法華文句》四說：「地獄……秦云無有。無有喜樂、無氣味、無觀無利，故云無有。」這種說法應是指人間無法聞、看、聽到地的景況，所以稱無有，也正證明了這二個世界分別存在的說法。

八寒地獄是另外一種地獄世界，它們是橫列的，互爲平行。它們都位於日月不照之處，所以寒冷無比。也就是指此處是位在地獄世界中低能量的地方，所以會寒冷。其中的鬼類壽命是上一種的 20 倍，因此最底下的大紅蓮花地獄壽命，爲最上層皰地獄壽命的 12 億 8 千萬倍長，這實在不是人類世界可以想像的。

八熱地獄是垂直而下的，最上層的等活地獄位於南贍部洲地下 3 萬 2 千由旬。因此地獄世界絕不在人類世界的地球中，而是在地球外的某處。由此也可知地獄世界應比人類世界要大很多。

八熱地獄每一層厚度有 4 千由旬，也就是有 6 萬公里（五個地球厚）那麼大的空間。最底層是「阿鼻地獄」，又稱無間地獄。剝皮後，身體綁著置於火燒車上，或用輪子輾身致爛，再放置鐵城熱火上，苦痛萬般，受苦無間斷，壽命爲一中劫。

在地獄世界中，生命因受種種猛利之苦，所以沒有男女嫁娶淫欲。由上可知地獄是極廣大的世界，比人類所在的世界還大很多，它是異次元世界，一般人類是不可能現世去的，而是肉體亡後，因在世時種下各種惡果，所以會淪落到地獄世界去受長時期的苦痛。當然，在受刑結束後，可以輪迴到其

他世界，這就是六道輪迴。

六、阿修羅世界

阿修羅（Asura）在古代有不同譯名，以何頌羅、阿蘇羅、阿素羅等，義指無端、容貌醜陋、無酒，又譯爲阿素洛，或意譯非天，指他們的果報勝似天人，但非天人，且常和帝釋天發生戰鬥。

阿修羅壽命 1000 歲，相當於地球人類的 3600 萬歲。男阿修羅長相醜陋，女阿修羅長相美貌，其身材大小不定，有大如須彌山，也有如諸天王天的身材。他們也有攝受妻妾，也有嫁娶。

阿修羅有四類，第一類有修羅王，執持世界、力洞無畏，和四王天爭權，此類阿修羅會變化，屬於天趣層次，最高級；第二類是原本在天趣中，因降德而貶墜，從胎生，居近日月，屬於人趣層次；第三類在鬼道，有法力，從卵生，屬於鬼趣層次；第四類最下等，生大海心、沈水穴口、朝遊虛空、暮歸水宿，從濕氣而生，屬畜生趣層次。

可見阿修羅的世界也極複雜，有化生、胎生、卵生、濕生四種，因此有四位大阿修羅王，各有百千眷屬，分掌不同的阿修羅世界。他們之下各有一大堆小阿修羅王。

高級的阿修羅世界的宮殿「雜色可觀，皆是七寶所共合成，謂金銀琉璃頗梨（玻璃）赤珠碑瑪瑙」，而且「諸園苑中各皆有種種果樹，種種花，種種果，各有種種異香」。

阿修羅王和大小眾常到園林內遊玩，《起世經》中有「阿修羅即與諸小阿修羅王及小阿修羅眾圍繞，共入難陀園林，隨意說法，觀看遊戲……或經一月，或二、三月，澡浴嬉戲，各隨所欲，住止遊行，恣情受樂。」

以人類世界的地球人來看，阿修羅世界的高層次阿修羅過著神仙生活，事實上，高層阿修羅世界和天界是在一起的，當然會有勝過地球人類世界的生活層次了。

七、天神時空橫跨三界

從阿修羅往上一層，就進入天界，因爲佛所說三界（無色界、色界、

欲界）包括六道，它們是天道、阿修羅道、人道、畜生道、鬼道、地獄道，用現代科學術語來稱呼，應改爲天神世界、阿修羅世界、人類世界、畜生世界、鬼類世界、地獄世界。人死後所去的地方統稱死後世界，包括天神世界、阿修羅世界、鬼類世界、地獄世界。

天神世界中最低的是四天王天，和人類最接近，稱欲界第一天。這個世界位於須彌山山腰，距山頂以下4萬由旬處（合60萬公里），底下是人界，上方有更高的天界，介於天人之間。

顧名思義，四天王天有四個天王，即北方多聞天王（黃色守護神）、西方廣目天王（紅色守護神）、南方增長天王（藍色守護神）、東方持國天王（白色守護神）。他們分別管理人界四大部洲，考察人類的善惡。

民間不少大廟都有四大天王的神像，個個威武高大且兇狠相貌。《首楞嚴經》中說：「諸世間人，不求常住，未能捨諸妻妾恩愛，於邪淫中，心不流逸，澄瑩光明，命終之後，鄰於日月，如是一類，名四天王天。」可見四天王天的人仍有情欲，生活方式也和地球人相似。

六欲天從上至下爲：他化自在天、化樂天、兜率天、夜摩天、忉利天、四天王天。仍在欲界之中，因此全部都有飲食、淫欲、睡眠等三種欲望，而且也有男女嫁娶，一如人間。

不過，這六欲天的人並無處女胎藏之事，依《起世經》所說，男孩是在天子膝邊出生，女孩是在天女兩股內生。不是經由女性懷胎而生，這一點和人間不同。至於壽命，則實非地球人可以想像了，四天王天人的壽命爲500歲，相當於地球人壽900萬歲，而且居住在七寶宮殿中，沒有人間的痛苦。《起世經四天王品》說：

毗沙門天王，出生一池，名那稚尼，縱橫正等四十由旬，其水調和，清涼輕軟，其味甘美，香潔不濁。池中多優缽羅花、拘牟陀花、缽實摩花、奔茶利花等，自然出生……花量大小皆如車輪，光明所照，至半由旬，香氣所熏，滿一由旬。有諸藕根，大如車輪，割之汁出，色白如乳，食之甘美，味如蘇蜜。

其他三位天王的生活也是如此多采多姿，壽命也是如此長，足供人類世

界的我們去想像了。

八、玉皇大帝的時空

四天王爲帝釋的外將,「帝釋」所在的天是欲界第二天,也就是忉利天,由於其四方各有八天,加上中間帝釋宮,合計三十三種天,因此又稱爲三十三天,位於須彌山山頂處。

忉利天統治者帝釋,位在山頂中央的喜見城,又稱爲「天帝」,統領三十三天及外將四天王天以及四大部洲,他就是民間熟知的玉皇大帝。

在此要特別分析,爲何臺灣民間經常有乩童扶鸞,寫出天界降旨之類的善書,以及爲何信仰中最高的神明是玉皇大帝,最重要的原因是忉利天位於須彌山山頂,此意表示忉利天是「有形」信仰中的最高天界,若眞有須彌山,山頂是至高的,山頂中的喜見城宮殿當然是地位最高的天主所居住,因此,佛教的帝釋、道教的玉帝、耶教的上帝均是此格的至高神。

須彌山以上是虛空界,雖然欲界第三天夜摩天以上諸天都以虛空爲居住處,但因是「虛空」,因此無法有具體的描述,有形界眾生無法理解如何居住在虛空的道理。因此,忉利天就成爲人間信仰中的最高層次,中國道教思想就以此而架構出神明體系。

前面所說四天王天就是此神的體系中最接近人間的一個層次,以地球所在南瞻部洲言,要到上一個世界去,就必須經過南天門,這就是南增長天王轄地的一個通道管制站。

玉皇大帝指派四大天王及其部眾,分層負責,巡察人間善惡,並據實上報,做爲考核之用,善者賜福除禍,惡者懲兇處罰。此種爲道教及東方民間信仰所依託。

忉利天的神也有嫁娶,男女也要行欲,他們居住的宮殿極盡莊嚴華麗,事實上就是基督宗教的天國。其天人壽命爲 1000 歲,合地球 3600 萬歲。

九、虛空中的天界

欲界第三天是夜摩天,又譯爲焰摩天、談魔天或時分天,因爲該天界的天人時時唱樂,善知時分。此天界位於須彌山以上升空 4 萬由旬處的虛空

中，屬另一個世界，遠離人間世界，而且很少和人間往來。

夜摩天人壽 2000 歲，合地球人間 1 億 4400 歲。其男女之間不須行欲，互相擁抱就可以了。此天天人動少靜多，身心虛明。在此天之上各天，欲的程度愈來愈少。夜摩天爲另一世界，其頻率和人間差別甚大，而且本身也具較強能量，所以能穿牆越戶，通行無阻。

再上一層是兜率天，又稱知足天，因爲其天人對五欲有知足的心境，男女相互拉手，欲望便消止了。《佛說普曜經》有言：「其兜率天有大天宮，名曰高幢，廣長二千五百六十里，菩薩常坐，爲諸天敷談經典。」

兜率天分「天處」及「內處」，也就是內院和外院，內院是彌勒菩薩之淨土，外院爲天眾欲樂的地方。

兜率天也位於虛空中，人間 400 年是其一晝夜，此天人的壽命爲 4000 歲，合人間 5 億 1400 萬歲。兜率天內院和外院都在同一時空，但是居住資格差異很大，外院是天人欲樂之處，也是他們凡夫俗子所居住的地方，有時彌勒菩薩會到外院說法，教化諸天天人，到了機緣成熟以及能參悟天理，才能進入內院，進修菩薩道。

內院是菩薩最後身之住處，釋迦如來爲菩薩也在這裡。雖然兜率天在夜摩天之上，但和人間關係密切，彌勒菩薩自己經常下凡來度化眾生，居住在內院的其他菩薩也是凡間常客。

兜率天外院的天人仍在三界輪迴行列之內，命終之後仍會到下界去。而內院爲菩薩淨土，不僅和人類時空能接觸，也和地獄時空有接觸。《華嚴經》說：「釋迦菩薩在兜率天宮，足下放光照十方世界，地獄眾生曾種善根者，得著此光普照，直脫地獄，而得天身，上昇兜率天宮。」

再上一層是化樂天，又稱樂變化天，因爲他們欲心極淡薄，相顧而笑，欲便消止，所以能自在地運用神通力美化天宮生活，化五塵而自娛樂。所以此天天人飽享天福，享盡一切娛樂，經常天樂演奏、天花飄灑，佳賓齊集、仙女如雲，盡情耽於享樂。化樂天人身體常放光芒，因其能量很強之故。由於此天男女不行欲，所以不用懷胎，兒女自然從膝上化生而出，剛出生的化樂天嬰兒，如人間 12 歲的孩童。

欲界最高層的他化自在天屬有情無欲、愛染不生、身心虛明、自有神通，能化轉他天的欲樂到自己的天來，自在享用。

他化自在天的上方以及色界梵眾天下方，有為害正法的魔王，也就是四魔中的天魔，在佛陀成道時，曾下凡來試探。此魔王所居的天稱為魔身天。他們常到人間做壞事，困擾修道人士，障蔽正道、扭曲人性。

數千年來的地球，目前已被此天魔占領了，幾乎可以說現實人心陰惡、唯利是圖、不講正義、不顧公益、歪曲正法、扭曲宗教、戰事不斷、疾病叢生、環境敗壞……一切邪魔歪道均是魔身天下凡地球，占據人心所致的。

由於魔身天處於他化自在天之中的頂端，可見其能力比欲界諸天還要強，因此諸天菩薩的能力也比不過魔的威力，正所謂「道高一尺，魔高一丈」！

十、色界及無色界的時空

再上去就屬色界十八天，全是以虛空的宮殿而居住，沒有男女性別，也沒有婚嫁。以科學術語言，此色界以上諸天是屬精神體，或稱能量體，生活於相對於人類世界的更高層次世界中，在人間來看是無形的虛空，在們來看是淨土世界。

再上就是無色界的四空天。如果生命討厭有色身，想念無邊的虛空，便到空無邊處天去。若捨空而入識，唯留阿賴耶識，便到識無邊處天。若只想無所有，色空全捨掉，便到無所有處天。若是在無空無邊無盡之中，如存不存，若盡非盡，則到非想非非想天。

此四空天為三界最高層次，身心滅盡，定性現前，無業果色，所以沒法量出身高，也無居處，其壽命從 2 萬大劫到 8 萬大劫，是我們宇宙的 600 萬倍以上，可謂永存永生無所不在了。

這些世界通通存在，並且共存共容，互不相礙，但是修練之人可以用心力轉換到另一個世界去。

十一、法界的架構

顯教依《法華經》所分以上述世界組成十法界，從上到下分別為：佛法界、菩薩法界、緣覺法界、聲聞法界、天法界、人法界、阿修羅法界、鬼法

界、畜生法界、地獄法界。

　　我們可以將「法界」兩個字改爲「世界」，因此佛、菩薩、緣覺、聲聞四個法界稱爲「無漏世界」，超越了輪迴的層次。

　　「聲聞」指佛弟子所聽佛陀的聲教，領悟四諦的道理，不再迷惑而入涅槃之境。「緣覺」指觀十二圓緣之理而不再迷惑，證得佛理的境界。「菩薩」指已定佛果的大乘眾生。其實，這四個世界是包含在一個大世界之中，只是層次有所不同而已，至高無上之位爲佛，大乘爲菩薩，中乘爲緣覺，小乘爲聲聞。這一個世界就是我們一般熟知的佛菩薩神界。

　　乍看之下東方的靈界架構相當複雜，然而也可以歸納成三界，即：佛界（含佛法界、菩薩法界、緣覺法界、聲聞法界）、神靈界（含天法界、阿修羅法界、鬼法界、畜生法界、地獄法界）及人界（物質界）。一般都將佛界與神靈界混合視爲死後世界，以對比人間世界。

第十三章 死亡問題與死後世界的哲學反思

第一節 死亡問題的哲學反思

「生命」與「死亡」究竟是什麼？醫學與生物學告訴我們的生命誕生以及死亡狀態是否眞實？似乎是眾說紛紜的人生難題。

希臘哲學家 Epicurus（341～271 B.C.）認爲如果不是活得很沉靜、很光榮、很公正，就不可能活得很快樂；同樣地，沒有一個沉靜光榮而公正的生活是不快樂的。生活不快樂的人，就是因爲他不是生活在沉靜光榮公正裡，那些不過德性生活的人是不可能活得快樂的。

希臘哲學家畢達哥拉斯說它是靈魂的暫時解脫；赫拉克利特則說它很平常，它就是我們醒時所看見的一切；德謨克利特說它是自然的必然性；蒙太涅和海德格則說預謀死亡即預謀自由，向死而在是人的自由原則；塞涅卡說它是我們走向新生的台階；費爾巴哈則說它完全屬於人的規定；有人說它是最大的惡；費爾巴哈則說它是地上最好的醫生；黑格爾說它就是愛本身；海德格則說只有它才能把此在之「此」帶到明處。

我們中國哲學家也給出了各色各樣的謎底。莊子說：「死生，命也」；荀子說：「死，人之終也」；韓非說：「生盡之謂死」；王充說：「死者，生之效」；張載說：「死者，氣之遊散也」；熊伯龍說：「人老而血氣自衰，自然之道也」。鑑於此，哲學史上又進而出現了關於死亡的「有學問的無知」，蘇格拉底宣布，關於死亡本性「我不自命知之」；薩特也宣布，死亡是一種雙面的「雅努斯」。

西方古代大哲學家柏拉圖曾經給哲學下了一個流傳千古的定義：「哲學是死亡的練習」；當代大哲學家叔本華又進而把死亡看作是「哲學靈感的守護神」斷言：「如果沒有死亡的問題，人們便幾乎不會進行哲學思考了。」

死亡之成爲人所思考的問題，也許同人類本身一樣古老，對死亡問題作哲學的思考，把它作爲一個哲學問題，也幾乎和哲學本身同時開始。死亡是

每個人都無可逃避的事實，從原始人類超出動物界之日起，面對著同類的死亡，初具人類意識的人也就不能不考慮這個問題。

但死亡問題並不只是個哲學、宗教的問題，應該是許多門科學所要關注和探討的問題，例如：生物學、生理學、醫學、心理學、政治學、法學，乃至現代物理學、環境科學、社會心理學等等，都要從本門科學的角度，涉及死亡問題。

大體上來說，它和其他科學關於死亡問題的研究之間的關係，也就類似於一般哲學與各門具體科學或精確科學之間的關係。它也和宗教及文學藝術等文化部門對死亡問題的態度和處理方式不一樣。而是要討論「死亡的必然性與偶然性、死亡的終極性與非終極性、人生的有限性與無限性、死亡和永生的個體性與群體性、死亡的必然性與人生的自由、生死的排拒與融會」以及「諸如此類有關死亡的形而上學問題」。因此死亡哲學對其他科學有關死亡的研究的關係，也正如一般哲學對具體科學一樣有一種統攝和指導作用。

可見死亡問題及其哲學思考等於是人生最大的課題，不過在條條道路通死亡之際，不同的人有不同的人生，同樣的不同的人也會面臨不同的死亡，但是最後到達死的狀態卻是每個人都是一樣的，也就是說一個個體跟環境達到平衡的狀態就是死亡，我們活著的時候處於非平衡的狀態，而有各種不同的個性，但是死可以使得各種不同的生物都達到一種平衡狀態。

由此可知「生」「死」也是宇宙自然的平衡，個體死亡也是另個個體的新生，所以探討死亡其實更貼切的說是在探討出生的意義與價值。只有生的時候，活得有生命力與關懷苦痛無邊有情眾生的豪情，死的才會坦蕩自在。有些人狂飆生命，逐色逐慾，扭曲生命，有些則折服於困擾煩惱，根本還不曉得「生」之意義，就遽然死亡，提早結束生命，這些都令人扼腕嘆息，也是人生的迷失。

必須承認死亡是人生的一部分，死亡是極自然的事，那麼只談「生」，卻諱言「死」，便不能看做是很健康或很正常的態度。所以「善生乃能善死」，我們怎樣生，我們便怎樣死，生死事大，無常迅速，所以人人都要追尋尊嚴地死亡。

對於死亡的了解愈深，就愈不會有死亡的恐懼疑惑與焦慮不安，也愈能明瞭人生的價值，懂得人生最值得珍視的是什麼，輕重緩急的拿捏自然比較

拿得準確。

　　生無可欣，死無可厭，生死自在，來去自如，死生一如，乃是人生莫大的福分，也是最莊嚴的死亡。《金剛經》上說：「一切有為法，如夢幻泡影，如露亦如電，應作如是觀」，生死夢幻正是如此。

　　我們也可以從生死的本體論來看《心經》，眾生認為有生有死，但由本體性上來說是無生無死。《心經》指出五蘊皆空、無無明、無明盡。我們生死的來源就是無明和行，就是錯誤的見解和造業，最重要的根源是無明，無明盡了，就是十二因緣的還滅，就能解脫生死。那麼是不是就此究竟解脫？

　　《般若經》上說「不是！」因為還有所解脫，仍是有為法，又是世間的生滅，當然不是解脫，因此還要加上「亦無無明盡」，因此接著才是「乃至無老死亦無老死盡」。到了沒有生死可以解脫，這時才是真正的解脫生死。

第二節　死後世界的哲學反思

　　談到「死後世界」的哲學反思，也許大多數現代人會表示疑惑是否具有科學的論證性？但是要了解生死學是超越現代科學認知的一門學問，從本書「導言」裡的傅偉勳教授的現代生死學架構即可看出端倪。

　　200 多年前，宗教神學領域為世界思想的主宰，科學只有臣服於宗教神學的宰制之下，然而由於科學領域的快速發展，200 多年來科學領域取代宗教神學領域成為世界獨裁，雙方間的矛盾存在已久。然而可幸的是，近 30 年來不論是在宗教領域和科學領域，之間的矛盾教條主義正在日益減少，雙方正在融合。現在普遍接受的觀點是，科學領域的主要進步幾乎總是涉及到某些基本的重新思考，因此曾經擁有的不成問題的信念，也可能被推翻。至少在等待進一步澄清的期間，有必要在雙方的張力中來維持不同的信念。

　　著名人類學家 Margaret Mead 曾在對美國科學促進會的講演中，主張科學界應該接納超心理學會加入該團體，她提醒說：「整個科學進步史充滿著這樣一些科學家，他們一直在探索既定傳統不相信存在著的那些現象。」因此，對於超心理現象與目前的科學理論相比較是超出常規的性質，都能夠在1969 年成為科學領域的一員，而死後世界比超心理學更是宏大，我們更應

以宏觀思維來做前瞻思考。

　　過去由於科學的進步，使人類經過認識及探討人類來源與進化的過程，可以明瞭人類在宇宙中的地位及任務，由此很容易得到正確的宇宙人生觀。自從宇宙的創造到太陽、地球的誕生，由物質進化到生物進化。由人類的出現，經過人類文化進化到精神進化，提升到精神創造，由被動進到有目的性的主動進化。人類已經不能只停留在生物進化的階段，而應由精神創造昇華到眞、善、美的最高境界。

　　然而未來科學仍將斷續進步，人類也從《埃及死經》與《西藏度亡經》中了解到死後世界的實存，有必要結合科學理論與宗教實證，研究死後世界的內在意涵，了解人類的終極存在，則人類文明才能更上一層樓。

　　池田與湯恩比的對話中提到人一旦死亡，在時間範疇裡作爲身心統一體的生命，也就結束了。但是死亡的同時，靈魂在時間範疇以外存在的可能性也並非沒有，而且在現世中作爲身心統一體生存期間，人的行爲所造成的前世報應，也許會對「終極的存在」給予善或惡的影響，這種可能性也不一定隨著死而消失。

　　因爲我們沒有任何理由可以想像這種「終極的存在」是存在於時間範疇的。如果說唯一有意識的生命存在，那只是「現世」中的身心統一體的生命而已，這是我們從經驗所知道的也是在時間範疇中存在的。

　　「現世」的生命只是存在於我們的「時間範疇」裡，而「來世」的生命則存在於不同的時間範疇裡，它們之間的相連且互爲因果的存在。而關於死後世界如何？或死後生命往何處去？的所謂宗教神話或民俗神話，乃是超越科學知識範圍的一種共命智慧，不應鄙視之爲迷信。

　　從神話學、文化人類學或比較民俗學的角度去看，猶太教、耶教、伊斯蘭教、印度教、佛教等等各大宗教探索死後世界的奧秘所得的結論，不論是「永生永罰」抑或「輪迴轉世」，實與印地安人的神話、日本神道的神話、古埃及神話等等一樣，就所謂「客觀眞理」而言，直到今天爲止沒有標準可以分出高低優劣。

　　事實上，這二、三十年來，很多西方人士已逐漸放棄傳統耶教的永生永罰之說，轉向東方宗教接受（涅槃解脫以前的）輪迴轉世說法，認爲比較合情合理，也很可能較有事實的根據。而近年來愈行愈盛的新時代運動，更使

人們容易傾向輪迴轉世的信仰，這也多少說明了《西藏度亡經》這部奇書，為何在歐美社會與日本造成了洛陽紙貴的研讀熱潮。

目前，對近死經驗研究較為深入的是超心理學領域裡的「超感官知覺」研究。項退結教授曾於 1953 至 1954 約半年之久，在因士布魯克大學精神病院從事 ESP 研究，證明確有其事，對受過電擊治療的病人有更大的超感知覺能力。

死後世界研究在生死學範疇裡似乎被臺灣生死學與生命教育老師們所忽略，然而「現代生死學之父」傅偉勳教授卻相當重視，作者認為要使生命教育在各級中學生根，必須先要使師資了解生死，而了解生死之前必須同時了死後世界的實存。從「未知生，焉知死」的儒家傳統思想邁向「未知死，焉知生」的超心理學境界，方能實際貫通生與死的兩大問題。

研究死後世界課題不是迷信，反而會在廿一世紀裡隨著生死學的進展而成為顯學。錢穆教授曾經說過：「人生向何處去？亦可答稱，人生必然向死的路上去。生必有死，但人死後又向何處去？此一問題，乃從『人生問題』轉到『人死問題』，其重要性也絕不在人生問題之下。」

寄望臺灣學界日後能好好思索錢穆教授與傅偉勳教授對「人死問題」，亦即「死後世界」問題的期望，努力研究死後世界主題，則生死問題就能解決了。

結語 超越生與死的存在

臺灣生死學、生死教育、生命教育等領域嚴重傾向闡述臨終關懷、安寧療護、安樂死、墮胎、自殺、殯葬管理的應用層面，以及宗教生死學與哲學生死學的理論探究，較少論及死亡社會學與心理學，當然更遑論講述死後及超心理學主題。因此如何建立前瞻性的現代生死學就是本書努力的目標。

這也許受到孔子「未知生，焉知死」的影響，此種心態把死亡推向遙遠的未來。再加上華人的集體迷信，不單把死亡看成禁忌，且盡力避免使用「死」的同聲字。

事實上，孔子並非不知生死亦非不論生死，而是他所闡述的主要是生死的社會意義以及與孝道倫理間的關係。至於生死本身的主體性意義，亦即佛家所謂的生死大事，孔子的態度是傾向於存而不論。

老子說人生是「出生入死」的三個階段。我們從生中來，回到死中去。中國的儒家與道家是不談生之前是怎樣？死之後又是怎樣？他們只講生與死中間的那一段，而不處理生前與死後的問題。

現代文明的最大茫昧就在僅鼓勵「生」的狂熱，卻獨缺面對「死」的智慧。人生最大的兩難，就是對生的執著與死的困惑，如果不執著生，就沒有死的困惑。如果只「知生」而不「知死」，或只鼓勵「生」的狂熱，卻缺乏面對「死」的智慧，是否淪落為「醉生夢死」的人生，就無法全面「知生」。所以「知死」才會真正地「知生」，進而「好生」，來建立全面透澈的人生觀與價值觀。

在我們的社會中，談死雖然是禁忌，卻是人人必須面對的鐵的殘酷事實，也是人人必須思考的問題。死亡學也成了許多門科學如：生物學、生理學、醫學、心理學、政治學、社會學、法學，乃至現代物理學、環境科學、社會心理學、神學等，都要從本門科學的角度，涉及死亡問題的研究。

二十世紀末期，生死學突然成為顯學，從哲學及宗教學角度來看，國人對生死問題採取較開放的態度，也誠然是件好事。龔鵬程教授認為中國哲學

自始即不能脫離關於死亡的思考，不僅道家道教如此，儒家也是如此。後來佛教傳入中國，依然以其窮究生死大事而歆動人心，且與中國儒道思想有所會通。

　　現在我們同樣也會發現，對於生命的探索，面向死亡的存在，亦為西方哲思最核心的部分，與中國人之死亡觀也多有會通之處。不過，古代東西哲學對生死奧秘未能完全解答，現代社會又呈現了新的生命處境與死亡狀況，令我們增添了不少新的思維向度，以致生死問題的討論愈趨複雜，較古代哲思更有新的進展。

　　然而，不可否認的，人類對生命現象維持的機制仍然有許多疑問，尤其對人類自己的認識可說甚為膚淺。更值得注意的是，人對於「思想」是如何產生？如何運作？幾乎是一無所知，至於人類在遺傳與行為上的關聯，更是無從理解。

　　實際上由於科學與宗教、理性主義與神秘主義的長期隔閡，導至現代人誤認為生命現象可以用生物學來建構，而死亡現象無法用科學方法來驗證，只能用宗教信仰來解說。然而日本學者天外伺朗認為希臘時代的科學與神秘主義兩者是合一的，到了十七世紀歐洲思潮「物」與「心」理念才分離，這是當時法國的哲學體系思想所致，笛卡兒即為其代表，其實這是以逃避為目的，因為過去宗教一直彈壓科學，展開血腥戰爭，所以主張由科學界坦護離去而逃避危險，雙方都在逃避彼此，產生極大的隔閡。

　　然而經過三百年到了今天，又面臨相融合的傾向。這意謂著人類歷史上，物與心分離思考僅有二百多年而已，僅是人類文明中極短暫的瞬間。

　　十七世紀以前宗教原本所主張的宇宙與人生模式，由今日的眼光來看其正確性令人訝異，然而宗教與科學分離之後，即不再主張此種模式，同時科學也因逃避心態，產生自己的宇宙模式，流傳至今成為人類以為的定論。宗教與科學的「物」與「心」分離已經過二百多年。依近三十年來的研究發現，越來越多人認為當時主張心物分離的思考太奇怪了。

　　因此今天我們思考生死問題，要建立生死學理論，就必須採取「心物合一」的正確方向，不能單方面的以物質科學觀視之，不過長期以來受物質科學訓練的現代人未能知曉上個世紀以前的心（精神）思維，以致產生狹隘的生死學觀念，有待改正。

　　作者多年來也深感生死學涉及領域之浩瀚，以及尚未經學術界長久沉澱之思考，每個學者都可以由其專長領域為生死學做詮釋，他人也無法評其對錯。因此大家應該體會「人生」與「人死」兩個境界同等重要。然而該架構相當龐大，所以本書以其做精簡版的詮釋，也期望能力求做到小而美。

　　由人類文明的發展來看，人類對死亡從逐漸認識到理解的過程，起初一般都是從神話、宗教、藝術等活動中對死亡進行種種的猜測，漸漸地人類又知道運用哲學、醫學、生物學、心理學、倫理學、法學等來認識死亡、解析死亡。但是數萬年的文明與文化的發展，加上科學的進步，仍然不能減少人類在死亡問題上的困惑，以及減輕人們對死亡的恐懼與焦慮。時至今日，人類離坦然接受死亡的降臨還相當的遙遠。

　　此種現況似乎仍待現代人繼續對死亡進行努力的探討，因此現代生死學架構中的死後世界的實存就顯得極為重要，這或許有待更多學術界人士能對此課題加以重視並研究之。相信透過本書，能夠提供大家克服對死亡的恐懼，了然生死，活在當下，成就人生。

跋 從華人應用哲學看華人生死學的過去與未來

哲學博士 鈕則誠

銘傳大學教育研究所客座教授

輔仁大學哲學系兼職教授

（臺灣）中國哲學會監事長

（大陸）華人生死學與生死教育學會名譽會長

引言

　　這是一篇概念性文章（conceptual article），我以「華人應用哲學」（Chinese applied philosophy）學者身分，提出個人主觀意見（doxa）而非普遍客觀知識（episteme），以概括自己對「華人生死學」（Chinese life and death studies）的理解，期望以文會友，善結有緣人。

　　死生大事之於年屆七旬的我，已非紙上談兵而是生死攸關（life-and-death）的存在處境（existential situation）。為此我於 2020 年春出版《新生死學—生命與關懷》（*New Studies of Life and Death: Life and Living, Care and Caring*），以書寫百帖千字文呈現生命敘事（life narrative）之情意，其中半數自 2021 年 9 月至 2022 年 12 月連載於「新浪博客」及「新浪微博」，有興趣的朋友請不吝點閱指正。

一、概念分析

(一) 生死關注

　　「生死學」的提法，始見於美籍華人哲學學者傅偉勳於 1993 年 7 月在臺灣出版的《死亡的尊嚴與生命的尊嚴 —— 從臨終精神醫學到現代生死學》一書 [1]。嚴格地講，他所提出的乃是「現代生死學」，立即蔚為風潮，遂

引來其他學者一系列相關著作的問世：《當代生死學》（呂應鐘）[2]、《理論生死學》（陶在樸）[3]、《實用生死學》（林綺雲）[4,5,6] 等等。

該現象反映出在世紀之交前後，華人社會對於人類生老病死的「終極關注」（ultimate concern）。此一概念出自美國存在主義神學家田立克（Paul Tillich），通常中文譯為「終極關懷」，但關懷（care）的普泛性並不一定具有關注（concern）的針對性，尤其是涉及死亡之類的終極議題[7]。

「終極關懷」目前在臺灣列為所有高中生必修課程「生命教育」的五大「核心素養」之一，其他四者為「哲學思考、人學探索、道德思辨、靈性修養」。這門課程自 2019 年開始施行，而早在 2010 年另有一套高中生命教育類選修課程，開設有「生死關懷」一科，內容即在引介生死學。

由此觀之，生死學在臺灣問世不到二十載，便已列為高中正式課程，且納入更廣泛的生命教育政策之內加以推動[8]。必須說明的是，生死學和生命教育在極短時間內得到臺灣民眾的關切及認同，多少跟宗教團體大力護持下推波助瀾有關[9]，《西藏生死書》成為歷久不衰的暢銷書便是一例。這一點在內地的情況恐怕大異其趣。

(二) 華人特色

「華人生死學與生死教育學會」於 2022 年夏天在澳門正式成立，本刊《華人生死學》遂以學會學術期刊形式隆重出版。「華人生死學」明確標幟「華人」，可視為中華民族文化的一大特色。「華人」之說覆蓋面甚廣，中國人民加港澳台人民固然屬之，星馬地區及全球華僑更涵蓋在內。

事實上，「華人生死學」的倡議，早在本世紀初即由馬來西亞歷史學者王琛發以舉辦研討會的名義呈現，其中道教色彩濃厚。彰顯華人特色的靈感來自中國所熟知的「中國特色」，這項具有高度政治意涵的說法於鄧小平時代提出，從「有中國特色的社會主義」精進為現今「新時代中國特色社會主義」，頗具激勵人心作用，華人生死學理當參考之。

不過生老病死之事主要發生於個體，在承平安定的新時代，實無需上升至集體與全民層面，因此考慮「華人特色」不妨淡化政治色彩，僅以民族文化視之可也。將中華文化列為生死關注視角考察，「儒道融通」的人生信念[10]，自古便成為華人「安身立命、了生脫死」之所繫；即使在現今對照

於「社會主義核心價值觀」，亦無違和之處。

　　由於哲學前輩馮友蘭、梁漱溟、胡適之等人，多視廣大華人為「沒有宗教信仰的民族」，在中國內地推行華人生死學與生死教育，少涉甚至不涉宗教議題，無疑有其合法性與正當性。我從事生死學教研工作至今 28 年，一向主張「後科學、非宗教、安生死」的「後科學人文自然主義」（post-scientific humanistic naturalism）華人應用哲學思想路數[11]。

(三) 死亡教育

　　現代生死學出自傅偉勳之手，創始於臺灣，其實是一樁「偶然的必然」之事件。傅偉勳在日本對臺灣殖民統治時代出生於新竹，是地道的臺灣人。他自臺大哲學系畢業後兩度留美，取得博士學位便在彼邦任教，一去十八載才首度返台。傅偉勳一開始是標準美式學者，博士論文以《現代倫理自律論》為題，並以此展開在美的教學生涯。

　　36 歲以後的他逐漸「回歸東方思想—『生命的學問』探索」，心路歷程轉折載於其自傳《學問的生命與生命的學問》第 3 章[12]。半世紀前美國哲學界強調邏輯分析論證，普遍將體悟性的東方思想視為非哲學之宗教話語，傅偉勳遂從哲學系轉往宗教學系任教。此等偶然際遇，可視為其「生命情調的抉擇」之必然。

　　「生命情調的抉擇」出自傅偉勳大學室友劉述先筆下，作為當代新儒家思想傳承。但是傅偉勳自覺的神經質稟性氣質，使他更傾向親近道家與禪宗，反映於他大力推崇慧能「自識本心、自覺本性」的體證。而有此覺知的哲學學者，一旦面臨疾厄當頭，所作出的反思與反應必然極其深刻。

　　58 歲之際傅偉勳得知罹癌「乃下決意……完成一部有關現代人的死亡問題與生死教育的專書」。新書初稿僅花了三個月便完成，又過一年正式問世。由行文中可明顯發現，他最初心目中想介紹的只有「西方死亡學」，以及在美國各級學校中起步未久的死亡教育，後來才逐漸轉化擴充為「現代生死學」[13]。擴充深化的那部分，在他去世前被確認為以道家與禪宗思想為主的「心性體認本位」之「中國生命學」。

(四) 生命教化

傅偉勳在其代表作中寫道：「現代生死學則專就單獨實存所面臨的個別生死問題予以考察探索，提供學理性的導引，幫助每一個體培養比較健全的生死智慧，建立積極正面的人生態度，以便保持生命的尊嚴，而到生命成長的最後階段，也能自然安分地接受死亡，維持死亡的尊嚴。……根據我多年來的學理探索與（最近一年因患癌症而有的）個人生死體驗，……涉及生死的『心性體認』，以及具現代意義的禪道（亦即道家與禪宗的融合）所發揮表現的，爲最殊勝……。」

基於此點，他明確表示：「莊子是中國心性體認本位的中國生死學的開創者，此一生死學後來由禪宗繼承，並獲更進一步的發展……。」這種心性體認本位的修行工夫，不似西方體制內的死亡教育，而系東方隨緣流轉下自我貞定的生命教化。

傅偉勳對此有所分判：「站在心性體認立場而不假借任何客觀外在化的眞理或教義，去談論生死、超生死的人，是硬心腸人物；仍需假借客觀外在化的眞理或教義，藉以建立生死信念的人，是軟心腸人物。從現代生死學的觀點去作哲學考察，則前者顯較後者殊勝……。」此段論點對中國讀者尤其深具啓發意義，在推展華人生死學與生死教育的過程中，可以儘量不涉及宗教信仰問題。不過要分辨清楚，「宗教」（religion）與「宗教學」（religious studies）是兩回事；構建華人生死學，理當系統了解作爲交叉學科之一的宗教學，以領略生命教育核心素養之一的「靈性修養」。

二、批判思考

(一) 感性常識

講述過一些有關華人生死學的概念分析後，現在嘗試對之進行批判思考。回想我自 1992 年首度踏上祖國大陸土地，從此展開三十載的尋根之旅。由於生涯發展的身分始終爲學者教師，在內地所從事的主要活動，多爲學術訪問以及短期講學。雖然年輕時所接受的是西方哲學訓練，任教服務卻僅經歷生死學和教育學兩門專業。

依內地觀點看，教育學專業固無疑義，但生死學至今仍未形成教研專

業，用內地同道的說法，它尚未得到「准生證」。對此我想起 2019 年在上海出席「第四屆當代生死學研討會」曾發表一文《元生死學：回顧、前瞻與構建》，已編入《中國當代生死學研究（第一輯）》，請大家參考。

該書中另有尉遲淦博士所撰《生死學學科建構的初步嘗試》[14]，提出對傅偉勳、鄭曉江 [15,16,17,18] 和我的生死學觀點之批判思考，亦值得一讀。依我之見，生死學關涉到個人主體的生老病死之知情意行，難以構成一門嚴謹的系統化知識性學科，但無妨於將它打造成一種人人需要的常識性生活觀解。訴諸感性的常識即是「通常見識」（common sense），日積月累之下越豐富越好，但不一定無可置疑。尤其是靈魂不滅或因果輪迴等既有宗教觀點，更有必要通過理性的批判思考，在不疑處有疑，始能大破而後自立。笛卡爾提出「我思故我在」的命題有其一定道理，對於心智清晰判明的深思熟慮，實為了生脫死的方便法門。

(二) 理性知識

用理性的批判思考去發現與認識真理，始終是西方哲學一貫方法，通常稱作「邏輯」，包括演繹法、歸納法以及辯證法。有效的邏輯思考是從合理的前提推導出合理的結論，這點在「事實認定」上不成問題，一旦牽涉到「價值判斷」就可能見仁見智了。

「事實與價值二分」的爭議不易解決，但是可以釐清。事實認定的「真假」之外，舉凡「是非、善惡、對錯、好壞、美醜」等的分辨，無一不歸於價值判斷，像審美的「審」字即指判斷。反身而誠，人生中最難以斷定者，便屬死生大事了。俗話說「蓋棺論定」，死後方知其人行徑「正確」與否，至於當下的決定，只有是否「恰當」的可能。

如此看來，要建構一套放諸四海皆準的生死學話語，恐怕不切實際，但是畫地自限的「華人生死學」提法，或許有其效益。華人生死學以中華民族悠久文化為底蘊，參考西方文化中知識發展的寶貴經驗，打造一套直面華人生死情境，充分為華人所用的「局部知識」（local knowledge），無疑有其必要。

此乃「質疑主流，正視另類；肯定多元，尊重差異」的後現代思路，以理性的批判思考為平臺，將感性的常識之見，指引導向悟性的大智大慧，自

度度人了生脫死之道，始爲樹立華人生死學的眞諦。否則在文史哲藝、法政經社、數理化生的三大知識領域中，就足以充分探討生老病死的問題，何勞再創此一新興學科？

(三) 悟性智慧

　　華人生死學在海峽兩岸及香港、澳門、星馬地區「各自表述，各取所需」並無不妥，畢竟各地風土人情有所不同，對於生老病死的感受與作爲多少會有出入，尤其是在喪葬殯儀方面。不過話說回來，大家同爲華人，就傳統生死文化的保存與改良，不妨「異中求同，同中存異」以利「輕死重生，厚養薄葬」理想的落實。

　　根據長期觀察所得，我發現人生觀的樹立常反映於人死觀的表述，尤其是對自己身後事的交代，更足以代表一個人是否眞的能夠放下捨得。「人死如燈滅，存在即自知」這是一種了生脫死的大智大慧，可以通過「漸修」工夫達到「頓悟」效果。華人生死學與生死教育的設計，可針對此一修行工夫而發。

　　青原惟信禪師有一段公案，巧妙地點出了人生修行工夫的辯證歷程：「老僧三十年前未參禪時，見山是山見水是水；及至後來親見知識有個入處，見山不是山見水不是水；而今得個休歇處，依前見山祇是山見水祇是水。」我們可以用「感性、理性、悟性」心性體認，讓「常識、知識、智慧」更上層樓。

　　「親見知識」代表作爲「善知識」的「師父引進門，修行在個人」，最終期待是令每個人的慧根開花結果。這裡所講的，正是傅偉勳所提倡以禪道智慧爲內涵的心性體認本位中國生命學。它可以融匯西方科技知識以促成廣大華人了生脫死，對此我視之爲新興的「西用中體觀」，華人生死學必須把「中學爲體」放在核心位置。

(四) 人學模式

　　2003 年我曾爲專業人員撰寫一部教科書《醫護生死學》，在其中首度提出一套「生物─心理─社會─倫理─靈性一體五面向人學模式」，用以觀照個人生死議題。這是結合醫學「生物─心理─社會診療模式」，以及護理

學「身─心─靈關懷模式」，並納入二者皆重視的人際倫理關係，有機組合成考察一體整全的人之人學模式。

「人學」在此指的是「哲學人類學」，而非「科學人類學」。西方「人學」相對於「神學」，內地將之關聯於人生哲學，臺灣則把「人學探索」列入高中生命課核心素養 [19]，以聯繫「哲學思考」與「終極關懷」[20]。既然生死學系由哲學學者傅偉勳所創，把它視爲「華人應用哲學」實有其正當性。

我自 25 歲撰寫碩士學位論文起，至今七旬共著書 34 部，其中四種副題皆爲《華人應用哲學取向》，理由無他，對中華本土文化的認同與回歸而已。半百以前我是十足西化的科學哲學學者，分別以生物學哲學（philosophy of biology）、物理學哲學（philosophy of physics）和護理學哲學（philosophy of nursing），取得碩、博士學位及評上教授職稱。後者中的護理哲理（nursing philosophy）引領我接觸到西方女性主義（feminism）關懷倫理（ethic of care）[21]，從此一步步走向生命倫理學（bioethics）、生死學、生命教育的教研道路。

這些課題不免涉及個人生死抉擇，令我發現華人與西方的生死決策實大異其趣。西方社會尊重病患的自主性（autonomy），在華人生活圈很難落實，這多少跟儒家孝道思想傾向由家人代行決策有關。但是愛之卻足以害之，亟待通過道家自然無爲思想予以化解。

三、意義詮釋

(一) 向死而生

我心目中的生死學就是華人生死學，因爲西方根本沒有生死學只有死亡學，死亡學在日本則譯爲「死生學」。傅偉勳創立生死學，想到以心性體認的中國生命學，去結合科學取向的西方死亡學。但「生命學」之說，早在他以前即由日本生命倫理學者森岡正博所提出，同樣爲科學取向。因此真正心性體認本位的生命學問，反倒需要特別標幟「華人」特色，而擴充後的生死學，可視爲「華人應用哲學」一環。

哲學三大面向分別爲「本體論、認識論、價值論」，我所提倡的生死哲學，即包括「向死而生」的本體論、「由死觀生」的認識論，以及「輕死重

生」的價值論三部分。

　　一般多認爲「向死而生」的觀點來自德國哲學家海德格爾，因爲他提出了著名的「朝向死亡的存在」（being-towards-death）之說，以「生」爲始點，「死」爲過程，顚覆了世人的常識。但是人們把「活著」視爲生路歷程、「死去」作爲人生終點的常識之見並非不靠譜，只是到頭來容易心存掛礙，不忍放下捨得。

　　「向死而生」教人「每天死一點」的道理，雖然不易得著認同，卻意外呼應了「老化」（aging）的定義。科學家界定老化在死亡率最低的年齡層之後便已開始，那就是 10 至 14 歲。換言之，個體自 14 歲以後即開始老化，這明顯與絕大多數人的常識之見不符，但人們想到的其實是「老齡」（old）。

(二) 由死觀生

　　生死學關注人們的「生、老、病、死」，這屬於佛陀所指「八苦」中的四項，卻只用兩項予以簡化表述。對此我認爲有所不足，乃在「生死學」（life and death studies）之外另創「老病學」（old and sick studies），以清楚對焦於生死之間的老病纏身解脫之道。

　　提出「old and sick」並非杜撰，而是一本以生命敍事書寫探討美國衛生保健體制專書的標題。我曾撰有〈建構老病學〉萬字論文，收錄於 2020 年出版的《新生死學》一書內。該書將生死學分爲「死學」（death studies）和「生學」（life studies）兩部分來鋪陳：前者探討涉及死亡的「體驗、現象、知識、智慧」；後者則彰顯有關生命的「科學、教育、學問、情調」。

　　西方死亡學談死不論生，孔老夫子則表示「未知生，焉知死」而不喜言死。傅偉勳寫生死書強調「未知死，焉知生」，標示出「由死觀生」的認識論轉向，華人生死學與生死教育的開展方向當作如是觀。

　　本文省思華人生死學的過去與未來，但範圍再怎麼說也不過三十載。然而一旦將視角放大至東西方文明由神話、宗教、哲學、科學等多元觀點探討死亡之種種，則跨度至少達於三千年。時至今日，華人生死學與生死教育學會希望在人口全球第一的中土之上推廣理念，引領人們透過「由死觀生」的思維方法，認識到「向死而生」的愛智慧見，進而形成「輕死重生」的待人

處事態度，不啻爲自度度人了生脫死的「大智教化」。

(三) 輕死重生

「大智教化」是我在過去十年間，針對臺灣當局推動學校生命教育，所提出互補的民間版、成人版、擴充版與升級版，近年更凝聚成一門反諷式的擬似宗教之非宗教「大智教」。

「大智教」又稱「人生教」，與當代新儒家學者牟宗三心目中視儒家思想爲「人文教」的性質類似。不過我特別希望強調「儒道融通」內「儒陽道陰、儒顯道隱、儒表道裡」的理想境界，用以貞定「輕死重生」價值論觀照下的現實人生，讓儒家的社會倫理實踐與道家的人生美感體驗相輔相成、相得益彰。

當代哲學家勞思光寫《中國哲學史》發現：「莊子之自我，駐於『情意』一層；此種『情意我』以發用而言，爲觀賞之我，故可說 'Aesthetic Self'。」此即指「美感我」。美感我重視個體人生美學，而非群體社會倫理，一旦活用於「輕死重生」價值論，便可體現出「厚養薄葬」的生死態度。

華人生死態度同樣不脫生老病死，但在儒家社會倫理影響下，可能會出現對老病家人自主權利的不夠尊重，以及喪葬習俗的繁文縟節。改善之道大可走向道家思想的減法教化，以自然無爲無不爲、爲而不有的態度，善待父母及所有長者。華人生死教育在此作爲倫理道德教育中「小德育」的部分，可以參考北京師範大學出版《莊子道德教育減法思想研究》（譚維智，2011）一書。至於作爲「大德育」的思想政治教育，亦不妨在「社會主義核心價值觀」十二項德目的實踐中，渲染上幾抹道家色彩。

(四) 人生三齡

2016 年中我曾出版一書《學死生─自我大智教化》，即是對「未知死，焉知生」之說的進一步發揮。該書分爲《死生》與《生活》二篇，前者提出上述生死「三論」，後者則分判人生「三齡」：「生存競爭」第一齡、「生涯發展」第二齡、「生趣閑賞」第三齡。人生三齡的分判來自西方社會學，大抵是以「出生、就業、退休、死亡」的區間爲判准，但是並非一刀切，而是漸層渲染。

　　華人社會人生階段以孔子「吾十有五而志於學……七十而從心所欲不逾矩」系列之說最爲傳神，值得跟西方觀點對照參考。華人生死學與生死教育不但要談死也必須論生，而且應該樹立一套足以了生脫死的心理健康態度，以助人輕死重生、厚養薄葬。

　　我涉足生死學近三十載，積多年之體證，於退休前後悟出「後科學、非宗教、安生死」的自家本事，用以從生涯時期順利過渡至生趣時期，期能「縱浪大化中，不喜亦不懼；應盡便須盡，無複獨多慮」。這是一種硬心腸的現世主義生死觀，支撐自我貞定更得著書立說，宣揚大智教。

　　「我手寫我心，存在即自知」，至於被知與否，則以文會友，善結有緣人。生死學會成員大多爲高校教師或醫師，亦即人們心目中的學者專家。但我始終認爲除非大死一番，否則無所謂生死專家；法國哲學家傅柯（Michel Foucault）的終極體驗[22]，或許令其成就自我。本節是我以華人應用哲學的觀點，對華人生死學所作的意義詮釋，以下則進入綜合討論。

四、綜合討論

(一) 時空緣起

　　本文系透過我所建構並提倡的華人應用哲學觀點，對於目前在中國逐步發展與推動的華人生死學，進行回顧過去與展望未來。

　　在一開始就已言明，這些看法均屬個人意見而非系統知識。尤有甚者，我很早便認爲生死學乃是「虛學」，可以「務虛」地各自表述、各取所需。相形之下，在生死議題中明確對焦探討的「殯葬學」則屬「實學」，以一門民生必需行業之姿，「務實」地提供人們身後事的專業服務。

　　生死學雖爲虛學，類似上層建築的哲學，卻無損於它的重要性與必要性。我爲文只希望人們了解，它對於廣大華人的作用不見得立竿見影，卻足以潛移默化。在各級學校以及社會機構開展生死教育，正是我們要做的事情。

　　時空緣起下的生死學，無疑是傅偉勳於 1993 年在臺灣所創，依其「現代生死學」指導綱領不斷發展。這門新興學科目前已擁有博士生，正在穩定成長中。而在海峽對岸，近年「華人生死學」努力爭取，也終於創立了自己

的學會。下一步就要看會員們能否在自身所處的高校內，積極推動設置科系或專業，即使依託在其他系所亦無妨。

畢竟華人依舊回避言「死」，海峽兩岸及香港、澳門都一樣。像臺灣掛上「生死」二字的高校系所只有兩家，而殯葬科系則採用更正向的「生命關懷事業」或「生命事業管理」為名，絕口不提死亡。從時空緣起來看，兩岸生死學雖起步不一致，但面臨的問題卻頗類似，可以互相借鑒而走出各自的途徑。

(二) 社會因素

說「各自途徑」是因為不同華人社會的情勢各異，只能「兄弟登山，各自努力」而難以合流。別的不說，在臺灣流行的生死學與生死教育 [23,24]，多融入更正向的生命教育旗幟下，為各種宗教團體所護持。光是後面這一點社會因素，就不易發生在中國。

我個人其實對臺灣生命教育糾纏於宗教力量不以為然，而至今唯一相關史籍《臺灣生命教育的發展歷程：Mannheim 知識社會學的分析》（徐敏雄，2007），即明確以一小節的篇幅，表達對當局「宗教中立性的質疑」。對此我於 2004 年出版《生命教育概論─華人應用哲學取向》一書予以批判，2019 年則以《新生命教育─華人應用哲學取向》逆向操作，提出「大智教化」的自家本事以另闢蹊徑。

中國明確標幟「生命教育」的中央政策，首見於國務院《國家中長期教育改革和發展規劃綱要（2010-2020）》，其「戰略主題」將生命教育跟安全教育、國防教育、可持續發展教育相提並論，反映出一系列外鑠功能。但是死生大事終究要求內斂，唯有回到「德育」本源始得為功。

事實上，中國內地德育確有大小之分，針對群體和個體的生命教育，分別落實為思想政治教育及心理健康教育。這些教育實踐的內容，足以完全不用宗教支撐，卻仍可透過宗教學考察，而對各種社會現象正本清源、推陳出新。像華人生死學一旦碰上臨終病人怨天尤人而尋求靈性慰藉時，小德育就必須提出相應對策。儒道融通的生死教育，或可助其轉危為安。

(三) 文化傳承

儒道融通的大智教化，可視爲「後科學、非宗教、安生死」的社會教化下之自我貞定修養工夫，是「中華優秀傳統文化」之內極具正能量的有用資源。對此我曾於 2019 年春天，應邀至北京師範大學繼續教育與教師培訓學院，錄製面向全國的網路課程「生命教育與輔導」之際，嘗試予以發揚光大。該課是爲「教育學專業」之下「家庭教育方向」所開設的一門 32 學時選修課，我乃將源自西方的家庭教育和輔導諮詢專業活動，適時適地加以本土轉化，不但強調儒道融通，更尋求與社會主義核心價值觀積極對話。中國人的家庭觀與西方大異其趣，人類學家許烺光即分別以垂直的「父子軸」跟水準的「夫妻軸」相對照。

華人生死學與生死教育若想有助個體了生脫死，就必須多著眼用心於病患及其家屬雙方面的心理健康教育。華人老病纏身時，很難像西方一樣自行主張醫療決策，多半受到家人影響而身不由己，結果愛之卻以害之。

對長輩關愛以善盡孝道，無疑是中華民族傳統美德，但是孝道長久以來被儒家思想矯枉過正不免異化，亟待以道家思想稀釋之，以免濃得化不開。以喪葬活動爲例，「儒道融通」即是「慎終追遠」與「反璞歸眞」兩種思想及態度的融匯貫通，執中道而行，無過與不及。傳統觀念不是不好而是不足，有待開放地東西兼顧，讓現代人在後現代情境中各盡所能、各取所需、盡力而爲、適可而止。

(四) 自我貞定

對一件事進行回顧與展望，是希望能夠鑒往知來、推陳出新、更上層樓、止於至善。身爲臺灣學者，對於華人生死學在中國及其他地區的發展，並不具有全方位的把握與了解，只能務虛地表達個人意見。

事實上，生死學在臺灣創生三十載，雖不時引起關注，卻似乎顯得叫座不叫好。因爲許多基礎學科例如文史哲藝、法政經社、數理化生等，都有機會及能力探討生死議題。除非生死學能提出獨到見解，發人所未發，否則並不見得會得到學術教育界的認同與接納，充其量列入高校通識課，以促進素質教育的多樣性。尤其是專業領域例如：醫療護理、輔導諮詢、社會工作等

人員眼中 [25]，處理生死事務乃其份內之事，無需假手他人。

　　生死學方興未艾，當然需要自我貞定，而非懷憂喪志。但是外在環境畢竟充滿挑戰，如何尋得出困之路，善加策略規劃實屬必要。管理學者對策略規劃的簡明定義爲：「在做好一件事（do the thing right）之前，先確定這件事值得一做（do the right thing）。」

　　依我之見，生死學若要在學界立足，必須先返其根源「死亡學」（thanatology），並向「老年學」（gerontology）求緣。蓋此二學科系俄國諾貝爾醫學獎得主麥辛尼考夫於 1903 年同時創立，如今老年學備受矚目，死亡學沒有理由不得青睞。而生死學雖由西方死亡學與中國生命學有機組成，但在學術深化與教育實踐兩方面不妨脫鉤；讓生死學多所擁抱科技知識，而生死教育則儘量推廣生命智慧。

五、實務建言

(一) 生死教育

　　生老病死系有機個體生住異滅、成住壞空的本然歷程，西方醫護專業對之已形成一套標準處理流程，構成一體通用的分門別類醫療照護網路，連中醫藥都列入其中。過去西醫窄化爲「生物醫學模式」獨大，多少受到「笛卡爾式機械觀」（Cartesian mechanism）影響。後來逐漸擴充爲「生物—心理—社會模式」，同時不忘注重「醫學倫理」。

　　相形之下，護理學所主張的「身、心、靈模式」就往前跨了一大步，直面受病患者的靈性需求，尤其是臨終病人 [26,27]。西方社會對此提供宗教慰藉源遠流長，但受「新時代中國特色社會主義」影響的 14 億華人，則必須學得「反身而誠，靈根自植」。

　　華人生死學在專業實務方面可從事一系列作爲，將西方必須經過認證的專業進行本土轉化，它們包括「死亡教育、悲傷輔導、臨終關懷、殯葬管理」。把西方的死亡教育擴充深化爲華人生死教育，必須著眼用心於傅偉勳所認同的「心性體認本位」中國生命學。他發現：「儒家宣導世俗世間的人倫道德，道家強調世界一切的自然無爲，兩者對於有關（創世、天啓、彼岸、鬼神，死後生命或靈魂之類）超自然或超越性的宗教問題無甚興趣，頂

多存而不論而已。」這點在實施社會主義的中國內地等華人地區極其關鍵，我建議在社會主義的「自然辯證法」觀點下，納入對「自然本眞」的考察，亦即將「自然哲學」擴充爲「自然的哲學」。

(二) 生死輔導

之前提及我曾爲北師大開網課講授「生命教育與輔導」，當時發現在內地要從事教育或輔導工作不可同日而語。簡言之，各級學校教師比比皆是，老師可見機行事跟學生談生論死；而心理諮詢師則要通過認證考試，人數也不如想像得多。何況華人心裡有事寧願對親友講，也不想跟陌生人一吐心聲。

在這種專業化趨勢下，希望擁有「心理諮詢」（psychological counseling）專業資格去從事生死輔導，反不若讓學校教師們經由自學華人生死學，再推己及人進行「哲理諮詢」（philosophical counseling）反而來得實際。哲理諮詢在上世紀八零年代創立於荷蘭，當時即自覺應避免走上心理諮詢的專業化窄路，而讓有心助人的教師，採用「蘇格拉底式詰問法」去爲人傳道解惑，指點迷津。

生死輔導採用不拘形式的哲理諮詢方式進行，可視爲一套社會及自我教化（edification），以別於體制內規准化的學校教育（education）[28]。我于半百前後，從學生與學校生死教育逐漸轉向成人和社會，以培養存在主體的自我教化修行工夫，亦即「自覺」（self-awareness）。「靈明自覺」可漸次達於「自我抉擇」和「自行決斷」，從而避免步向反面的「自絕生路」與「自掘墳墓」。

人貴自知，有自知之明方能頂天立地。面對生死決策，在華人社會推廣西式的「尊重自主」甚有必要。正視「死亡權利」正是「向死而生」的最佳詮釋。生死輔導與其實行心理諮詢的見樹不見林，倒不如提供哲理諮詢的人生觀與人死觀來得有效。

（三）生死

生死關懷主要著眼於「臨終關懷」[29]，此一提法本爲上世紀九零年代大陸對西方「hospice care」的翻譯，在臺灣稱作「安寧照顧」或「安寧療

護」。未料後來前者被寫入臺灣殯葬法案，後者則成爲中國的通常用語。

平心而論，我認爲對臨終病患的居家關照實優於住院療護，倘若非住院不可，也應該將安寧病房打造成溫馨的家居型態，以落實「全人、全家、全隊、全程」的「四全照顧」，走完「道謝、道愛、道歉、道別」的「四道人生」。

我曾在大型醫院擔任安寧志工，時間雖不長，但頗有體會。納入體制固然可以接受醫保給付，但這也正造成美國不普設安寧院（hospice）而併入醫院（hospital），以致失去前者良法美意的原因。

讓安寧院跟醫院脫鉤，正是「現代安寧之母」桑德絲醫師於 1967 年在英國創立現代化獨立的「聖克裡斯多福安寧院」（St. Christopher's Hospice）的初衷 [30]。到如今該院已成全球推廣安寧理念的人朝聖之處，以落實「自然死」理想。相形之下，與「自然死」相對的「人爲死」，例如「安樂死」或「醫助自殺」，卻始終讓世人充滿疑慮而難以接受。但「人爲死」之所以不斷被討論，正是因爲現代醫療科技所帶來的「人爲活」之窘境：求生不得、求死不能、苟延殘喘。華人生死學與生死教育必須對此有所回應，並提出有效對策，否則仍屬務虛之論，久而久之就被其他既有相關學科超越甚至取代了。

(四) 生死管理

生死學在臺灣創立三十載，我長久涉足期間，光講授相關課程便有 28 年。有些現象值得一提：年輕學子聽來似懂非懂卻相當好奇，社會人士偶有所感卻不以爲然；其中以學醫的人尤甚，認爲只是不夠專業的紙上談兵。醫學的專業性極強，又不時接觸生死，有此反應不足爲奇。

另有一批也是接觸生死的人群，卻很樂意跟生死學者交流互動，那便是殯葬業者。臺灣殯葬業在過去 30 年，已經從一門傳統行業步向現代專業，需要領得證書方能執業。而證書規定得有大專畢業資格，或者至少修習一定大專相關學分。臺灣「禮儀師證書」依自然、社會、人文三大知識領域活學活用，無所偏廢。

殯葬是一門務實的專業，但其知識基礎仍有待夯實。我曾爲廣播電視大學開設入門課「殯葬與生死」及專業課「殯葬倫理學」，讓業者積累學分以

取得證書。這一行無論是個體戶還是公司行號，都受到民政和衛生當局的監督管理，「殯葬管理學」及「殯葬衛生學」遂成爲學生必修必考科目。

華人生死學若想充分發揮影響力，與民政和衛生部門合作推動各種培養與培訓，以推廣華人生死教育，應爲可行途徑。我從 1992 年首度踏上中國土地至今，眼見一個富足強大的中國不斷崛起。國家在「富而好禮」的理想下，不斷要求國人講「文明」。此刻生死管理所面臨的種種不文明現象，就是值得你我竭盡全力加以改善的目標大業。

結語

應邀爲華人生死學與生死教育學會期刊撰文探討「華人生死學」的回顧與展望，開始有些躊躇。它的過去雖不長，未來卻無限寬廣，一時不易下筆。尤其一般意義下的生死學既多樣（diversity）更多元（plurality），難以面面俱顧，只能就自己較熟悉的「華人應用哲學」立論發揮之。

我所倡議的本土化學說即是「後科學人文自然主義」，主張實行「東西兼治、儒道融通」的「後科學、非宗教」現世觀點，用以自度度人「安身立命、了生脫死」。

生死議題在中國不宜渲染宗教色彩，但並無礙於將之「美感化、美學化、美育化」。我便效法蔡元培的「以美育代宗教說」，提倡「以美育化宗教論」，建議華人嘗試用個體化「與天地合其道」的圓融情意感受，去化解可能受到宗教團體宰製之疑惑。行文至尾聲，希望有緣人分享此一論點。

（原載 2022 年 12 月 30 日第 1 期〈華人生死學回顧與展望〉）

參考文獻

[1] 傅偉勳：《死亡的尊嚴與生命的尊嚴 —— 從臨終精神醫學到現代生死學》，臺北：正中，1993 年。

[2] 呂應鐘：《現代生死學》，臺北：新文京，2001 年。

[3] 陶在樸：《理論生死學》，臺北：五南，1999 年。

[4] 林綺雲（編）：《實用生死學》，臺中：華格納，2006 年。

[5] 林綺雲（編）：《生死學》，臺北：洪葉，2000 年。

[6] 林綺雲等：《生死學 —— 基進與批判的取向》，臺北：洪葉，2004 年。

[7] 黃天中：《死亡教育概論——死亡態度及臨終關懷研究》，臺北：業強，1991 年。

[8] 張淑美：《「生命教育」研究、論述與實踐——生死教育取向》，高雄：複文，2005 年。

[9] 釋慧開：《儒佛生死學與哲學論文集》，臺北：洪葉，2004 年。

[10] 李瑞全：《儒家生命倫理學》，臺北：鵝湖，1999 年。

[11] 成和平：《生死科學——破解生死奧秘的入門書》，臺北：臺灣商務，2001 年。

[12] 傅偉勳：《學問的生命與生命的學問》，臺北：正中，1994 年。

[13] 馮滬祥：《中西生死哲學》，臺北：學生，2005 年。

[14] 尉遲淦（編）：《生死學概論》，臺北：五南，2002 年。

[15] 鄭曉江：《中國死亡智慧》，臺北：三民，1994 年。

[16] 鄭曉江：《生命終點的學問》，臺北：正中，2004 年。

[17] 鄭曉江：《中國生命學——中華賢哲之生死智慧》，臺北：揚智，2005 年。

[18] 鄭曉江：《生死學》，臺北：揚智，2006 年。

[19] 劉作揖：《生死學概論》，臺北：新文京，2003 年。

[20] 劉仲容等：《生死哲學》，臺北：空中大學，2005 年。

[21] 方志華：《關懷倫理學與教育》，臺北：洪葉，2004 年。

[22] 呂應鐘：《超心理生死學》，高雄：上宜，2003 年。

[23] 曾煥棠：《生死學之實務探討》，臺北：師大書苑，2003 年。

[24] 曾煥棠：《認識生死學——生死有涯》，臺北：揚智，2005 年。

[25] 餘德慧：《臨終心理與陪伴研究》，臺北：心靈工坊，2006 年。

[26] 黃天中：《臨終關懷——理論與發展》，臺北：業強，1988 年。

[27] 楚冬平：《計畫死亡——死於安樂的追求》，臺北：臺灣商務，1991 年。

[28] 餘德慧：《生死學十四講》，臺北：心靈工坊，2003 年。

[29] 胡文鬱等：《臨終關懷與實務》，臺北：空中大學，2005 年。

[30] 楊克平（編）：《安寧與緩和療護學》，臺北：偉華，2003 年。

參考文獻

1. 丁貽莊（1987），〈試論《太平經》中的道教醫學思想〉，《宗教學研究》1987年3期。

2. 人間福報（2001），〈死刑的因果〉，人間福報2001年5月6日，http://www.fgs.org.tw/center/center/2001-05/900506.htm。

3. 大英科技百科全書（1985），臺北：光復書局。

4. 王夫子（1998），《殯葬文化學》，北京：中國社會出版社。

5. 王宗昱（1986），〈太平經的承負報應思想〉，《宗教學研究》1986年2期。

6. 王季慶，〈超越時空的至福體驗〉，http://www.ylib.com.tw/search/recshow.asp?BookNo=A4027

7. 王溢嘉（1987），《靈異與科學》，臺北；野鵝出版社。

8. 王傳燾（1998），〈伊斯蘭教的生死觀〉，《哲學生死與宗教國際學術研討會論文集》，嘉義：南華管理學院。

9. 孔令信（1998），〈保祿宗徒的生死觀〉，《哲學生死與宗教國際學術研討會論文集》，嘉義：南華管理學院。

10. 孔令信（2001），〈Y、e世代的生命教育〉，《第二屆生命教育與管理研討會論文集》，嘉義：大同商專。

11. 中山醫學院，生命科學系，http://www.csmc.edu.tw/life/public html1/

12. 中山大學，生物資訊教育學程〈中等學校生命科學教師專門科目〉，http://www2.nsysu.edu.tw/EDCenter/recruit/procourse 14.htm

13. 中央大學，生命科學研究系所，http://www.ncu.edu.tw/~ls/New page/dept/intro.htm

14. 中央社（2001），〈死刑制度存廢系列報導之一〉，中央通訊社2001年5月25日。

15. 中國時報（2000），社論〈基因科技的人文省思〉，中國時報2000年2

月14日。

16. 中華民國器官捐贈協會，http://members.nbci.com/sshyan/card/card2-1.htm。

17. 內政部統計處，http://www.moi.gov.tw/W3/stat/topic/topic122.html。

18. 公益網，http://goingnet.shu.edu.tw/news/gensis2.htm。

19. 天外伺朗（1999），林蒼杰，《開拓未來的他界科學》，臺北：大展出版公司。

20. 台大醫院精神科主編（1994），《心理衛生專輯：憂鬱症》，臺北：行政院衛生署。

21. 臺北市佛教觀音線協會，〈從西方醫療觀點談臨終關懷的重要性〉，http://www2.seeder.net.tw/kuanyin/life/301.htm。

22. 立花隆（1998），吳陽譯，《瀕死體驗》，臺北：方智出版公司。

23. 石上玄一郎（1997），吳村山譯，《輪迴與轉生》，臺北：東大圖書公司。

24. 朱福銘（2000），《安樂死的倫理向度》，輔仁大學哲學研究所碩士論文。

25. 光復書局（1985），〈演化論〉，《大英科技百科全書》，臺北：光復書局。

26. 印順法師（2000），《佛法概論》，臺北：印順交教基金會。

27. 池田大作，〈二十一世紀文明與大乘佛教〉，http://www.sgi.org/chn t SGI Pres/lecture/016.html。

28. 池田大作、湯恩比（1997），《展望21世紀》，北京：國際文化出版社。

29. 自在居士，〈瀕死經驗〉，http://home.netvigator.com/~iamgood/closedeath.html。

30. 交通大學，http://staff.pccu.edu.tw/~ayo/8nctu/bio2001.html。

31. 沈君山（2000），聯合報2000/10/6，http://www.tkblind.tku.edu.tw/011/news40/itemhtm/item04.htm。

32. 李安立（1997），《生死之間》，臺北：宇河文化出版公司。

33. 李安德（1992），若水譯，《超個人心理學》，臺北：桂冠出版公司。

34. 李志夫，〈生死學與臨終關懷〉，http://www.ddm.org.tw/Big5/society/dead1.htm。

35. 李伯璋（2001），〈器官捐贈與移植的省思〉，中時蕃薯籐電子報，http://ctnews.yam.com.tw/news/200105/24/143707.html。

36. 李宗蓓（2000），《莊子生死觀研究》，臺北：輔仁大學中文系碩士論文。

37. 李明成（2000），〈人性本質的探討與生命關懷〉，《第一屆生命教育與管理研討會論文集》，嘉義：大同商專。

38. 李政勳，http://chienhua.com.tw/examinfo/dailynews/9002/news90021212.htm。

39. 李家同，http://www.catholic.org.tw/ccnet/7/yoth/y0112 3.htm。

40. 李剛（1995），〈漢代道教哲學的發端一太平經：神仙長生的生命哲學〉，《漢代道教哲學》，成都：巴蜀書社。

41. 李彩琴，http://taipei.tzuchi.org.tw/TAOLU/264/264-5c.htm。

42. 李復惠（1999），〈國內死亡教育相關學位論文之回顧〉，《安寧療護雜誌》14：74-97。

43. 李善單，〈探索基因之鑰〉，《佛學科學化之人體生命科學》，http://www.forshang.org/009humanlifescience/humanlifesciencec.htm。

44. 李豐楙，〈論靈〉，《宗教、靈異、科學與社會學術研討會》，http://140.109.196.10/SEMINAR/religion/t2-2.htm。

45. 呂秀蓮（2001），〈基因科技融合人文法律〉，中時電子報2001年5月26日，http://ctnews.yam.com/news/200105/26/144895.html。

46. 呂應鐘譯（1983），《我到過外星球》，臺北：皇冠出版公司。

47. 呂應鐘（1988），《聖經佛典太空人》，臺北：你我他出版社。

48. 呂應鐘（1996a），《靈界的真相》，臺北：絲路出版社。

49. 呂應鐘（1996b），《不再神秘的特異功能》，臺北：日臻出版社，

50. 呂應鐘（1998a），〈論心靈改革應從建立社會大眾心靈科學認知做起〉，第二屆中華民國團結自強學術會議論文。

51. 呂應鐘（1998b），〈四種地球生命起源說法之比較研究〉，太原1998UFO學術會議論文。

52. 呂應鐘（1999a），〈殯葬管理科系規劃草案二〉，《殯葬管理科系規劃研討會會議手冊》，嘉義：南華大學。

53. 呂應鐘（1999b），〈由風水源流發展批判後世風水術之迷信〉，第五屆中國科技史研討會，臺北：中央研究院科技史委員會。

54. 呂應鐘（2001a），《阿含經大世紀》，臺北：百善書房。

55. 呂應鐘（2001b），〈論殯葬禮儀之改革〉，《臺灣省文獻會季刊》，2001年

56. 呂應鐘，〈認識宇宙生命眞諦・提升人類精神文明〉，http://www.thinkerstar.com/cosmos/meaning.htm1。

57. 呂應鐘，〈美國不惜代價研究超能力〉，http://www.thinkerstar.com.tw/psi/us-psi.htm1。

58. 呂應鐘，〈死亡的藝術——談殯葬禮儀的古今變遷〉，新客星站網站，http://www.thinkerstar.com.tw/。

59. 邱文彬，http://www.1tc.edu.tw/~aao/gec/curintro/fx/bnwx/sedf1.htm。

60. 邱仁宗（1998），〈死亡和安樂死：概念和倫理問題〉，生命倫理學國際學術會議，桃園：中央大學。

61. 何天擇（1977），《人從那裡來》，臺北：宇宙光出版社。

62. 佚名（1996），〈靈性照顧與覺性照顧的異同〉，佛法與臨終關懷研討會1996.11.22，http://humanity.nia.edu.tw/~huimin/concern/spirit/spibu.htm#§3.靈性照顧。

63. 林世英，〈法國廢除死刑之後的動態〉，http://www.tpt.moj.gov.tw/c200/vol 1 7.htm1.。

64. 林永昌，〈癌症另類療法之省思〉，《長庚醫訊》，http://www.cgmh.com.tw/intr/intr2/c09010/%E5%90%91%E6%97%A5%E8%91%B5/8901.htm。

65. 林安梧（1998），〈儒家的生死智慧：以論語爲中心的展開〉，哲學生死與宗教國際學術研討會，嘉義：南華管理學院。

66. 林明雄，〈精神醫學與宗教初探〉，http://www.mch.org.tw/MCHChinese/MONNO/spirit/05.htm。

67. 林富士（1993），〈試論《太平經》的疾病觀〉，《中央研究院歷史語

言研究所集刊》62本2分。

68. 林惠勝（2000），〈尋求死亡的自主權〉，《生死學通訊》2:6-7。

69. 林榮耀，〈基因科技研發藥物有成果〉，http://fma.mc.ntu.edu.tw/message/20期會訊。

70. 林綺雲（2001a），〈主編序〉，《生死學》，臺北：洪葉文化事業公司。

71. 林綺雲（2001b），〈生死學的領域〉，《生死學》，臺北：洪葉文化事業公司。

72. 林朝成（1999），〈讓每個人真誠面對自己〉，中華日報1999年10月7日，http://servyou.tacocity.com.tw/old/news/6/4.htm。

73. 林憲（1990），《自殺及其預防》，臺北：水牛出版社。

74. 吳庶深，〈生死教育學院萌芽、生命關懷無限延長〉，http://iwebs.edirect168.com/main/htm1/newtaiwan/530.shtm1。

75. 吳庶深（2001），〈生死學與死亡學本是一家〉，《生死學》，臺北：洪葉文化事業公司。

76. 吳寧遠（2000），〈通識教育及成人教育生死學課程教學之探討〉，《全國大專院生死學課程教學研討會論文集》，彰化：彰化師範大學。

77. 吳國卿（2000），〈基因科技——美國不再獨霸〉，經濟日報2000年10月25日專用新聞周刊報導。

78. 吳瓊洳（1999），〈生命教育課程的設計〉，《臺灣教育月刊》580:12-18。

79. 周勵志，〈音樂治療與臨終關懷〉，http://www.dj.net.tw/~tymh/music.htm。

80. 高雄縣婦幼青少年館編（1993），《遊夢少年&狂飆年少》，高雄：高雄縣婦幼青少年館。

81. 東吳大學（2000），〈兩岸三地生命科學教育研討會〉，http://www.scu.edu.tw/microbio/sym-h.htm。

82. 東吳大學，〈大陸生命科學教育研究〉，http://microbiology.scu.edu.tw/wong/prod2.htm。

83. 東華大學，生命科學系所，http://www.ndhu.edu.tw/~dlife/new page

2.htm。

84. 佛光人文社會學院，http://www.fgu.edu.tw。

85. 卓良珍，〈認識情緒〉，http://www.vghtc.gov.tw:8082/psy/Forum/Edu Emotion.htm1。

86. 南華大學，〈南華大學生死學研究所設所理念〉，http://mail.nhu.edu. tw/~lifedead/設定理 念.htm。

87. 紀潔芳（2000），〈生死學課程於師範教育及成人教育教學之探討〉，《全國大專校院生死學課程教學研討會論文集》，彰化：彰化師範大學。

88. 紀潔芳（2001），〈大專學生生命教育之探討〉，《第二屆生命教育與管理研討會論文集》，嘉義：大同商專。

89. 洪敏麟（1992），泖英聖編著，《臺灣風俗探源》，臺灣省政府新聞處。

90. 思高公會（1968），《聖經》，香港：思高聖經公會

91. 柯文哲（1999），〈死而無憾〉，《榮總學訊》1999年7月，http://www. vghtpe.gov.tw/~neur/neurology/gn/chapt24.thm。

92. 柯文哲，http://www.etaiwannews.com/Forum/2001/02/24/983179167. htm。

93. 政治大學，http://socilolgy.nccu.edu.tw/soc/82年老人狀況調查.htm。

94. 苑舉正（1998），〈靈魂不滅與宗教理性化〉，哲學生死與宗教國際學術研討會論文，嘉義：南華管理學院。

95. 段德智（1994），《死亡哲學》，臺北：洪葉文化出版公司。

96. 河邑厚德、林由里香（1998），李毓昭譯，《大轉世》，臺北：方智出版社。

97. 呂川嘉也、松田裕之（1997），長安靜美譯，《死亡的科學》，臺北：東大圖書公司。

98. 徐進夫譯（1987），蓮花生大士原著，《西藏度亡經》，臺北：天華出版公司。

99. 徐源泰，〈基因改造作物〉，http://fma.mc.ntu.edu.tw/message/20期會訊。

100. 海歆工作室，http://home.kimo.com.tw/19271/mind/m-a-2.htm。

101. 郝勤、楊光文（1994），《道在養生－道教長壽術》，成都：四川人民出版社。

102. 孫安迪（2000），〈生命科學、生物醫學--新世紀帶頭科學〉，中國時報2000年12月27日。

103. 孫效智（1996），〈安樂死的倫理反省〉，《臺灣大學文史哲學報》第45期，1996年12月。

104. 孫效智（2000），〈從災後心靈重建談生命教育〉，《臺灣教育月刊》589:52-61。

105. 孫效智，〈此安樂死非彼安樂死〉，http://ccsun57.cc.ntu.edu.tw/~johannes/個人簡歷/個人 文章/安樂死之別.htm。

106. 孫效智，〈自殺〉，http://www-ms.cc.ntu.edu.tw/~johannes/johannesprofile/%AD%D3%A4H%A4%E5%B3%B9%A6%DB%B1%FE.htm。

107. 許文德，〈墮胎與人工流產〉，http://www.ohayoo.com.tw/墮胎與人工流產.htm。

108. 許春金、吳景芳、李湧清、曾正一、許金標、蔡田木（1994），《死刑存廢之探討》，行政院研究考核委員會。

109. 許倬雲（2000），聯合報2000年10月6日，http://www.tkblind.tku.edu.tw/011/news40/itemhtm/item04.htm。

110. 許禮安（1998a），〈尊嚴死與安樂死〉，《心蓮心語》，花蓮：慈濟文化志業中心。

111. 許禮安（1998b），〈生命與死亡的意義〉，《心蓮心事》，http://www.cancer.org.tw/Library/Content7 Detail.asp?ID=1236。

112. 陳志賢、張啓楷（2001），〈法務部擬先廢除唯一死刑〉，中國時報2001年5月19日。

113. 陳宗仁，〈死亡、自殺防治與輔導〉，http://www.ttcs.org.tw/church/23.2/07.htm。

114. 陳芳玲（2000），〈師範校院死亡教育課程教學之探討〉，《全國大專校院生死課程教學研討會論文集》，彰化：彰化師範大學。

115. 陳武宗（1998），〈死亡學與生命的出路〉，《高醫醫訊月刊》十七

卷第八期，高雄醫學院。

116. 陳修齊（1994），《死亡哲學》序言，臺北：洪葉文化事業公司。

117. 陳榮基（1998），〈敞開心胸，接納死亡〉，《花連會刊》第十八期。

118. 陳鳳翔，http://life.fhl.net/FHL/9701/myhtm1/1k1.htm。

119. 陳瑞麟（1997），〈導讀〉，《今生今世》，臺北：桂冠圖書公司。

120. 陳樹功，〈基因改造食品之標示〉，http://fma.mc.ntu.edu.tw/message/20期會訊。

121. 郭于華（1994），《死的困惑與生的執著》，臺北：洪葉文化事業公司。

122. 郭正典，http://www.etaiwannews.com/Forum/2001/02/24/983179167.htm。

123. 莊文瑞，http://www.tscc.org.tw/tscc/b14.htm。

124. 莊耀輝（2000），〈由尊嚴死亡談生命管理〉，《第一屆生命教育與管理學術研討會論文集》，嘉義：大同商專。

125. 陸達誠，〈地震與生死學〉，http://www.riccibase.com/docfile/rel-cho9.htm。

126. 清華大學，http://mx.nthu.edu.tw/~publish/tcou/88B Tcou13.htm。

127. 國際特赦組織（1998），新聞稿Vo1. 28 No 5，http://www.transend.com.tw/~aitaiwan/newslttr/98989focus.html。

128. 逢塵主編（1999），《天堂印象：100個死後生還者的口述故事》，北京：外文出版社。

129. 項退結（1994），〈一位天主教哲學工作者眼中的死亡〉，《哲學雜誌》1994年4月。

130. 張益豪（2000），〈自殺──精神醫學的觀點〉，《生死學通訊》2:8-9。

131. 張淑美（1996）《死亡學與死亡教育》，高雄：復文圖書出版社。

132. 張晉綸（1999），〈為身後預作準備〉聯合報1999年10月3日，http://www.kcg.gov.tw/~binjanso/custom07.htm。

133. 張瑞夫（1992），《人是上帝造的嗎？》，臺北：老古文化出版公

司。

134. 張筱雲，〈被判處死刑人數、臺灣名列世界第九〉，http://www.tahr.
org.tw/death/chang-2.htm。

135. 傅佩榮（1994），〈調整焦距看生死〉，《死亡的尊嚴與生命的尊
嚴》，臺北：正中書局。

136. 傅偉勳（1993），《死亡的尊嚴與生命的尊嚴》，臺北：正中書局。

137. 傅偉勳（1995a），〈儒道佛三教合一的哲理探討：心性體認本位的中
國生死學與生死智慧〉，《佛教與中國文化國際學術會議論文集》下
輯，頁679～693。

138. 傅偉勳（1995b），〈探索死後世界的奧秘〉，《大轉世》序，臺北：
方智出版社。

139. 黃天中（1992），《死亡教育概論--死亡教育課程設計之研究》，臺
北：業強出版社。

140. 黃有志（1991），《社會變遷與傳統禮俗》，臺北：幼獅文化事業公
司。

141. 黃有志（1999），〈高齡化社會與計畫死亡〉，《政策月刊》第50
期，民國88年9月。

142. 黃有志（2000），〈悲傷輔導〉，《生死學概論》，臺北：五南圖書
出版公司。

143. 黃有志（2001），〈從殯葬角度看生命管理〉，《第二屆生命教育與
管理研討化論文集》，嘉義：大同商專。

144. 黃美涓，〈請不要在我年老時拋棄我〉，長庚復健分院及養生文化村
簡介，http://www.cgmh.com.tw/new1/new9005-103.htm。

145. 黃樹德，〈輔大民調：八成臺灣人支持死刑〉，http://chinese.news.
yahoo.com/010624/6/8f5n.html。

146. 黃靜宜（2000），〈人生如四季——以安寧療護為終點加溫〉，民生
報12月16日，臺北：民生報。

147. 華珊嘉，〈傅偉勳教授的生命哲學〉，http://www.ddm.org.tw/Big5/
society/dead5.html。

148. 鈕則誠（1999），〈生死學、生命倫理學與生死教育〉，《安寧療護

雜誌》14:33-39。

149. 鈕則誠（2000），〈臨終關懷的生命教育〉中央日報2000年5月28日。

150. 鈕則誠（2001），〈豐富之旅〉，《生死學》，臺北：洪葉文化事業公司。

151. 鈕則誠，〈從死亡教育看殯葬管理〉，http://www.baushan.com.tw/heart-p1-1-1.htm。

152. 甯應斌，http://sex.ncu.edu.tw/members/ning/class/this year/生死學.htm。

153. 曾哲明，〈二十一世紀生命科學的展望〉，http://phi.ncu.edu.tw/apethics/Newsletter/no 014/2000%A5%CD%A9R%AC%EC%BE%C7%AA%BA%AEi%B1%E6-%B4%BF%AD%F5%A9%FA.htm。

154. 曾煥堂、林綺雲，http://www.ntcn.edu.tw/DEP/COMMON/tsen01.htm。

155. 游齡頤，〈生死學的探討〉，http://www.fg.tp.edu.tw/~d7352228/8/die.htm。

156. 游齡頤，〈死亡與宗教〉，http://www.fg.tp.edu.tw/~d7352228/8/die.htm。

157. 游齡頤，〈安樂死：讓他安息吧〉，http://www.fg.tp.edu.tw/~d7352228/8/die.htm。

158. 馮志雄（1998），〈人生的意義〉，《川流》第三期。

159. 陽明大學，生命科學系，http://www.ym.edu.tw/dls/overture/overture.htm。

160. 紫虛居士，〈我對生死學研究的一點意見〉，http://www.ysbla.org.tw/ar02204.htm。

161. 楊國德（1996），〈成教小詞典：高齡化社會〉，《終身學習報》第二期，民國85年7月。

162. 楊植勝譯（1997），〈死亡對我們沒什麼〉，《今生今世》，臺北：桂冠圖書公司。

163. 楊鴻台（1997），《死亡社會學》，上海：社會科學院。

164. 楊憲東（1995），〈西藏度亡經對死亡的描述〉，《大破譯》，臺北：宇河文化出版公司。

165. 齊力（1999），〈鄭小江教授「現代人生十大生死問題探討」一文的

商榷〉，《生死學研究通訊》2:15-19。

166. 葉海煙（1998），〈道家觀點的生死教育〉，哲學生死與宗教國際學術研討會論文，嘉義：南華管理學院。

167. 慈濟大學，生命科學系，http://www.lifescience.tcu.edu.tw/。

168. 義守大學，莊麗月〈生命科學概論〉，http://192.83.191.111/new/doc/gov/26100/891 h/891 614.htm。

169. 褚柏松，〈關於墮胎、安樂死與自殺的討論〉，http://med.mc.ntu.edu.tw/~b6401006/p6- death.htm。

170. 董介白（2001），聯合晚報2001年5月18日，http://be1.udnnews.com/2001/5/18/NEWS/TODAYNEWS/IMPORTANT4/291967.shtml。

171. 楚多平（1991），《計劃死亡：死於安樂的追求》，臺北：商務印書館。

172. 劉君玉，〈人生觀與心理健康〉，http://www.imed21.com/elifecontent.asp? fcategoryId=10& ftopicId=671。

173. 劉明松（1999），〈生死教育的推展與實施〉，《臺灣教育月刊》580:7-11。

174. 劉秋固，http://www.cc.nctu.edu.tw/~globe/class/AC51.htm。

175. 劉昭瑞（1995），〈承負說的緣起〉，《世界宗教研究》1995年4期。

176. 劉源明（1998），〈談生命教育之推展〉，《臺灣省中等學校輔導通訊》55:47-48。

177. 劉慈梧，〈基因科技與人性迷思〉，http://www.aog.org.tw/gene.htm。

178. 趙可式（1998），〈讓人生更加完美——生死教育手冊〉，健康天地電子報，http://healthland.mvnet.com.tw/024-19.htm。

179. 趙可式（2000），〈大專校院生死學課程教學探討〉，《全國大專校院生死學課程教學研討會論文集》，彰化：彰化師範大學。

180. 趙國明、吳俊陵（2001），〈廢除死刑--檢警擔心治安更惡化〉，中時晚報2001年5月17日。

181. 趙蔚揚（1999），《神秘的生命靈光》，海南：海南出版社。

182. 廖文忠（2000），〈從法律觀點看自殺行為〉，《生死學通訊》2:10-11。

183. 廖榮利（1986），《心理衛生》，臺北：千華出版公司。

184. 臺北市政府主計處，http://www.dbas.taipei.gov.tw/weekly/8959.html。

185. 蒲慕州（1995），《追尋一己之福：中國古代的信仰世界》，臺北：
允晨文化出版公司。

186. 鄭石岩（1993），〈生死大事〉，《死亡的尊嚴與生命的尊嚴》導
讀，臺北：正中書局。

187. 鄭石岩，〈談陪親友走過地震傷痛〉，http://www.commonhealth.com.
tw/tfe/issue013/earthquake01.htm。

188. 鄭志明，〈從《太平經》談道教的生命觀〉，http://www.jan-nan-kon.
idv.tw/w06-01- 01.htm。

189. 鄭書芳（1997），〈高齡化社會中的死亡教育〉，《香光莊嚴》49.50
期民國86年3、4月。

190. 鄭振煌（1999），〈邁向二十一世紀的生死觀——生死解脫論〉，
http://netcity2.web.hinet.net/userdata/tow/mont433-3.htm。

191. 鄭曉江，〈論中國傳統死亡智慧與「生死互滲」觀〉，http://www.arts.
cuhk.edu.hk/~hkshp/newsgroup/interact.htm。

192. 鄭曉江（1998），〈論中國傳統死亡智慧與「生死互滲」觀〉，哲學
生死與宗教國際學術研討會論文，嘉義：南華管理學院。

193. 鄭曉江（2001），《穿透死亡》，臺北：華杏出版社。

194. 鄭富春，〈儒家的生死觀及講授重點〉，http://chinese.class.kmu.edu.
tw/cgi-in/wbb2.cgi?user=ch02&proc=read&bid=15&msgno=7。

195. 鄭健雄、張惠真（1993），〈臺灣鄉村老人面臨的問題及因應對
策〉，《台中區農業專訊》第2,3期民國82年4,5月。

196. 蔡文輝（1982），《社會變遷》，臺北：三民書局。

197. 蔡昌雄（2000），〈Twenty Cases Suggestive of Reincarnation書介〉，
《生死學通訊》2:16-17。

198. 蔡昌雄，〈科技理性vs精神靈性：試析當代臨終關懷運動的內在難
題〉，http://phi.ncu.edu.tw/apehtics/Newsletter/no 009/10.html。

199. 蔡宗珍（2000），〈基因科技法的規範架構初論〉，基因科技之法律
管制體系與社會衝擊研究研討會，臺北：臺灣大學法律學院。

200. 蔡瑞霖（1998），〈伊斯蘭蘇菲主義的生死智慧〉，《哲學生死與宗教國際學術研討會論文集》，嘉誠：南華管理學院。

201. 蔡瑞霖（1993），《宗教哲學與生死學》，嘉義：南華管理學院。

202. 歐崇敬（1998），〈生死構造的哲學省察〉，《哲學生死與宗教國際學術研討會論文集》，嘉義：南華管理學院。

203. 臺北市政府社會局（2000），臺北市殯葬管理處第二殯儀館發稿，日期89年10月31日，http://www.fbm.taipei.gov.tw。

204. 賴明亮（2000），〈醫護校院生死學課程教學之探討：尤重於課程目標之思考〉，《全國大專校院生死學課程教學研討會論文集》，彰化：彰化師範大學。

205. 錢穆（1976），《靈魂與心》，臺北：聯經出版公司。

206. 鍾昌宏（1999a），〈生死教育的重要性〉，《安寧療護》14:29-31。

207. 鍾昌宏（1999b），《安寧療護暨緩和醫學》，臺北：中華民國安寧照顧基金會。

208. 鍾昌宏（2000），《癌症末期安寧照顧──簡要理念與實踐》，臺北：中華民國安寧照顧基金會。

209. 鐘和（2000），〈死亡的標準是什麼？〉，南方日報2000年6月5日，廣州：南方日報。

210. 聯合報（2000），社論〈重視高科技風險：基因改造食品應採強制標示〉聯合報2000年9月5日。

211. 謝培、毛磊、姜岩，〈專家稱生命科學將對社會產生深遠影響〉，北京晨報，http://www.gmdaily.com.cn/gmw/gmwBhomepage.nsf/。

212. 簡光明，http://chinese.class.kmu.edu.tw/cgi-bin/wbb2.cgi?user=ch02&proc=read&bid=15&msgno=1。

213. 魏啓鵬（1981），〈太平經與東漢醫學〉，《世界宗教研究》1981年1期。

214. 關永中，〈瀕死──雷蒙穆迪《生後之生》的啓示〉，http://mails.fju.edu.tw/~rsd/1221.htm。

215. 釋昭慧，http://www.etaiwannews.com/Forum/2001/02/24/983179167.htm。

216. 釋慧開（2000），〈生死學有關宗教層面之探討〉，《全國大專校院生死學課程研討會論文集》，彰化：彰化師範大學。

217. 釋慧開，〈自古艱難唯一死——從王曉民的生死困境論安易死的可能出路〉，http://www.ym.edu.tw/~chchen/new page 1.htm。

218. 釋慧開，〈生死的省思——從生死的探索到現代生死學建構課題芻議〉，http://www.lama.com.tw/News/0315.htm。

219. 釋惠敏（1992），〈佛教界對靈魂的看法〉，《時報周刊》770期，81年11月29日~12月5日。

220. 釋惠敏（1996），〈靈性照顧與覺性照顧的異同〉，《安寧療護》雜誌第5期35-40，臺北：中華安寧照顧協會。

221. 蘇完女，http://www.ltc.edu.tw/~aao/gec/curintro/fx/bnwx/se-rv.htm。

222. 龔鵬程（1998），〈如何與死亡共處〉，《生命中的懸夢》，臺北：正中書局。

223. Attin, T. (1992). "Person-Centered Death Education." Death Studies, 16(4): 357-370.

224. Badham, P. & L., （1998），高師寧、林義全譯，《不朽還是消亡？》，四川：人民出版社。

225. Becker. C., （1997），王靈康譯，《超自然經驗與靈魂不滅》，臺北：東大圖書公司中。

226. Becker, J.（1994），商戈令譯，《死亡的意義》，臺北：正中書局。

227. Brusia, K. E. (1989), "Defining Music Therapy." Spring City, PA: Spring House Books.

228. Budge, W.,（2001），羅塵譯，《埃及亡靈書》，北京：京華出版社。

229. Callahan, D.,（1999），張至璋譯，《生命中的懸夢》，臺北：正中書局。

230. Carroll, D.（1990），陳芳智譯，《生死大事》，臺北：遠流出版公司。

231. Collins, D.（1990），邱清泰譯，《心理學的重建》，臺北：校園書房。

232. Corey, G.，李茂興譯（1995），《諮商與心理治療的理論與實施》，臺

北：揚智文化出版公司。

233. Crase, D. (1989). "Death Education: Its Diversity and Multidisciplinary Focus." Death Studies, 13(1), 25-29.

234. Dunning, B.（1975）呂應鐘譯，《上帝駕駛飛碟》，臺北：希代出版社。

235. Eadie, B. J.（1994），林曉梅譯，《我有死亡經驗》，臺北：希代出版公司。

236. Frandl, V. E.（1967），趙可式、沈錦惠譯，《活出意義來》，臺北光啓社。

237. Freedman, A. D. (1997). "The 1997 Grolier Multimedia encyclopedia", Grloier, Inc.

238. Jung, Carl.,（1995），楊儒賓譯，《東洋冥想的心理學：從易經到禪》，臺北：商鼎文化出版社。

239. Kalish, R. A. (1985), "Death, Griefand Caring Relationship." California: Brooks/Cole Publishing Company.

240. Kant, l,（1989），李明輝譯，《通靈者之夢》，臺北：聯經出版公司。

241. Kastenbaum, R.,（1992），劉震鐘、鄧博仁譯，《死亡心理學》，臺北：五南圖書公司。

242. Knott, J. E. (1979), "Death Education for all." In H. Wass (Ed). Dying: Facingthe Facts. Washington, D. C.:Hemisphere Publishing.

243. Kubler-Rose, E., (1997), "On Deathand Dying", New York: Simon & Schuster.

244. Lensberg, A.,（1976），喬季芳譯，《求永生之謎》，臺北：希代出版社。

245. LeShan L. & Margenau H., (1980), "An Approach to a Science of Psychical Research," JSPR 50, no. 783:274-75.

246. Moody, R. A.,（1985），微夫選譯，《死後的世界》，臺北：星光出版社。

247. Moody, R. A.,（1987），劉墉選譯，《死後的世界》，臺北：皇冠出版

公司。

248. Moody, R. A.,（1991），胡英音譯,《神秘的死亡經驗》,臺北：法爾出版社。

249. Morgan, J. D. (1984). "Death Education as a Liberal Art." Death Education, 8(3), 289-297.

250. Neuron (1997), http://bbs.nsysu.edu.tw/txt Version/treasure/Hospice/M.899417037.A/M.899419556.C.html

251. Neuron, http://bbs.nsysu.edu.tw/txtVersion/treasure/Hospice/M.899417037.A/M.899419556.C.html

252. Neuron，〈接近死亡經驗〉，http://bbs.nsysu.edu.tw/txtVersion/treasure/Hospice/M.899417037.A/M.899419556.A.Html

253. Stedford, A. (1984), "Facing Death-Patients, Families and Professional", London: William Heinemann Medical Books.

254. Stone, G.（1997），柯清心譯,《與死亡對談》,臺北：遠流出版公司。

255. Valarino E, E.（2000），李雅念寧、李傳龍譯,《柳暗花明又一生：瀕死經驗的跨領域對談》,臺北：遠流出版社公司。

256. Wilcox, S.G. and Sutton, M.（1990），嚴平等譯,《死亡與垂死》,北京：光明日報。

257. Williamson, L.（1997），林瑞瑛譯,《接觸靈界》,臺北：大村文化公司。

258. Worden, J. W.（1995）李開敏等譯,《悲傷輔導與悲傷治療》,臺北：心理出版社。

259. Wright, L. S. (1985). "Suicidal Thoughts and Their Relationship to Family Stress and Personal Problems Among High School Seniors and College Undergraduates." Adolescence, 20(79): 575-580.

家圖書館出版品預行編目資料

生死學與應用／呂應鐘，鈕則誠著. ——初
版.——臺北市：五南圖書出版股份有限公
司, 2023.09
面；　公分

SBN 978-626-366-498-2（平裝）

CST: 生死學

97　　　　　　　　112013504

5JOR

生死學與應用

作　　　者	呂應鐘（73.5）、鈕則誠
發 行 人	楊榮川
總 經 理	楊士清
總 編 輯	楊秀麗
副總編輯	王俐文
責任編輯	金明芬
封面設計	陳亭瑋

出 版 者 — 五南圖書出版股份有限公司

地　　　址：106臺北市大安區和平東路二段339號4樓

電　　　話：(02)2705-5066　　傳　　真：(02)2706-6100

網　　　址：https://www.wunan.com.tw

電子郵件：wunan@wunan.com.tw

劃撥帳號：01068953

戶　　　名：五南圖書出版股份有限公司

法律顧問　　林勝安律師

出版日期　　2023年9月初版一刷

定　　　價　　新臺幣450元

經典永恆・名著常在

五十週年的獻禮──經典名著文庫

五南，五十年了，半個世紀，人生旅程的一大半，走過來了。

思索著，邁向百年的未來歷程，能為知識界、文化學術界作些什麼？

在速食文化的生態下，有什麼值得讓人雋永品味的？

歷代經典・當今名著，經過時間的洗禮，千錘百鍊，流傳至今，光芒耀人；

不僅使我們能領悟前人的智慧，同時也增深加廣我們思考的深度與視野。

我們決心投入巨資，有計畫的系統梳選，成立「經典名著文庫」，

希望收入古今中外思想性的、充滿睿智與獨見的經典、名著。

這是一項理想性的、永續性的巨大出版工程。

不在意讀者的眾寡，只考慮它的學術價值，力求完整展現先哲思想的軌跡；

為知識界開啟一片智慧之窗，營造一座百花綻放的世界文明公園，

任君遨遊、取菁吸蜜、嘉惠學子！